掘 墓 人

魏——玛——共——和——国 的最后一个冬天

DER LETZTE WINTER DER WEIMARER REPUBLIK

［德］吕迪格·巴特 Rüdiger Barth / 豪克·弗里德里希 Hauke Friederichs 著　靳慧明 译

社会科学文献出版社
SOCIAL SCIENCES ACADEMIC PRESS (CHINA)

索·恩
THORN BIRD

忘掉地平线

Die Totengräber

Originally published as: "Die Totengräber: Der letzte Winter der Weimarer Republik"
©S. Fischer Verlag GmbH, Frankfurt am Main, 2018

索·恩
THORN BIRD

DIE TOTENGRÄBER

掘墓人

魏玛共和国的最后一个冬天

[德] 吕迪格·巴特 Rüdiger Barth / 豪克·弗里德里希 Hauke Friederichs 著　靳慧明 译

DER LETZTE WINTER DER WEIMARER REPUBLIK

1932年11月17日-12月1日 大厦倾倒　1932年12月2日-12月15日 计划　1932年12月16日-1933年1月1日 寂静的夜　1933年1月2日-1月29日 风口浪尖上　1933年1月30日 取得权力

社会科学文献出版社
SOCIAL SCIENCES ACADEMIC PRESS (CHINA)

掘墓人　/ *001*

序幕　/ *001*

大厦倾倒　/ *001*

 11月17日，星期四　/ *003*

 11月18日，星期五　/ *015*

 11月19日，星期六　/ *025*

 11月20日，星期日　/ *031*

 11月21日，星期一　/ *035*

 11月22日，星期二　/ *040*

 11月23日，星期三　/ *044*

 11月24日，星期四　/ *051*

 11月25日，星期五　/ *060*

 11月26日，星期六　/ *066*

 11月27日，星期日　/ *070*

 11月28日，星期一　/ *072*

 11月29日，星期二　/ *077*

 11月30日，星期三　/ *079*

 12月1日，星期四　/ *083*

计划　/ *087*

 12月2日，星期五　/ *089*

 12月3日，星期六　/ *099*

 12月4日，星期日　/ *102*

 12月5日，星期一　/ *106*

Contents /

Contents /

12月6日，星期二 / *110*

12月7日，星期三 / *115*

12月8日，星期四 / *119*

12月9日，星期五 / *124*

12月10日，星期六 / *128*

12月11日，星期日 / *133*

12月12日，星期一 / *141*

12月13日，星期二 / *144*

12月14日，星期三 / *147*

12月15日，星期四 / *151*

寂静的夜 / *155*

12月16日，星期五 / *157*

12月17日，星期六 / *166*

12月18日，星期日 / *169*

12月19日，星期一 / *173*

12月20日，星期二 / *180*

12月21日，星期三 / *181*

12月22日，星期四 / *185*

12月23日，星期五 / *190*

12月24日，星期六 / *195*

12月25日，星期日 / *201*

12月26日，星期一 / *203*

12月27日，星期二 / *207*

12月28日，星期三 / *210*

12月29日，星期四 / *214*

12月30日，星期五 / *217*

12月31日，星期六 / *220*

1933年1月1日，星期日 / *225*

风口浪尖上 / *235*

1月2日，星期一 / *237*

1月3日，星期二 / *239*

1月4日，星期三 / *242*

1月5日，星期四 / *250*

1月6日，星期五 / *255*

1月7日，星期六 / *260*

1月8日，星期日 / *263*

1月9日，星期一 / *266*

1月10日，星期二 / *269*

1月11日，星期三 / *272*

1月12日，星期四 / *275*

1月13日，星期五 / *281*

1月14日，星期六 / *287*

1月15日，星期日 / *290*

1月16日，星期一 / *294*

1月17日，星期二 / *298*

1月18日，星期三 / *302*

1月19日，星期四 / *305*

1月20日，星期五 / *311*

Contents /

Contents /

　　1月21日，星期六 / *315*
　　1月22日，星期日 / *320*
　　1月23日，星期一 / *326*
　　1月24日，星期二 / *331*
　　1月25日，星期三 / *334*
　　1月26日，星期四 / *338*
　　1月27日，星期五 / *342*
　　1月28日，星期六 / *348*
　　1月29日，星期日 / *358*

取得权力 / *369*
　　1月30日，星期一 / *371*

尾　声 / *391*

参考文献 / *399*

报　纸 / *405*

写作花絮 / *406*

感　谢 / *408*

年　表 / *410*

人物译名表 / *414*

掘墓人

保罗·冯·兴登堡（生于1847年）
一战传奇，鄙视民主的总统
兴登堡是个板着面孔的统帅，男低音，他发号施令的样子让那个小下等兵浑身颤抖。
——胡伯特·伦弗洛·克尼克博克，《纽约晚邮报》记者

库尔特·冯·施莱谢尔（生于1882年）
将军兼总理候选人，自己可能突然成为总理
与施莱谢尔达成一致并不容易。他目光机敏，却掩藏得很深。我确信他并不坦诚。
——阿道夫·希特勒

弗朗茨·冯·帕彭（生于1879年）
谋划复仇的赌徒
帕彭看起来像迷途的山羊，穿着丝绸内里的黑礼拜服，试图做出一种姿态。真像《爱丽丝漫游仙境》里的人物。
——哈利·凯斯勒伯爵，时事评论员，花花公子

阿道夫·希特勒（生于1889年）

想建立独裁的国家社会主义德国工人党"元首"

当我最终进入阿道夫·希特勒在酒店的沙龙里时，我确信会见到未来德国的独裁者。但是大概过了五十秒，我就确定并不是这样。

——多萝西·汤普森，美国记者

约瑟夫·戈培尔（生于1897年）

国家社会主义德国工人党宣传部部长

元首在这里进行权力的博弈。这是一场扣人心弦而激动人心的战争，但是在这场孤注一掷的赌博中，也让人感到刺激。

——约瑟夫·戈培尔

序　幕

1932年11月，德国第一个民主体制建立14年后，面临着深刻的危机。11月6日，德国国会进行这一年第二次选举，这对于魏玛共和国背后的温和派来说无疑是一场灾难。三分之一的工人或雇员失业，大约有500多万人。很多人尽管还在工作，工资却大幅降低。

经济一落千丈，政治文化也遭到摧残。街头总是会爆发争斗，已经有几百人死亡。政治家、企业家以及时事评论家都担心发生内战。

多亏总统保罗·冯·兴登堡发布了紧急法令，总理弗朗茨·冯·帕彭才得以继续执政。紧急法令是具有法律效力的——只是这一法令并不是由人民代表决定。《魏玛宪法》第48条赋予国家元首发布紧急命令的权力，自1930年起，兴登堡就最大限度地使用这一权力。

国会当然可以取消紧急法令，或以不信任为由提请政府引退——这些是宪法的控制工具，制定者曾努力寻求平衡。但为了避免走到这一步，总统两次解散议会，并因此导致新的选举。后果是德国政治史无前例地瘫痪。

德国人民刚刚再次选举完。未来的国会将由弗朗茨·冯·帕彭领导，他是个有坚定信念的君主制度的拥护者。帕彭将要面对的大部分议员尽管像他一样想废除民主，却希望是以他们的方式来废除。这些人中大多数是国家社会主义党人、左翼和右翼的激进分子，他们唯一的共同点就是痛恨这一体制。

总统终于明白，总理需要同盟者，但是只有德国国家人民党（DNVP）对帕彭忠诚。他们在584个议员席位中占51席，少得可怜。直到最近，帕彭才下赌注，认为国家社会主义德国工人党（NSDAP）[①]可能支持他的主张——自今年7月以来，国家社会主义党在国会中还是最强大的党派。紧急情况下，帕彭也可以让这个党的领袖阿道夫·希特勒出任副总理，以控制德国法西斯分子。帕彭刚刚尝试与国家社会主义党合作，他称之为"所有国家力量的联合"。然而希特勒却通过信件断然拒绝。

1932年11月的德意志国[②]是个令人担忧的国家。美国记者胡伯特·伦弗洛·克尼克博克写的书《德国，该走哪条路？》(Deutschland. So oder so?) 于几个月前出版，已再版多次，他在书中这样写道："500万布尔什维克掀起了俄国革命。在德国，估计有600万共产党（KPD）的选民。20万法西斯分子帮助墨索里尼在意大利取得了政权。国家社会主义党阿道夫·希特勒背后可能站着1200万的选民。德意志共和国还能坚持多久？"

这是个问题。即将到来的冬天将决定魏玛共和国的命运。

[①] 下文简称为国家社会主义党，如原著中简写为"Nazi"，则译文也对应译为"纳粹"（如无特别说明，本书脚注均为译者注）。

[②] Deutsches Reich 是魏玛共和国和纳粹德国的正式国名，此处指魏玛共和国。——编者注

大厦倾倒

1932 年 11 月 17 日至 12 月 1 日

11月17日，星期四

垮台前的总理！
今天做出决定。
《抨击报》

帕彭提出辞职。
内阁全体辞职？——今日兴登堡演说。
《福斯日报》

德意志国主要由普鲁士自由邦主导，由首都柏林执掌权力。实际上权力就集中在几座建筑内，这几座建筑以其毗邻的街道来命名——"威廉大街"。

离开国会大厦（Reichstag），经过勃兰登堡门，在巴黎广场后面的阿德隆酒店（Hotel Adlon）右转，就来到威廉大街。经过英国使馆和农业部时，在右侧可以看到宫殿的建筑群，其中总理府（Reichskanzlei）的侧楼向前凸出，是一年前建造的，外墙呈浅灰色。

在街上看外墙有点儿不起眼，不过后面延伸着一片古老的大花园。地下通道将威廉大街西侧的建筑群连在一起，还有密道通向阁楼。大门与这些花园连在一起，如果愿意，人们可以从这里过去而不被发现。

就我们所知，内阁会议将在总理府的花园大厅举行，此次内阁会议关乎政府首脑弗朗茨·冯·帕彭的职业生涯，另外，库尔特·冯·施莱谢尔将军也在这次内阁会议中出现在大家的视野中。朝西的落地窗使花园大厅在这个时候阳光非常充足。一个阳光明媚、凉爽宜人的秋日到来了。橡树、榆树和菩提树上，秋叶闪着光，当年腓特烈大帝在此散步时这里的很多树已经长得很高了。

朝着弗里德里希-埃伯特大街的后墙上，象征普鲁士王国的陶制的雄鹰头顶着镀金的青铜冠，栩栩如生。奥托·冯·俾斯麦，德意志帝国的第一任宰相，在这个房子里生活了28年。一些仆人的孩子非常喜欢在这里玩儿，他们说，在这些花园的某个地方，埋葬着俾斯麦忠实的獒犬，还有一匹骏马，1866年，这匹马在克尼格雷茨（Königgrätz）战场上把他拉了回来。18岁的保罗·冯·兴登堡作为普鲁士第三步兵近卫团的少尉也参加了这次战役。

如今，兴登堡已经85岁了，是德国最重要的人物。在第一次世界大战中，他是坦能堡包围战的指挥官，后来成为陆军元帅，直到今天他还靠着这一荣誉过活。他有着浓密的胡须，嘴角深深的皱纹，钢丝般的头发——安静的时候，他看起来就像一座石碑。1925年以来，他担任总统，所有人都讨他欢心，讨这个老人的欢心。

今天早上，部长和国务秘书也到了花园大厅。

*

两天来，美国工会组织者亚伯拉罕·普洛特金逛遍了巴黎。他乘货轮从纽约到勒阿弗尔（Le Havre），是五名乘客之一，正如他所愿，也是他经济所能承受的，旅途并不豪华，是一次低调的旅行。他40岁了，因为经济危机，在家乡丢掉了纺织厂的工作。

他年轻时，全家从沙皇俄国移民到了美国。现在，普洛特金又返回了欧洲，只是身上多了几件衣服，还有手杖和打字机。

他到达不久后便开始写日记。普洛特金对知识如饥似渴，口才过人，他了解普通人的处境。但是他并不是为了来法国而到欧洲的。五天后，他的旅程还要继续。

他的目的地是德国，他要在那里见证工人为争取权利进行斗争。

他听说，在柏林街头左翼和右翼的激进分子正在互殴，已经死了人。这个首都城市吸引他，使他着迷。阿尔弗雷德·德布林的《柏林亚历山大广场》（*Berlin Alexanderplatz*）这本小说他已烂熟于心，现在，他想沉浸在作者所描述的令人震撼的环境中。他想见见妓女、小贩、乞丐和杂役。他想看看大家都在谈论的，令人恐惧又令人震撼的国家社会主义党人。据说柏林体育馆中约瑟夫·戈培尔的演讲非常打动人心，有启发性，没有能与之媲美的。对其他游客来说，11月份并不是来柏林的最佳时间，因为这个月冬季将来临。

普洛特金才不管那么多，他打算向德国人学习。

*

已渐渐胖起来的50岁的国防部部长库尔特·冯·施莱谢尔走进花园大厅。照片上，他看起来有点笨拙，笑容僵硬，但他的眼睛闪着光，炯炯有神。许多第一次见到他的人，对他的外表并没有什么印象，但被他的人格魅力所吸引。他秃顶已经很久了，个子也不高，却很能吸引女人。对施莱谢尔没什么好感的人，总爱讲述他花心的故事。他给已婚妇女送花，其中不乏颇有影响力的人妻。真是处处树敌。

在威廉大街，他获得了"顽固的单身汉"的称号，他知道如何享受自由自在的生活。到了1931年，他和一个骑兵将军的女儿伊丽莎白·冯·海宁结了婚，这是一个来自军人家庭的女人。

库尔特·冯·施莱谢尔也来自军人家庭。他的曾祖父死于1815年的利尼战役（*Schlacht von Ligny*），也就是在滑铁卢攻陷拿破仑军队的前两天。库尔特的父亲也是个军人，他最后的职务是中校。

施莱谢尔也像总统兴登堡一样，从第三步兵近卫团开始其军事生涯，世纪之交时，他在那里遇到了兴登堡的儿子奥斯卡（奥斯卡同时也是

/ 11月17日，星期四 /

兴登堡的副官），还有现任陆军总司令库尔特·冯·哈玛施坦因-埃克沃德。

施莱谢尔很快在第一次世界大战中开启了职业生涯。自1914年以来，他担任过各种不同的职务，组织、策划、指挥（以及结识）将军们，与他们打成一片，这些将军又反过来赏识他、提拔他。少将威廉·格罗纳成了他的导师和忘年交，他让施莱谢尔随心所欲，甚至越权行动。大战结束时，施莱谢尔最终服务于当时陆军元帅保罗·冯·兴登堡。之后也并未中断联系。

此后，施莱谢尔就在暗中处理政治和军事工作。他是部长事务办公室的领导，是最大的幕后操纵者。他会见了各党派的领袖，并与他们建立了亲密的个人关系——包括第一任总统、社民党（SPD）领袖弗里德里希·艾伯特。施莱谢尔组建的"国防军部"（Wehrmachtabteilung）直接听命于他：在那里制定了防卫军政策——并一直延续到今天。

作为国防部部长，库尔特·冯·施莱谢尔经常工作到深夜。他睡眠很少，天刚破晓，便骑马1个小时穿过蒂尔加滕公园（Tiergarten）。尽管如此，他还是精力充沛。他说话总是很急，魅力十足，随心所欲，总是人群中的焦点。

从来没有哪个德国公民在选举中将选票投给库尔特·冯·施莱谢尔，但在这一年夏天，正是施莱谢尔将总理弗朗茨·冯·帕彭的名字暗中给了兴登堡，对此无人提出异议。

今天上午11点整，他准时出现在花园大厅，出席内阁会议。

*

房子的主人是53岁的总理弗朗茨·冯·帕彭，他迟了几分钟。与会者说帕彭坐在桌子中间，对面是高高的窗子，这样他的目光可以投向花园。他的朋友施莱谢尔在他旁边坐下，6个月前，帕彭的职业生涯令人吃惊地突飞猛进，这要感谢施莱谢尔。6个月中，帕彭取代了施莱谢尔，成为总统最重要的顾问。6个月，足以使朋友变成敌人。

*

几步之遥，总统保罗·冯·兴登堡在办公室里正对着一堆文件冥思苦想。伟大的俾斯麦，德意志帝国的统一者，肯定不会像他这么艰难。德国人在危机中彻底分裂，他们选出来的党派争权夺利，民族团结受到威胁。除他以外，没人能将德国多数人聚集在一起。只有他能拯救德国。

这一年6月初，他从要翻修的总统府（Reichspräsidentenpalais）搬出来——总统府中的家具必须用木块支撑起来，因为木地板好像都下沉了。自此以后，这个国家元首一直在总理府工作。

3个星期后，12月6日，又可以召开国会了，到那时也会清楚谁是新总理了。但兴登堡现在应该将谁确定为总理呢？通常情况下，他应该委任国会中最强大的党派的代表来组阁。那就应该是阿道夫·希特勒，国家社会主义党的"元首"。希特勒正是4月时总统选举的对手。自8月末以来，这个政党第一次将赫尔曼·戈林立为国会议长，在国家最高职位中排名第三。这个党的议员经常打断别人的话，扰乱秩序，发起挑衅。有一次，在国会餐厅中，他们居然把一名左翼记者打得送到医院里——总的来说，真是让人厌恶的一群人。很难想象，这些人民代表会处理好国家事务。对兴登堡来说，最好是弗朗茨·冯·帕彭继续担任总理，他总是那么喜欢帕彭开朗的性格。库尔特·冯·施莱谢尔也可以，尤其是考虑到他现在正掌管军队。有人说，施莱谢尔很刻薄，并且很难看透。不过兴登堡长期以来一直信赖这个冷静的人。

/ 11月17日，星期四 /

政治是棘手的，特别是对于一名忠诚的军人来说更是如此。在命令中不会产生妥协。民主是政治中最复杂的形式。但是无论兴登堡做出怎样的决定，他都得避免德国人民受到伤害。

当然，还有他百年后的声誉。

*

奥托·梅斯纳，兴登堡的国务秘书，此时也在花园大厅中。1920 年以来，他一直担任总统办公室主任。他是阿尔萨斯一个邮局职员的儿子，52 岁，能讲流利的法语和俄语。他有法学博士学位，刚开始是在铁路工作。一战中他升职为主管，1915 年结识了兴登堡。

奥托·梅斯纳是个务实的人。1932 年 5 月 7 日，他已和兴登堡的儿子奥斯卡，还有施莱谢尔将军一起会见了颇有影响力的国家社会主义党人阿道夫·希特勒。他们讨论了内阁怎么能迫使顽固的总理海因里希·布吕宁体面退位，以便给新人让出位置。计划进行得很顺利，几个月后，八面玲珑的帕彭就已感受到同样的压力了。

*

半年前，卡尔·冯·奥西茨基被拘，奥西茨基是左翼知识分子周刊《世界舞台》的编辑，据说涉嫌泄密和叛国。他发表了一篇文章《航空之风》（*Windiges aus der Luftfahrt*），写到了防卫军秘密军备升级。军方长期以来痛恨和平主义者，现在他们还击了。

奥西茨基受到背叛祖国的谴责，但毕竟军队违反了国家法律！他们的秘密武器，以及违反《凡尔赛条约》的行径甚至已成为国会的重大主题。《世界舞台》周刊中引用的所有文件、数据和事实从前都是公开的。能说是泄密吗?

无论如何,检察官针对他的第二次诉讼被撤销了。他手下最重要的作者库尔特·图霍夫斯基在《世界舞台》周刊中写道:"军人是杀人犯。"防卫军看到自己的荣誉受到伤害。

奥西茨基,43岁,监狱中饮食恶劣,还饱受禁烟之苦。在知识分子和左翼中,具有批判精神的奥西茨基就是司法牺牲品。5月份被捕时,许多作家护送他到了柏林泰格尔监狱。阿诺·茨威格也在,还有利翁·福伊希特万格、埃里希·米萨姆和恩斯特·托勒尔。奥西茨基发表了简短的演说,他说,他是有意进监狱的,是为8000名政治犯去示威的,"无名之士在监狱的黑暗中受苦"。他没有要求特权和特殊地位,他要"未被改造"地释放。

直到1933年11月10日,他才被释放,差不多过了整整一年。

*

今年6月份时,并没有人预计到弗朗茨·冯·帕彭会成为总理。现在他也没准备这么快引退。他来自中央党(Zentrums)右翼。他之所以能成为总理,是因为施莱谢尔认为他很容易控制。

实际上,这一天帕彭计划去曼海姆参加新莱茵大桥落成典礼,报纸上说,人们在符腾堡和巴登等待着总理的"访问"。一切都被取消了。昨天,保守的中央党领袖告诉帕彭,他们虽然"基本上同意国家集权政策的想法",但他却不适合做这样一个联合政府的总理。他们谈到如果他继续留任,将会面临多方混乱的局面。最好他可以辞职。社会民主党人和国家社会主义党人根本没有被允许参与会谈。

帕彭意识到了这一切。当然中央党人都很愤怒,帕彭也曾是他们中的一员,现在中央党的人都觉得被帕彭背叛了。

/ 11月17日,星期四 /

在战争中，帕彭是皇帝忠诚的军官——在华盛顿是间谍和破坏者，是西线的指挥官和在土耳其的一名少校。之后他作为一名议员，代表中央党反动的、民族主义的立场。如今，作为总理统治着他所鄙视的共和国，没人支持他。宪法改革浮现在帕彭眼前：国会瘫痪半年，然后向人民提交一部新宪法进行投票。他想通过这种方式清除议会制令人生厌的弊端。

帕彭来自一个富裕的贵族家庭，18岁成为柏林皇家宫廷中的侍卫。他太太是瓷器制造商唯宝（Villeroy & Boch）的继承人。帕彭从未为钱犯过愁。嘲笑他的人称他为"绅士骑士"。不过柏林有很多马术爱好者。当帕彭骑着马，歪戴着帽子和领结，穿过蒂尔加滕时，可以看出来，他技艺高超。

他所寻求的宪法改革意味着回归君主制的第一步，或者说是回归独裁政府。这是帕彭的梦想。这将是一场政变。

*

弗里德里克·M.萨克特是美国驻柏林大使。他所面临的问题是，驻德使馆人丁稀少。华盛顿方面向他施加了巨大的压力，认为来自柏林的进展报告、分析及评估都太少了。

几星期前，他给国务院写信，说希特勒是"泰勒·巴纳姆[①]以来最伟大的演员之一"，是马戏团老板之一，并称约瑟夫·戈培尔为希特勒的"巧舌少尉"。自1930年以来，萨克特一直被派驻柏林，这使他成为使馆的老将，使馆的外交人员中，几乎没有任何人在德国待过这么久，而且只有少数人掌握德语。预算削减在各个层面都有苗头。许多工作人员年轻，没有经验。情报活动根本不存在。简

---

① 美国马戏团经纪人兼演出者。

言之，最近在本德勒大街上落成的美国使馆很不称职。

弗里德里克·M.萨克特本人63岁。不得不说，他总是被人冒犯。他和总理海因里希·布吕宁建立了良好的关系，靠近中央党人是他立足的全部策略：帮助他们的政府，稳固德国经济，支持布吕宁反对极端政党的方针——这是他的信条。

可是自1932年6月以来，一切都不同了。布吕宁被排挤。他的继任者弗朗茨·冯·帕彭对美国人来说是不受欢迎的人。第一次世界大战中，帕彭是驻华盛顿的军事专员，为德国人秘密创建了间谍网。帕彭太放肆了，以至于被驱逐出境。如何应对帕彭？忽略他，这是唯一的可能性。

最近几个星期，萨克特在美国为他的朋友——总统赫伯特·C.胡佛的选举耗尽精力，最终徒劳无功。他又回到柏林，努力在这些动荡的日子中找到头绪。国家社会主义党可能取得权力，单单这个想法就叫人不堪忍受。

*

为了不被迫辞职，帕彭需要的不仅仅是支持。帕彭在花园大厅中开始讲话。

帕彭说，总统必须再次去找党派领袖，为了"国家集权"政府而争取让他做总理，但是内阁不应该给人留下贪恋权力的印象。恰恰是国防部部长库尔特·冯·施莱谢尔立刻表示赞同，他觉得只有通过整个内阁引退，才能清除弥漫全国的毒害。他说的是那些谣言——到现在还没有形成广泛的国家阵线，这是政府的错。这一次大家同意了。这里聚集着人们所说的"贵族内阁"。多数人名字里都有个"冯"（von）字，他们都来自贵族家庭。帕彭选择他们，并不仅仅是因为他们的出身，他们中有令人尊敬的专业人士。

/ 11月17日，星期四 /

嗯，好吧，总理帕彭说。

显然他放弃了。

他说，他会告知总统，他的整个内阁都准备引退了。

沉默弥漫在屋子里。外面花园中，斜阳照耀在落叶上。没有一个部长反驳他们的政府首脑，施莱谢尔并没有表现出他很满意。帕彭早就在国内政治方面表现出自己其实是半瓶醋，根本没有能力打造联盟。

帕彭点点头。这就结束了吗？他这么快就失去最高职位了吗？

*

在大家所熟知的"普鲁士政变"（Preußenschlag）中，在这种错综复杂的情况下，卡尔·施密特，宪法学教授，为政府提供了咨询。总统兴登堡于7月通过紧急法令废除普鲁士邦政府，他的知己，总理弗朗茨·冯·帕彭被任命为国家特派专员[①]。社民党和共和国的壁垒被移除了。他的理由是：社民党并没有阻止共产党人的暴力，因此普鲁士的内部情况得不到控制。"阿尔托纳流血星期日"前不久，国家社会主义党人在共产党区域的游行导致18人死亡。警察疯狂地射击，他们必须为所有死去的人负责。

社民党并没有用武力抵挡帕彭的攻击，没有给他们的战斗联盟送去"国旗团的黑红金的旗子"，也没有像1920年"卡普政变"（Kapp-Putsch）时呼吁大罢工。他们站在国家这边——即使国家反对他们。德国社民党的斗争是通过法律途径进行的。作为共和政体的忠诚拥护者，他们相信司法的独立性，这时，莱比锡法院正在对被废除

[①] 国家专员（Reichskommissar）是国家直接委派处理专项问题、接管个别地区政府、监控社会秩序或驻外收集情报等的专门人员，一般直接听命于总理，或由总理亲自兼任。——编者注

的奥托·布朗的普鲁士政府提起诉讼。巴伐利亚自由邦和符腾堡邦也给共和国最高法官打电话。他们担心，下一个权力遭到挫败的就是他们。

*

阿道夫·希特勒的时刻到来了吗？

国家社会主义党的"元首"终于要掌握政权了。他最近给弗朗茨·冯·帕彭的回信中表述的不能再明确了："唯一让我感到痛苦的一件事，就是在国家财富创造过程中，我对德国历史做出了很大的贡献，而我却必须要眼睁睁地看着这些财富在您——总理先生的糟糕治理下，一天天地被挥霍。"

希特勒就这样宣布了一个尚未开始的合作的终结。这是一个政党元首的语录，这个元首此时也以这种方式出场。也许并不果断，但是非常有信心。

事实上，在这段时日里，国家社会主义党让人们感到焦虑。在11月6日的大选中，国家社会主义党人自1930年以来首次失去大量选民——200万！——高潮似乎已过去。沉重的财务问题困扰着这个党。竞选活动所需费用高昂，几个星期以来，希特勒每天乘飞机从一个地方到另外一个地方，似乎无处不在。冲锋队成千上万人的游行也不是做做样子的：冲锋队的酒馆、厨房和协会也花了大笔资金。银行不再放贷，工业赞助者也停止资助。组织内部，希特勒的对手格里高·斯特拉瑟也对他越发不满。斯特拉瑟提出一个实用路线，将国会党团的一些议员和党内的一些大区领袖聚集到自己这里。

最重要的柏林区的资金流动情况也令人沮丧——其领导人约瑟夫·戈培尔最近也收到下属提交的一份报告。"只有资金短缺、债务和义务，"他后来在日记中抱怨，"这次失败后，从哪儿都不可能筹措到那么大一笔钱。"

/ 11月17日，星期四 /

戈培尔又派冲锋队成员带着募捐袋（上面有小铃铛）走到大街上。就算是以乞丐身份登场，也总比不登场要好。但是如果这次不幸没有得到权力，国家社会主义运动在这个冬天就很可能失去动力、吸引力以及信誉，以失败告终。

11月18日，星期五

没有人民支持的总理放弃角逐。

帕彭政府即将引退？

《人民观察家报》

无产阶级的进攻轰散了帕彭内阁。

帕彭政府引退——施莱谢尔公开呼吁希特勒成为总理——劳动人民面临空前的危机。

《红旗报》

*

组建新政府的谈判立即在上午晚些时候开始。保罗·冯·兴登堡努力寻求一种解决方案，他称之为"从中央到纳粹的国家集权"。他先是在11点半时接见了保守的德国国家人民党领袖阿尔弗雷德·胡根贝格。众所周知，胡根贝格在捍卫自己的利益方面是很固执的，他是大工业家和乡绅①的代言人。胡根贝格对阿道夫·希特勒提出严重质疑。

许多人嘲笑胡根贝格，漫画家总是喜欢把焦点对准他。可是他拥有权力，这一权力建立于印刷机和胶片之上。胡根贝格是欧洲最大的企业家之一，很多日报、杂志和电影制作公司都听命于他。他清楚地知道他对于公众舆论及政治的影响。成立一届将他的德国国家人民党排除在外的右翼政府？目前还看不到这种苗头。

晚上6点钟，中央党人路德维希·卡斯来到总统面前。他曾建

---

① 又翻译为容克。

议由三到四个"勇敢的党派领袖"签订"忠诚条约"。希特勒好像也没有令他感到不安。德国人民党（Deutsche Volkspartei）的爱德华·丁格蒂也在半小时后光临。丁格蒂说，总理的任命是出于总统先生的个人信任，他的政党将支持兴登堡的候选人。还有，他个人不会对重新委任帕彭提出任何反对意见。

对于兴登堡来说，民主决策总是一个痛苦的过程。1925年，他第一次参加总统选举时，他的前皇帝威廉二世在流亡地荷兰给了他祝福。兴登堡从不是共和政体的拥护者，但他充满爱国激情和责任感，他知道作为总统的责任，当然也知道他的权力。他没必要和每个人讲话。

他没有邀请社民党的人进行会谈。社民党成立快70年了，它成就了共和国，可是，这一过程中，所有人都与之为敌，特别是共产党人。1932年4月，该党支持兴登堡再次参选，以遏制其对手希特勒。不过社民党并没有得到老家伙的感谢，相反，"是谁选择了我？是社会主义选择了我，是天主教徒选择了我，"兴登堡曾向新闻官抱怨过，"我的人民并没有选择我。"他的人民——君主主义者、反对共和者、保守党——大多数都跑到希特勒那里去了。对于社民党支持者的声音总统感到特别尴尬。

前几天，总理曾邀请社民党就政府在国民议会的命运进行会谈，而社民党严正地拒绝了这一邀请，这可能也让他生气。"我们不会去帕彭那里"，库尔特·舒马赫在一次社会民主党派的党团主席会议上宣布。

*

贝拉·弗洛姆，这个长着风骚的嘴巴和深色眉毛的女人，41岁，是《福斯日报》的记者。对于柏林那些与政治相关的，和在社会上想发挥作用或正在发挥作用的人来说，这份报纸是必读的。部长们读,议员及相关工作人员、公务员、军人、说客、外交官及他们的妻子也都读。

对于弗洛姆来说,做记者与其说是出于激情,不如说是迫于形势。她来自犹太上层富裕家庭,父母做葡萄酒的国际贸易,葡萄酒产自美因河地区和摩泽尔地区,生意经营得不错。他们把女儿送到柏林的一家音乐学校接受教育。第一次世界大战爆发前,贝拉结了婚,生了个女儿,名叫高妮,之后她的婚姻并不幸福。离婚?如果离婚,她必须证明丈夫有通奸行为——她做到了。她又一次结婚并再次分手。贝拉·弗洛姆只享受了短暂的自由,然后通货膨胀发生了。她继承的遗产缩水很多——尽管这些钱在此期间还够在柏林买一套别墅、一辆跑车和两匹马。但是她需要有收入来源,她在首都属于一个较好的阶层,所以她开始写她的生活。从1928年起,她成为《福斯日报》的专栏作家,并成为柏林地方报纸"B.Z."及乌尔施坦出版公司(Ullstein)的报纸的员工。

贝拉·弗洛姆在《福斯日报》的专栏"柏林外交官"(Berliner Diplomaten)特别受读者欢迎,她热衷于写外国大使、外交部工作人员及首都政客的无伤大雅的八卦。她并没有将自己的政治分析写进报纸,这些只被写在日记里。

将国家社会主义党人纳入政府,并不会对政府造成什么损害,贝拉·弗洛姆认为这种想法非常危险。四天前,她在恺撒霍夫酒店(Hotel Kaiserhof)与德意志帝国银行前行长亚尔马·沙赫特见面,当时沙赫特正要去找希特勒。"我想知道,他在那里要做什么,"她说,"对于体面的人来说,肯定不是什么好事。"在《福斯日报》中,她的读者是读不到这样的句子的。

为获得独家信息,她甚至毫不犹豫地当起了"间谍"。一年前,总统要求接见外交使团,媒体却并没有收到邀请,弗洛姆就女扮男装混在看客中溜进总统府,想要弄清楚谁是什么时候和谁一起来的,更重要的是,谁是什么时候和谁一起离开的。多数情况下,她并不需要玩捉迷藏的游戏，因为外交部和总理府的先生们早就被她的魅力折服了。

常在恺撒霍夫酒店闲逛的人，随时都会得到信息。贝拉在熟人圈子里称国家社会主义党"元首"为"皇帝阿道夫"。国家社会主义党的领袖在这个豪华酒店的院子里时，她有时会在接待大厅里看着这一热闹场面。

就在不久前，她坚持待了好几个小时。一开始没什么事发生，希特勒总是让人等待。激动的国家社会主义党人期待着被接见，他们站在吧台旁，靠喝啤酒保持耐心。外国报社记者朝里看了看，徘徊了一个小时左右，就放弃了。

晚上8点，门终于开了，国家社会主义党的领导人们穿着褐色衬衫出现在酒店大厅。在弗洛姆看来，简直像是举办集市，因为人们都戴着各种颜色的袖标和徽章，有浅蓝的、亮红的、金黄的，还有一些鬼才知道的颜色。

穿褐色衬衫的人趾高气扬得像孔雀，弗洛姆想，幸亏他们自己不知道自己的行为有多么愚蠢。他们的裤子看起来裁剪得过于宽大，仿佛腿上长着翅膀。

一阵脚步声后，这些人站成一排，房间里满是嘟哝声，这时希特勒出现了。弗洛姆记录下了他脸上严肃好斗的表情，看到胳膊迅速向上，听到那些人雷鸣般的呼喊——"万岁"。贝拉·弗洛姆心想："曼尼托"①。

阿道夫·希特勒走进屋子，并没有左顾右盼，而是马上穿过侧门。

喧哗结束后，看热闹的人开始大笑，全都是外国人。弗洛姆想，他们有资格笑。

---

① 阿尔冈昆语，意为"强大的力量"。

今天——今天人们又在柏林等待希特勒。恺撒霍夫酒店都已经在颤抖。

*

今年 2 月份，阿道夫·希特勒刚刚成为德国公民。他只要在柏林，就会下榻恺撒霍夫酒店。过去几个月，他经常在柏林：与政府代表秘密协商，拜访兴登堡，与随行人员开会。他在套房里接见高级别客人、记者及政治对手。酒店里有沉重的吊灯和石膏花纹装饰的墙壁，这个酒店在某种程度上像是国家社会主义党人的战斗中心，是个理想的基地，是一个有重要象征意义的地方。威廉广场上这个建筑的迷人之处，在于有一个玻璃拱形餐厅，在这里人们可以享受美食。50 年前，这个酒店刚刚开业时，就提供了各种便利：气动电梯，230 个房间都有暖气。位置简直无与伦比，从这里可以直接看到威廉大街 77 号。

阿道夫·希特勒只要从恺撒霍夫出来，走到入口前的柱子之间，总理府就近在咫尺了。

*

莱比锡第五刑事法院判处三名共产党人监禁。指控书上说，他们严重叛国，违反《爆炸物法》和《枪支及军备法》。一个 31 岁的木匠被判监禁 6 年，并被剥夺公民权 10 年——这意味着被剥夺选举权；两名建筑工人，一名 25 岁，一名 28 岁，都被判监禁 3 年。警察在这些人那里发现了 65 公斤炸药、步枪、手枪和弹药。法官认为他们有进行袭击的打算。

在卡塞尔附近的霍夫盖斯马尔（Hofgeismar），四名国家社会

/ 11 月 18 日，星期五 /

主义党人在法庭上受审。他们组装了一辆有防弹板和射击孔的坦克，警察在8月1日夜里将其没收。被告在法庭上说，他们想用坦克保护国家社会主义党人，防止共产党人的袭击。检察官提请向冲锋队成员征收50~200马克的罚款。

*

哈利·凯斯勒伯爵，前任外交官，现为艺术品收藏家，也是个知识分子。对他来说，今天是开心的一天。帕彭终于辞职了。这个永远微笑着的、轻浮的半瓶醋在这半年内引发了太多的灾难，比他任何一个前任都要多。最糟糕的也许是他让战争英雄兴登堡出了丑。几个月前，凯斯勒写道，帕彭看起来像"迷途的山羊，穿着丝绸内里的黑礼拜服，试图做出一种姿态。真像《爱丽丝漫游仙境》里的人物"。

凯斯勒是国旗团（Reichsbanner）① 成员，也是社民党保护协会成员。11月的选举中，每五个德国选民中就有一个选了社会民主党，凯斯勒也投了社民党的票。毕竟社民党是最后努力保卫共和国的政党之一。

*

贝拉·弗洛姆也不会去缅怀众叛亲离的总理。帕彭首先代表国家东部大地主的利益，这些日子里，大地主们都想夺取权力，而贝拉认为他们都"低估了这场激进的运动"。她指的是国家社会主

---

① 德国魏玛共和国时期的一个组织，由德国社会民主党、德国中央党和德国民主党成员于1924年成立。

党人。

两个月前,贝拉还与施莱谢尔和帕彭在赛马场度过了一个星期日。当她和施莱谢尔以及另外一个女性朋友站在一起时,帕彭也走过来。帕彭吻了她的手,他真是帅极了。"贝拉夫人,为您的报纸来个合影,岂不是个好主意?"他问道。弗洛姆暗自想道,他这样只是为了让人们认为他和国防部部长关系一直很好。她知道:这一切都是作秀,这两个人关系早就疏远了。

*

海尔曼广场地铁站旁卡尔斯达特商场的食品部,今年11月18日,1磅黄油1.44马克,1磅五花肉64芬尼,1升埃登科本(Edenkoben)① 的葡萄酒60芬尼——这还是在买10升的前提下。

一个工人每月平均收入为164马克。

*

"这就是他们每天的生活"——共产党人在柏林街头散发的传单上这样写道。"希特勒在恺撒霍夫酒店的账单:一顿早餐23马克——乘以12就是276马克!房间28890马克!你们必须得挨饿!"

这是宣传还是真相?至少在1931年底,三个晚上,七个房间,包括饮食和服务,国家社会主义党人才支付了650.86马克。这是事实。不管怎样,恺撒霍夫酒店确实是首都最昂贵的酒店之一。

然而,希特勒经常避开恺撒霍夫主厨声名远扬的饭菜,这也是真的。没人知道谁会策划阴谋。此外,他还有更好的选择。玛格达·

---

① 德国莱茵兰-普法尔茨州的一个小镇。

/ 11月18日,星期五 /

戈培尔，约瑟夫·戈培尔的妻子，厨艺精湛。她做素食，正如她的"元首"所爱。戈培尔家住在夏洛滕堡区，在德国体育场方向，开车几分钟就到。他们的公寓墙很高，空间很大。玛格达是带着这个公寓结的婚。她的前夫，百万富翁君特·宽特为她付的钱。客厅里有一架三角钢琴。

帝国总理广场2号，这个地方听起来就很引人注目。

*

约瑟夫·戈培尔，35岁，身材瘦小，上身纤瘦，头很大，棕色眼睛，黑头发。由于儿时患骨髓炎，他一只脚畸形，走路一瘸一拐。他的政敌嘲笑他是"微缩日耳曼人"。但在讲坛上，他却迸发出力量，是个煽动者，在柏林为国家社会主义党赢得了数千名支持者。1928年11月，他在首都接管了一群完全不和睦的乌合之众。现在他却控制了大柏林区。

不少柏林人害怕这个人，他太激进，不择手段，而且狡猾。他的政敌却鄙视他。戈培尔野心勃勃到病态，他是个自大狂、工作狂，极度渴望被认可。最重要的是，他渴望得到一个人的青睐：阿道夫·希特勒。他将全力配合希特勒的崛起。有朝一日，只要"元首"成为全德国人的元首，他的才华也会被映照得熠熠生辉。希特勒？"神话般的人！"戈培尔在1932年11月写道，"为了他，赴汤蹈火也在所不辞。"他希望希特勒和兴登堡最终会再次面对面，互相握手，凝视对方，相互信任。据称，兴登堡称希特勒为"波西米亚的下等兵"。

1点钟，一架从慕尼黑飞来的专机在柏林滕佩尔霍夫机场着陆。机上乘客是阿道夫·希特勒，国家社会主义党在国会党团中的领导人威廉·弗瑞克，党的组织领袖（Organisationsleiter）[1]格里高·斯特拉瑟，还有主管外国媒体的恩斯特·汉夫斯坦格。他们是来谈政权交接的。希特勒让司机从机场开到戈培尔家里。戈培尔将告诉他的客人们过去几天发生的事情。

问题是库尔特·冯·施莱谢尔这个暗自怂恿兴登堡的人，有什么打算。汉夫斯坦格在和说英语的线人交谈时，只称这个国防部部长为"爬虫先生"。但这听起来像查尔斯·狄更斯小说里的一个古怪的名字。噢，汉夫斯坦格是一个文化人，一位有名的艺术品商人的继承者，他的钢琴演奏让人充满喜悦，尽管有些粗野。没有第二个人能像他一样，把瓦格纳的歌剧那样砸在琴键上，并触动希特勒的内心。

*

在奥地利出生的阿道夫·希特勒在这一年里怎么这么快就得到了德国公民身份？没有这一身份，他根本无法参加总统选举。在德国有不少人提出质疑，社民党的国会议员奥斯卡·蒂勒曼也想知道。

官方理由是：不伦瑞克自由邦授予希特勒行政专员身份，并由于他的"卓越服务"授予他公民身份。卓越服务？什么服务呢？蒂勒曼向国家社会主义党领导的内政部提出质问："到目前为止，行政专员希特勒给不伦瑞克的经济做了什么，迄今为止，他究竟为不伦瑞克做了哪些工作？"

昨天这一问题有了回答："根据内政部部长的消息，行政专员

---

[1] 国家社会主义党共设18位"全国领袖"（Reichsleiter）负责党的各个领域，其中，斯特拉瑟于1926~1928年担任全国宣传领袖（Reichspropaganda-leiter，或称"宣传部长"，后由戈培尔接任），于1928~1932年担任全国组织领袖（Reichsorganisationsleiter，后由罗伯特·莱伊接任）。——编者注

/ 11月18日，星期五 /

希特勒先生作为不伦瑞克内政部部长先生的特别顾问，就下哈尔茨（Unterharz）的采矿业问题提供了卓越服务。"

希特勒，矿业专家？这可能不只让社民党议员吃惊吧。

*

亚伯拉罕·普洛特金自己本身就是一个谜。他想通过记录来探究自己的动力，想知道自己在欧洲要寻找什么。他还是孩子的时候，他的家人就逃离俄国"沙皇的黑暗暴政"，来到美国。"现在我又回去了。为什么？我也说不清楚。也许是为了逃脱我们国家城市里的麻木不仁，"还有，"要是我以后弄清楚真相，也许会觉得自己很蠢。弄清真相前，谁都不知道自己是不是傻瓜。"

*

午夜时分，希特勒回到帝国总理广场的公寓。戈培尔夫妇正在等他。他很高兴，讲了些这一天中发生的事。政府将于明天再次宣布"城内和平"①，到1月2日之前都不应出什么乱子，不得游行，不得大规模露天集会。格里高·斯特拉瑟已令"元首"讨厌——最近希特勒总是带着蔑视来谈这位党的组织领袖。可是担忧足够多了，该来点音乐了。毕竟客厅里还有一架三角钢琴，不能白白浪费——而戈培尔喜欢拉手风琴。他注意到，在耗神的斗争后，音乐是唯一可以使希特勒放松的东西。

---

① Burgfrieden，是一个中世纪的概念，指在城堡的管辖范围内强制执行休战状态。

/ 11月19日，星期六

今天希特勒去兴登堡那里。
《福斯日报》

帕彭引退之后：没有犹豫！历史时刻的要求。
《人民观察家报》

共产党中央委员会统一战线宣言。
团结起来，反对法西斯独裁！
《红旗报》

*

组建政府的谈判是以严肃而孜孜不倦的态度进行的，尽管兴登堡已经85岁了。总统访客名单上今天有个他很不愿意接见的客人。阿道夫·希特勒向国务秘书奥托·梅斯纳请求与兴登堡密谈。梅斯纳是总统最重要的工作人员。他们同意严守秘密。

11点半，国家社会主义党领袖如约出现。总统明确向希特勒表示：他会坚守一个超越党派的、中立的政府原则。如果由希特勒来领导政府，那就是党政府了。希特勒也可以通过其他方式，在一个由中立者领导的政府中达到目的。兴登堡愿意给他的政党提供几个部长职位。

希特勒带着很高的期望到来，这时正努力隐藏起他的愤怒。他只有取得政治领导地位才可以进入内阁。希特勒威胁道："当然，在一段时间内，我们还可以用超越党派的内阁来实行独裁统治，内阁也会得到国家机器的支持。可是这不会坚持太久，到2月就会有一场新的革命，到那时，德国将不会再有独立的外交政策了。"

但总统拒绝了。

这时兴登堡控制住自己，他面前坐着的毕竟是个总理候选人——至少理论上是这样的。会谈并不像约好的那样持续15分钟，而是25分钟。其实这不过是他们俩的第四次私人会谈。梅斯纳记住了这些，实际上梅斯纳记住了一切。后来兴登堡告诉了他会谈的每个转折点。

之后希特勒把建议摆到桌面上，说兴登堡可以通过一部《授权法》。这是几年前自由派总理古斯塔夫·施特雷泽曼所证实可行的、合法的一着，这是为了使执政的总理在没有多数人支持的情况下也能继续全权执政，并使总统从日常的政治琐事中脱身。但也意味着有可能解散国会。当然，施特雷泽曼1923年当政时，正值鲁尔地区抵抗法国人，还有恶性通货膨胀，可是，那时和今天相似的是，也有由左翼和右翼引起的严重内乱。

一部《授权法》。这也许会是个出路。

*

快到中午12点半时，希特勒离开总理府上了车。威廉大街入口前聚集了很多人。这些人突破警察包围，挤到大门口，他们迟疑地站在两边，中间空着。希特勒的车只能以步行速度往前开。人们在恺撒霍夫酒店前欢呼。"万岁，希特勒！"人们呼喊着，特别是那些穿着褐色衬衫的人。

希特勒没有站在他们面前，他没什么可宣布的，快速走进酒店，将充满希望和有些不耐烦的低语留在身后。只一会儿，他们的"元首"就在窗口出现了。

*

下午 5 点钟,巴伐利亚人民党（Bayerische Volkspartei）的弗里茨·舍费尔出现在威廉大街 77 号的总统府。他认为希特勒没有他周围的那些人那么危险,这个人需要一个强有力的对手。

谢谢,兴登堡说着又继续陷入沉思。

每个党派都只关注自己的利益,还要考虑很难估计的个人恩怨,以及所涉及的人的从属关系。做出一个什么样的决定,才能使德国人和解,不让他们分裂呢？人民团结一心,这才是最重要的。

*

2 点钟,在泰尔托大街的议会厅里,柏林—勃兰登堡—劳塞茨—格伦茨马克区的第 19 届共产党区域党代会正在召开。100 多万共产党选民生活在这里,这是德国最重要的党区。约有 800 个代表到会。共产党人是自信的。威廉大街正处于动荡中,这反倒使选民都跑到他们那边了。

今天会议的首要议题是"政治局势和我们接下来的任务"。共产党中央委员会委员瓦尔特·乌布利希同志做报告。在柏林运输公司大罢工期间,瓦尔特·乌布利希与约瑟夫·戈培尔一起于 11 月初接管了大罢工。瓦尔特·乌布利希在大会上警告大家注意国家社会主义党。

但实际上共产党主要关心的一个敌人是社民党,是那些背叛了真正社会主义方向的同志——至少从宣传上看,共产党是这么认为的。他们的领导坚决与社民党为敌,而不是与纳粹为敌,这一点并不是党内所有人都能明白的。德国共产党领导人根本不能自由决定如何与社民党打交道。这一战略是由莫斯科决定的,而莫斯科的战

/ 11 月 19 日,星期六 /

略却是首先让国家社会主义党在德国接管政府。马克思和恩格斯不是预言了吗，说这一行动会为共产主义铺平道路。只要国家社会主义党统治德国，就会有成千上万的工人跑到共产党这边。

这就是计划。

苏联的同志们认真听希特勒和戈培尔的公开讲话了吗？一朝大权在握，国家社会主义党就会想永远掌握政权，并消灭马克思主义。

*

威廉大街上兴登堡的办公室里收到一封信。并非所有德国经济界领军人物都在上面签了名，不过还是有不少人签了名。"尊敬的阁下，最尊贵的总统先生！像阁下一样，我们沉浸在对祖国和人民的温暖之爱中，阁下在国家事务的领导中力求根本转变，我们带着深切的期待迎接了这一转变。"这封信的签署人之一是科隆银行家库尔特·冯·施罗德男爵，他在莱茵兰地区非常有影响力。

关于希特勒，他还有很多计划。集团领导人弗里茨·蒂森、爱尔文·默克，还有前银行家亚尔马·沙赫特也写了同样论调的信。他们写道："国家社会主义德国工人党原则上"是认可兴登堡的政策的。"总理内阁无论是从客观还是从主观上看，都是由最专业的人组成的，总理内阁的领导权将被转移到最高的国家集团元首手中。这将消除历次群众运动中的缺点和错误，今天上百万被边缘化的人，最终会得到重新鼓舞。"

看到这些信，兴登堡非常震撼。尤其是爱伯哈特·冯·卡克奥特伯爵也签了名，他是"德国农业协会"的会长，是最有影响力的大地主之一。

企业家们并没有详细提及"缺点和错误"。

*

民族保守主义者议员莱恩霍尔德·乔治·库阿茨很紧张。如果希特勒和国防部部长施莱谢尔串通一气，他们就有可能在国会中成为多数，从而得到总统的好感。德国国家人民党人库阿茨写道："那我们可就麻烦了。"

所有的人都在说施莱谢尔，施莱谢尔，施莱谢尔。库阿茨对这位军人并不在意。施莱谢尔到底能否顽强地将一个伟大的计划进行到底？库阿茨听说施莱谢尔生病了。

您认为怎么样？不久前他问国务秘书梅斯纳，施莱谢尔会成为总理吗？梅斯纳和库阿茨彼此很了解，也很坦诚。

"施莱谢尔的意图总不是很清楚"，总统的顾问梅斯纳这样回答。他本人很排斥将此人任命为总理，可是他这样想并没什么用，因为兴登堡想保留这个将军以建立一个军事政权。

*

所有人都知道希特勒拜访了总统。哈利·凯斯勒伯爵这个晚上已听了太多的讨论。乔治·本哈德是乌尔施坦出版社的领军人物，是言论自由的捍卫者和国家社会主义党的反对者。他召集了晚宴。受本哈德邀请出席的还有：海因里希·曼，他在《臣民》(Untertan)中以独特的方式与普鲁士军国主义做了清算；沃夫冈·胡克，报纸发行商，柏林最大的纳税人；汉斯·舍费尔（Hans Schäffer），今年年初还在财政部担任国务秘书，负责国家预算，现任乌尔施坦出版社负责人；本哈德·卫斯，柏林前警察局局长，被帕彭驱赶下台。还有鲁道夫·希法亭，马克思主义理论家，曾在两届由社民党领导的政府中担任财政部部长。还有其他一些政治家、政治评论家及外交人员也参加了晚宴。很有名望的一群人，能获取很多新闻——而且通常都能准确地预感到其他信息。

但即使在这里，凯斯勒也并没有真正了解到目前兴登堡那儿怎样了。连传言都没有。胡克说，兴登堡和希特勒进行了亲切友好的会谈——完全不像从前的会面。本哈德宣布：帕彭的引退只是个花招！他会再回来的。很多人认为总罢工是不可避免的，应该由国家社会主义党人接管权力。

可是现在谁当总理？

那个漫长的夜晚的尽头，凯斯勒在日记中写道："没有人知道事情会如何发展，一切都或多或少地听任偶然性以及四五个人的心情所摆布。"

兴登堡、梅斯纳、施莱谢尔、希特勒——还有帕彭？哈利·凯斯勒伯爵还想到别人了吗？无论如何，这与透明的民主决策没有半点关系。

*

午夜时分，约瑟夫·戈培尔出现在柏林冲锋队领导面前，冲锋队召集了"同志友谊之夜"，可是并没有什么同志友谊。经过几个月的等待，党的战士们终于想要上台了。戈培尔知道，他们中的很多人都渴望靠自己的忠诚而获得职位和奖赏。长久以来，他们不怕牺牲，勇于献身，为了"元首"被打得住进了医院，或是把对手打得住进了医院。对他们来说，因为希特勒看起来离总理职位还有一步之遥，这年8月也是带着苦涩的失望结束了。

但现在必须要搞定一切，希特勒最终一定要当总理。快承受不了这种绷紧的神经的，不仅仅是冲锋队。

"整个城市都在颤抖"，戈培尔这样说道。

11月20日，星期日

帕彭的遗产：

社民党——面临政治大规模罢工的威胁——共产党加强内战的煽动。

《人民观察家报》

也就是说：红色墙壁越来越高，越来越宽。

第一个人已经撞破了头！

现在请第二个上来吧！

《红旗报》

*

死亡星期日。这一天是纪念死者的日子。各家各户都去扫墓。专栏作家阿尔弗雷德·克尔曾经这样描写这一天笼罩在德国首都的气氛：

柏林墓地根本不像墓地，更像是专门处置躯体的地方，那些躯体毫无生气……

城市中的墓地既乏味又冷清，火车在铁轨上呼啸而过，墓地对面是些小酒馆。

死亡星期日这一天，所有人都走到公墓：寡妇、儿子、新娘、女儿、母亲。他们带着鲜花。

柏林的观念：先扫墓。几乎纤尘不染……然后再进行真正的哀悼。

在这里扫墓，就是心灵的集会。

死亡星期日。有些人纪念他们失去的人——虽然肉体还在，却似行尸走肉。

*

星期日，休息日，安静的私人谈话的日子。但柏林目前不知道什么是安静。

中午时分，国务秘书梅斯纳来到恺撒霍夫酒店，他来拜访希特勒，安排第二天与总统的一个新的会谈。

许多国家社会主义党人终于嗅到时机。约瑟夫·戈培尔对总理府发生的事却很冷淡。总统真的想把政权转移到希特勒那里吗——或者他只是努力把这个党拉进政府中，来破坏它的活力？"所有人对施莱谢尔都有猜疑"，他在日记中记录道。他警告道，不要太乐观，不要过于相信。

兴登堡也许希望希特勒会顺从。但戈培尔知道，他的"元首"会坚定不移。

他还推测，施莱谢尔将军与国家社会主义党的其他领导人秘密会谈。施莱谢尔的目标非常明确：分裂国家社会主义党人。左翼的格里高·斯特拉瑟，党内第二强者，正进行他的"不得已的背叛"计划，正如戈培尔所说的那样。大区领袖中约一半都在斯特拉瑟这一边，他们反对希特勒的"全或无的战略"，他们想要妥协，想要权力的一个边角，立刻，马上就要。如果斯特拉瑟寻求冲突，这些人会有怎样的表现呢？四处都是流言蜚语。

国会所有党派或沆瀣一气，或想尽花招。中央党表示，他们可以和希特勒总理共存。德国国家人民党从来没有接受过任何一次国家社会主义党会谈的邀请。国会议长赫尔曼·戈林跟其他党派领袖磋商时，戈培尔正前往恺撒霍夫酒店，为希特勒及其随从提供咨询。"元首在这里运筹帷幄，"他写道，"元首在这里进行权力的博弈。这是一场扣人心弦的战争，但是这场孤注一掷的赌博也让人感到刺激。"

哪条路才能让他们达到目的呢？几个月前，戈培尔在日记中写道："合法？跟中央党？恶心！呸！"

希特勒无论如何都会将谈判落实到纸面上，这一点戈培尔很确定，没有不必要的情感，没有鲁莽的言论，每个细节都字斟句酌。

*

担任法国驻柏林大使，在经济危机前已经是一个挑战，但现在政局格外令人费解。《凡尔赛条约》结束了第一次世界大战，距离现在已13年了，但是没有任何一个话题能这样激起人们的情绪：失去的领土如阿尔萨斯，所有殖民地的丧失，战争罪行问题，还有对法国的高额赔款。安德烈·弗朗索瓦－庞赛从小就对德国人很熟悉，他在奥芬堡上学，后来学了日耳曼语言文学，在与德国人的战争中负了伤。他的最终目标是改善德国与法国之间的关系，防止一场新的战争的发生。他想要一种"权宜的妥协"，一种暂时的一致，在这种基础上，两国能持久地和平共处。

他现在已任职一年多了。他家是个迎来送往及举办派对的地方，他娇小的妻子已赢得"柏林最著名女主人"的声誉，记者贝拉·弗洛姆也这样认为。弗朗索瓦－庞赛双鬓斑白，他的脑后头发稀疏，毕竟他也四十几岁了。他很注重优雅的形象，唇上胡须的末梢卷得很精致。

他是当天晚上听到帕彭引退的消息的。这个大使从来没有真正欣赏过帕彭，他有一次写道，这个人"肤浅、好斗、虚伪、野心勃勃、爱慕虚荣、诡计多端、工于心计"。帕彭说自己是法国人的朋友，但是弗朗索瓦－庞赛确信，帕彭渴望看到德国军队复仇并胜利攻占巴黎的那一刻。

还有库尔特·冯·施莱谢尔，就弗朗索瓦-庞赛所知，施莱谢尔周围的很多人都认为他是个现实主义者，尤其是个愤世嫉俗的人，是个高超的阴谋家。防卫军之所以不喜欢他，是因为他并不是在前线或军营中戎马倥偬，而只是一个坐办公室的。国防部部长是怎样上的台，怎样发挥作用的呢？大使这样写道："秃头，头盖骨上精光，分外苍白，他的表情就像面具一样，面具上两只眼睛闪着寒光；臃肿的脸上，轮廓不是很清晰，几乎看不见的窄窄的嘴唇。这些对他都很不利。但有些东西对他来说就是特点：漂亮的手。"施莱谢尔说话很生硬，不会拐弯抹角，但是在谈话中却展示出风趣的嘲讽。啊，对了，还有一点："他很爱笑，而且声音很大。"

/ 11月21日，星期一

兴登堡交给希特勒的任务：

确定是否有可靠能干的多数人支持希特勒内阁——希特勒将于下午书面回复。

《福斯日报》

希特勒又到了兴登堡处。

《抨击报》

*

警察早上在恺撒霍夫酒店前戒备。穿褐色衬衫的冲锋队队员已经到了那里，他们很不安。要向希特勒欢呼的人们期待着希特勒不久就能达到目的。

他的豪华轿车已在外面等候。见总统其实只有一百步的路，但希特勒还是让人开车过去，他像他所梦想的政治家那样，从路的另外一边下了车。

*

涉及权力问题的时候，口头说出来的话是不算数的。必须宣读文书，进行书面交流。这是1932年8月13日的教训。当时希特勒错误地认为他已经达到要当总理的目的，到头来才发现兴登堡很显然在最后一刻没有支持他，尽管他周围的人都口头对他说，兴登堡是支持他的。他坚信这是个阴谋。谁隐藏在后面？帕彭？施莱谢尔？这些人，希特勒一个都不信任。字斟句酌的措辞才是首选。

在10点半开始的会见中,兴登堡对希特勒说,他应该到星期四晚上确定,"您领导的政府是否有可靠能干的多数人,并在国会中有坚定统一的工作计划,如果有的话,是在哪种条件下"。希特勒在开始会谈前已把答案以书面形式递交给了兴登堡。

"我只向阁下提出一个请求,"希特勒写道,"请至少给我与前面那些人同等的威信和地位,那些人只会辱没阁下巨大的威信以及名誉,却没有像我做出那么大的贡献。……我将自己的名字和这场最大的德国运动的生死存亡作为筹码,如果行动失败,我和这场运动都将毁灭。但是,总统先生,我们现在面临的并不是军事独裁,而是布尔什维克的混乱局面。"

这有作用吗?的确很多德国人害怕共产党。时间一分一秒地过去。希特勒也得到了兴登堡的书面委托——从现在开始,有80个小时的思考时间。

*

在泰格尔监狱,卡尔·冯·奥西茨基在律师起草的一份声明上签了字。这个《世界舞台》的主编多次被起诉,这次是因为针对烟草集团利姆茨玛(Reemtsma)的一系列批评文章,文章中可以读到行贿受贿的内幕,以及财政部与工业集团之间的裙带关系。现在要进行针对诽谤罪的调解。奥西茨基也负责《世界舞台》的时事评论。几个月之内,他要为自己进行第三次辩护,并且第二次成为阶下囚。

这真是让人伤脑筋,怎么办呢?有两篇关于利姆茨玛裙带关系的文章,是奥西茨基自己放到报上的,他称自己与这两篇文章无关。他是因为战斗而疲惫了吗?"长久看来,厚厚的墙壁对我还是有影响的",不久前,他给流亡的朋友库尔特·图霍夫斯基这样写道。

/ 掘墓人:魏玛共和国的最后一个冬天 /

*

　　国防部部长施莱谢尔还没有从打击中恢复过来。他的前任，也是老领导和导师威廉·格勒纳不想再与施莱谢尔谈话。好吧，格勒纳的辞职一部分是由于施莱谢尔的阴谋。谣言暗中传播着，说格勒纳老朽了，施莱谢尔也未能消除这一谣言——也许这些谣言就是他周围的人散布的。政治就是这样，有必要如此苦闷吗？

　　今天施莱谢尔想出了新办法来挽救旧日的友情，明天格勒纳65岁了，他以国防部的名义，也完全以个人的名义来祝贺格勒纳"尊贵的阁下"65岁生日快乐。

　　"尊敬的阁下，"他写道，"我希望您的生日将会带来我期待已久的谈话，我认为，我至少有权利了解一下，有哪些未知的原因使我们疏远。"

　　施莱谢尔的这封信能否改变什么？格勒纳比任何人都了解施莱谢尔。1932年5月底——他辞任国防部部长和内政部部长后快3个星期的时候——他在给一位知己的信中解释了施莱谢尔的动机："他并不想帮助纳粹取得权力，他自己在努力争取权力，并且是通过兴登堡来达到目的，他利用自己最亲密的朋友——兴登堡的儿子——给兴登堡以巨大的影响。梅斯纳只关心自己的职位，他是施莱谢尔心甘情愿的帮手。"

　　格勒纳又接着写道："施莱谢尔早就梦想没有国会，而是借助防卫军的帮助来统治。他的计划当然不会再告诉我，但是他的计划真是让人捉摸不透，也许纳粹确实比他精明多了。"

　　不久后，1932年6月18日，布吕宁内阁倒台以及他自己下台两个多星期后，格勒纳又给同一个朋友写道："回顾最近的事态发展，施莱谢尔越来越像个谜。大约10个星期前，在俄国使馆的一次宴会上，他告诉

/ 11月21日，星期一 /

一些德国客人（国务秘书舍费尔可以作证）：防卫军绝不容许纳粹取得政权，那边还有个人（哈玛施坦因）将用全力阻止纳粹夺取政权。他可能是在装腔作势。"

哈玛施坦因，这里指的是库尔特·冯·哈玛施坦因－埃克沃德，是陆军总司令，关于他，格勒纳在另外一处写道："哈玛施坦因就像训练有素的猎犬一样跟着他的朋友施莱谢尔。"

*

四名国家社会主义党人袭击了腓特烈大街的一个报刊经销商，这个经销商受国旗团之托出售社会民主党的报纸。这个 29 岁的人头部被打成重伤。警察赶到那里时，袭击者已逃走。

*

这可真是考验神经。兴登堡还不想正视总统独裁这个问题。国家社会主义党的领导们重新回到了恺撒霍夫酒店的五层来进行咨询。格里高·斯特拉瑟鼓起勇气站出来：必须要和德国国家人民党谈判，是结盟的时候了！

希特勒断然拒绝了。他不会妥协的，永远不会。外面追随者的呼喊声一直向上传播，传到酒店最高层，国家社会主义党人都坐在那儿。

"希特勒万岁！"他们呼喊着。

街上的人们热切地期盼着，好像这一运动马上就要达到目的。党内不少人都确信希特勒已经是国家总理了。

"可怜的幻想家们！"戈培尔想，"希特勒从来没有像现在这样距离目标如此之远。"

原则上计划还是成功的。街头的压力越来越大，冲锋队来了，共产党也如预料的那样喧闹起来。这一切都非常有利。总会有办法来对付老家伙的反对吧？

/ 11月21日，星期一 /

11月22日，星期二

最高警报！

兴登堡给希特勒的任务——

希特勒对冲锋队下达的恐怖命令。德国劳动人民，团结起来准备战斗！

《红旗报》

希特勒迟疑不定。

《柏林日报》

无论是通过左翼还是右翼，只有新制度稳定下来，国家危机才会结束。在此之前，每个政府的组建都有权宜之计的色彩。

《世界舞台》

*

美国人亚伯拉罕·普洛特金在夜里坐火车从巴黎到了柏林。三等车厢的木椅子使他不得安宁，一直合不上眼睛。在法国完全不同，那里即使便宜车厢也有软座椅。德国铁路的木凳太硬了，他屁股一会儿就开始痛起来，而且太滑，整个旅途他都没有找到一个舒服的姿势。早上7点钟，普洛特金下车时，他揉揉眼睛，试图驱赶疲惫。铅灰色的光笼罩在城市上方。四处都是骑着自行车上班的人。警察盯着他。一些乞丐躺在人行道上，但是普洛特金很奇怪：与家乡纽约或旧金山相比，这里的乞丐少得多，德国不也遭受了经济危机的严重冲击吗？普洛特金之所以来到这里，是因为他想遇到友好的工会会员，因为他想看看，一个福利国家国库空空是怎么运转的。显然它还在运转。

城市还在沉睡，商店关着门。他放下行李开始走路，不知什么时候，他来到勃兰登堡门前，然后到了菩提树下大街。下雨了，但这并不影响他。天开始亮起来，路灯还亮着，宽阔的街道上弥漫着晨雾。光对他来说非常不真实，树和建筑都沉浸在一种奇怪的光晕里。

普洛特金决定去阿德隆酒店。他知道，政治之城柏林的核心正活跃在周围。不过他还不可能搞清楚，几百米之外的威廉大街上，现在正进行哪一回合。

倦意席卷了他。普洛特金带着他的便携式打字机走进阿德隆酒店的咖啡厅，这台打字机使他看起来像个很忙碌的作家，不过他还没有点咖啡，没有写一行字，就闭上眼睛睡着了。在阿德隆酒店的扶手椅上，他睡得很沉，没人能叫得醒他。

*

许多柏林人对于国家社会主义党最近的英雄行为感到惊叹。为如期参加最近关于政府组建的会谈，国会议长赫尔曼·戈林取消了与意大利独裁者贝尼托·墨索里尼的会晤。戈林特地乘飞机从罗马飞到威尼斯，Ju 52 运输机在那里等着他，希特勒在夏天时乘坐这架飞机进行了传奇的竞选之旅。路上，戈林这个歼击机飞行员自己来开飞机。至少之后他是这么说的。

从罗马到柏林用时还不到 6 个小时！毫无疑问，他创造了一个新纪录。一战中，戈林在西线赢得了蓝马克斯勋章（Pour le Mérite），最高的勇者荣誉。一个王牌飞行员。

*

柏林《12 点杂志》(*12-Uhr-Blatt*) 的标题："如果希特勒失败

了……梅斯纳总理？"

不过，报纸又接着写，梅斯纳根本就不需要这一提名，因为他"在这个国务秘书的职位上对于国家事务的影响根本一点都不小"。正如柏林的记者们所说，梅斯纳属于"国王私人内阁"，就是给保罗·冯·兴登堡提供咨询的一小圈子人，或者说是操纵兴登堡，至少评论家是这么认为的。

以政治运动观察家的角度看，梅斯纳既令人害怕，又不可或缺——忠于他的上司，尽职尽责，了解一切，建立最佳关系网，并没有明显的个人意图。他是权力总管，宪法法律的专家。

梅斯纳是个习惯明哲保身的人。他眼镜后面的眼睛非常警惕。灰白色的小胡子覆盖着薄薄的、向内抿着的嘴唇。嘴角向下垂。他的头向后仰，像拳击手一样等着对手出击。他的西装口袋里总是装着胸袋帕，看起来总是小一号，领结紧紧地系在脖子处。当他吃自助餐拿龙虾的时候，平时一直被隐藏的贪欲，就会突然迸发出来。对此，人们会觉得非常惊讶。

今天，在柏林，奥托·梅斯纳也是建议总统让希特勒做总理的人之一。这或许也是那些谣言之一。

库尔特·冯·施莱谢尔在最近起草的一封信中支持了梅斯纳，在措辞方面起了辅助作用。这封信是写给希特勒的。

这又是一个事实。

*

《12点杂志》也在梅斯纳家的桌子上。一个仆人早些时候因为杂志上的标题，从阿德隆酒店的角落拿回来了这份报纸。女主人希尔德加德·梅斯纳读报时脸色苍白。她的声音几乎听不到，"不要这样，"国务秘书的太太小声说，"亲爱的上帝，请宽恕我们！"

国务秘书梅斯纳的另外一封信抵达恺撒霍夫酒店。希特勒应该寻求联盟伙伴，这一措辞无疑比"离权力远点儿"更礼貌。

希特勒觉得人格受到了侮辱，戈培尔也非常激动。

为了放松，两人晚上去了柏林国立歌剧院。演出的是《纽伦堡的名歌手》(*Die Meistersinger von Nürnberg*)，这部作品振奋起压抑的心情。后来，最后一幕之后很久，戈培尔写道："乐团演奏得前所未有的精彩，且有些压抑。瓦格纳永恒的音乐又给了我们新的力量和张力。大合唱《醒来！》(*Wacht auf!*)使我们胸怀非常开阔。"

*

亚伯拉罕·普洛特金在腓特烈大街和多萝西大街之间的角落里找到一个栖身之地。房间每个晚上2.5马克。他给社民党日报《前进报》打了电话，得到了拉法埃·阿布拉姆维奇（俄国的一个社会主义者）的电话号码。这是他以前在美国认识的一个俄国人，这个人被流放，生活在柏林，属于在1917年与布尔什维克的权力斗争中失败了的孟什维克。从那以后，像拉法埃·阿布拉姆维奇这样的人在俄国被威胁、迫害、关押，有些甚至被谋杀。电话那边，拉法埃·阿布拉姆维奇的声音非常友好，几乎是热情洋溢。他问，普洛特金是否从美国带来了什么新闻？

普洛特金说，当然，而且他非常渴望了解德国发生的事情。他们马上约定第二天见面。

后来普洛特金漫步走过腓特烈大街。很难相信，大多数人都穿得非常得体。他听说目前德国6000万居民中有三分之一的人依靠国家支持来生活。国家怎样支撑呢？普洛特金被深深地触动。在这个城市的这个区域，他今晚目之所及，没有贫困的迹象。

/ 11月22日，星期二 /

/ 11月23日，星期三

希特勒今天才做出回答；
看来会拒绝政府的任务。
《福斯日报》

总统原则或议会多数；
总统给希特勒的任务中的不明确之处；
元首首先希望解决矛盾。
《人民观察家报》

*

格拉德巴赫-瑞德（Gladbach-Rheydt）的特别法庭判处一名国旗团成员10年监禁。该成员与社民党组织其他同伙一起在街上和国家社会主义党人打了起来。他用一根棍子击打对方其中一人，并向他扔石头。他是按照新的《恐怖紧急条例》(Terrornotverordnung)被判决的，事实上该事件发生时，新条例并未生效。

*

国防部部长库尔特·冯·施莱谢尔与希特勒会晤。总统要求这位对他很谦卑的将军在祖国意义的层面上探索合作的机会，而且是口头的。

施莱谢尔很愿意利用这个机会。如果他削弱国家社会主义党的计划落空，也许前者至少可以为他所用。"如果他们不存在的话，就把他们杜撰出来"，他在3月的一封信里这样写道。他所指的是国家社会主义党人。他继续说，他们的存在会阻止共产党人诱惑更多失业的、愤怒的年轻人。

这期间，国家社会主义党的军队"冲锋队"大概有44.5万人。涉及国防问题，将这一军队融入防卫军，对于这个将军来说是非常紧迫并有吸引力的一个想法。《凡尔赛条约》使得防卫军至今依然非常薄弱，不能在战争中保卫国家——更不用说向敌人进攻了。德国有10万陆军，1.5万海军。秘密武器计划确实已进行了一些年，但防卫军离成为一支强大的军队还差得很远。

希特勒先生，施莱谢尔问道，您愿意进入一个我自己作为总理领导的内阁吗？

大约一年前，两人第一次会面。之后施莱谢尔这样评价国家社会主义党的领袖："一个有趣的人，有杰出的演讲才华。他的计划常常不容易理解，他说的大家一开始还都明白，但一会儿就不懂了，大家就得把他又拉回到现实中来。"

希特勒反过来给党员讲："与施莱谢尔达成一致并不容易。他目光机敏，却掩藏得很深。我确信他并不坦诚。"

不愿意，希特勒这时回答。

但是，他们的谈话进行了3个小时。

*

之后，施莱谢尔受到了总统的谴责。他可以试探，对，试探，却不应该立即将自己代入总理的角色，更不应该立刻提出一个要求！这样一个强势而令人不愉快的兴登堡是从来不会展示在公众面前的，只有离他最近的人才知道。至少那些在兴登堡身边的人这样说。

/ 11月23日，星期三 /

＊

  自从国家社会主义党在大选中取得重大胜利后,有一些人(工业家,其他政党的政客和外交家)一直想见国家社会主义党的领袖。大多数人从后门进来,或者在偏远的地方等着碰到阿道夫·希特勒。许多人都觉得与他见面很有趣——弗里德里克·M.萨克特也觉得很有趣。他的方法并不正规,因为他毕竟不是训练有素的外交家。他是肯塔基一个富裕的羊毛生产商的儿子,最初他是商人,后来被选入共和党占多数的参议院。几个月来,他习惯了去找国家社会主义党的领袖用餐的地方,然后出现在那里,像是偶遇。他很喜欢用这种方式看赫尔曼·戈林走过来。一个难以捉摸的家伙。

  萨克特的英国同行荷瑞斯·胡姆博德爵士拒绝与阿道夫·希特勒会面,也不与这个党的党员会面。相反,萨克特却已经拜访过国家社会主义党的"元首"。一年前,1931年12月5日,萨克特在伊米尔·乔治·冯·史道斯家中见过他,伊米尔是德国大公司董事会成员,是国家社会主义党人的朋友。萨克特带着使馆一名工作人员做翻译,为掩人耳目,他们也都带着太太,装得好像是个社交活动,而不是政治活动。

  门突然开了,国家社会主义党人鲁道夫·赫斯、赫尔曼·戈林、恩斯特·汉夫斯坦格出现了。他们旁边的一个人被称为"沃尔夫先生"。他就是阿道夫·希特勒。

  美国大使与德国反对派的会面,一个有政治意义的事件,完全秘密地进行。这一会面是由亲国家社会主义党人的银行家们安排的,他们关注着美国的信贷,因为这些信贷在德国公司占了很大比例。

  当天下午他一直都竭尽全力。萨克特从此便对希特勒不抱什么希望了。"元首"讲话时——他讲得很多,像面向公众那样朗诵——他根本都不看大使一眼。一个狂热的十字军,萨克特突然冒出这个念头。他肯定不是那种能成为政治家的人。

萨克特今天还把纳粹看成流氓,看成暴力革命的象征,而不是独立的政治力量。他更怕共产党——他知道,白宫也同样怕共产党的进军。

*

拉法埃·阿布拉姆维奇看起来很疲惫。他是个小个子,已经50多岁了,普洛特金从他眼中看出了恐惧。他的这位东道主在俄国组织了地下运动,支持政治犯,并帮助其中一些人逃走。他在美国做报告时,共产党人滋事寻衅。

阿布拉姆维奇旁边坐着一位从俄国来的年轻的逃犯。茶端上来了,他们谈美国,谈经济危机,谈工会的情况。普洛特金为什么恰好这个时候来柏林?

普洛特金回答:"因为这个冬天德国的确会发生什么。如果真的发生什么,我想亲眼看到。百闻不如一见,有些事情读到的和实际发生的并不同,这让我受不了。"

"不要想错了,"阿布拉姆维奇建议道,"希特勒是很危险的。他是今天德国工会、社民党和共和国最危险的敌人。"

*

德国总失业人数比上个月增加了156000人——总数为五百二十六万五千人,也许用文字写出来会比阿拉伯数字更有说服力。其中许多人都是要养家糊口的。无论如何,增幅还是低于上一年了。

/ 11月23日,星期三 /

*

柏林报纸上午报道，国家社会主义党下属官员昨晚在恺撒霍夫酒店前互相殴打。希特勒既愤怒又痛苦，去了剧院，以此躲避他的政党的悲惨遭遇。对戈培尔来说，这就是"柏林犹太媒体"的谎言。

他到酒店时，希特勒正口授让人给兴登堡写信。尽管"元首"正"表达深切的忠诚"，但听起来却很叛逆，他又一次讨论内部事务。下午4点多，希特勒口授完了信。戈培尔认为这是政治策略的杰作。

*

下午晚些时候，国会议长赫尔曼·戈林亲自将希特勒的信送到了总统国务秘书那里，总统所给的考虑时间还长着呢。希特勒信中拒绝了组建政府的任务——"因为它内在的不可行性"，国家社会主义党的领袖提出了建议，48小时之内提交计划内容，24小时之内提交一份部长名单。为此，他再次要求授权，要求被授予"在如此危急困难时期，连议会制国家的总理都不会被拒绝授予的"全权。

这是异常果决的人正常的政治考量——或者只是插科打诨？国家社会主义党人真的会相信，传说中的老顽固兴登堡可以被另外一个更顽固的人所强迫？

梅斯纳迅速做出回答，太过于外交化是不行的。"总统先生拒绝了这一提议，因为他认为自己在德国人民面前不能接受这一提议，不能授权给一个总是强调绝对性的党派领袖。他不得不担心，由希特勒领导的内阁会不可避免地发展成政党独裁，其后果是使各个党派之间失去了同一目标。对这一后果，总统先生无法以良心和誓言来负责。"

"政党独裁"？天哪。

*

戈林离开不久，突然有几百名共产党人聚集在威廉广场的恺撒霍夫酒店前。"打倒希特勒"，他们呼喊。国家社会主义党人涌了过来，在这所豪华酒店的入口前与这些左翼人士开始打斗。过了一会儿，警察介入，将打成一团的人分开。

来自街头的压力——一个飘摇的社会还能承受多久？

*

体育馆里正进行着激烈的决斗。但是今天这里进行的不是选举，而是冰球。柏林的B.S.C.冰鞋俱乐部对阵维也纳的普茨莱道夫（Pötzleinsdorf），比分是3∶1。这是德国与奥地利的决赛。直到最后一刻钟，柏林才奋起直追。

尽管票价相对较低，露天看台上还是有许多空位。

*

戈培尔确定，尽管一会儿这样，一会儿又那样，到了晚上情况却仍旧没有改变。等待让人几乎无法忍受。难道威廉大街会迫于要向公众展示一个清晰可靠的政府形象的压力而做出让步吗？戈培尔在他的公寓里研究晚报——自娱自乐。"媒体处于狂热的紧张状态。最不实的新闻也都是借助油墨传播开来的"，他写道。

然后那个人来了，他在个人记录中也称他为"元首"。他们闲聊，听音乐，这几个小时，先让征服威廉大街的计划去一边吧。

/ 11月23日，星期三 /

*

施莱谢尔的情报系统特别警觉。据说到处都有他的人。他的心腹和格里高·斯特拉瑟的追随者都谈了话，而斯特拉瑟是希特勒在党内最大的对手。所得信息特别振奋人心。国防部部长办公室为施莱谢尔将军做的简报这样记录道："这些人明确宣布，斯特拉瑟对于希特勒的态度只是源于阶级优越感。斯特拉瑟并没有参与各种信函以及最后一天的备忘录的起草。如果希特勒的努力白费了，他已准备好亲自上阵。"

*

总理府的拐角处，也就是沃斯大街3号，今晚，巴伐利亚自由邦公使康拉德·冯·普雷格告别柏林[①]。250名客人陪伴着这位好先生步入退休生活。几乎整个内阁都参加了，还有总理帕彭。同一时间，选帝侯大街旁的剧院正在举行《快乐的旅程》(*Die glückliche Reise*) 的首演。这是爱德华·昆内克的轻歌剧，是关于爱情的，除了这个主题还能有什么？观众被热情洋溢的节奏所吸引，中间还夹杂着一点点忧伤。最后作品中的英雄们离开了德国，去了布宜诺斯艾利斯，去寻找他们的快乐。

夜里，不知是谁用石头投掷威尔默斯多夫区摄政王大街上犹太教堂的窗子——几天之内这已是第三次。警察怀疑是年轻的国家社会主义党人。警察宣布加强巡逻。

---

① 1919~1932年担任巴伐利亚自由邦驻德意志国柏林公使 (der bayerische Gesandte in Berlin)。——编者注

/ 11月24日，星期四

希特勒拒绝了；
但是他想成为内阁的总理。
《福斯日报》

德意志帝国银行前行长沙赫特博士评价柏林谈判：
"只有一个人可以成为总理：阿道夫·希特勒。"
《人民观察家报》

国家社会主义党人的总部所在地柏林恺撒霍夫酒店，就像一座被围困的堡垒，好像从四面都能攻破。国家现在有两件事难以忍受：总统危机和国家社会主义党的崩溃。后者将大大推动共产主义的进程。

《每日评论》

*

阿道夫·希特勒坐在恺撒霍夫酒店的楼上，马路的对面坐着那些做决定的人。又是苦苦等待和苦思冥想的一天。兴登堡现在准备好了吗？不是应该必须准备好了吗？就连那些工业界很有影响的代表也都加入到运动这一边了，难道压力还不够大吗？

3点钟时，梅斯纳又送来一封信。总统表示，他的大门随时都为希特勒敞开，他随时准备听取希特勒对于悬而未决的问题的看法。兴登堡不想放弃希望，"以这种方式，随着时间的推移，也许真的可以使您和您的运动，能与国家其他党派中有建设意愿的力量合作"。

希特勒的回答很冗长。一封辩论信。他宣布讨论结束。"此外，我请求您向尊敬的阁下——总统先生——表达我一如既往的最深切的忠诚。"

现在怎么办？怎么办？作为反对党，国家社会主义运动还能坚持多久？约瑟夫·戈培尔还能为取得权力之日斗争多久？这一日，也许永远都不会到来？戈培尔狂怒地写道："施莱谢尔，永恒的阴谋家，这一次他又胜利了。可总有一天他也会被革命吞噬的。"

希特勒呢？是不是如同几个月前一些社论所预言的那样，已经没有兴趣了呢？

*

这个希特勒是谁？9年来，自从在慕尼黑发动政变失败，向统帅堂进军以来，他就成了魏玛共和国一个有争议的政治人物。不少在柏林的外国记者视他为未来之星，一直努力安排对希特勒进行采访。此外，外国媒体负责人恩斯特·汉夫斯坦格确信国家社会主义党还为自己赢得了美国公众的关注。

恩斯特·弗兰克·斯德卫克·汉夫斯坦格博士（昵称为"普茨"）和一个美国女人结了婚。他父亲的家庭曾为维特尔斯巴赫家族（Haus Wittelsbach）（该家族产生了不少巴伐利亚统治者）做过顾问，他外公的兄弟是约翰·斯德卫克将军，在美国内战中被南军的狙击手击毙。汉夫斯坦格在哈佛读书，是美国新总统富兰克林·德拉诺·罗斯福的同学。他一次又一次地试图向希特勒解释美国是怎样的一个国家，这个国家在大战中以最短的时间征召了200万士兵，并将他们派到大西洋彼岸。美国，新的世界强国。

希特勒很为三K党、摩天大楼及反犹太主义者亨利·福特所振奋，他的美国观已有了轮廓。当然他也清楚，德国经济强烈依赖美国贷款，因此美国对于纳粹运动有很大的兴趣。

1931年11月24日《时尚》(Cosmopolitan)杂志安排了一次与希特勒的会面，多萝西·汤普森去恺撒霍夫酒店赴约。一年已经过去了，但是阿道夫·希特勒对于这件事的怒气还没有消散。

多萝西·汤普森来自纽约，那时37岁，父亲是卫理公会传教士。她经常给《费城公报》(Philadelphia Public Ledger)和《纽约晚邮报》(New York Evening Post)[①]写文章。她德语说得非常流利，能巧妙地模仿柏林和维也纳的方言。对于汤普森来说，威廉大街是个特别的地方。1927年，在外长古斯塔夫·施特雷泽曼的一次茶会上，她在外交部认识了她后来的丈夫，诺贝尔文学奖获得者辛克莱·刘易斯。

众所周知，汉夫斯坦格喜欢让记者们坐立不安。记者们要期待着祈祷着，只有通过精神考验才能最终得到"元首"的召见。对于汤普森也一样。

她的书《我见过希特勒》(I Saw Hitler)稍后出版，它并没有还原采访，倒更像是一次失败的采访记录——它展示了希特勒固执的形象。

多年来她都在争取一次会面，现在所有的准备都搞砸了。"我其实期待着一声坚定的'您请进来'，"汤普森写道，"取而代之的却是我必须要提交要问的问题，要书面完整起草，而且提前24小时提交。过了一会儿，又有人通知我，让我把问题减少到3个。"

有经验的记者对于这种刁难可能已经有了抵抗力。至少在约定的时刻汤普森还是步入了酒店。

有人安排她在顶层门厅等候。希特勒在一个贴身保镖的陪同下匆匆经过。她继续等着。一个意大利记者排在她前面。最终还是轮到她了。多萝西·汤普森只有一种感觉：失望。

[①] 1934年更名为《纽约邮报》(New York Post)。——编者注

/ 11月24日，星期四 /

当我最终进入阿道夫·希特勒在酒店的沙龙里时，我确信见到了未来德国的独裁者。但是大概过了50秒，我就确定并不是这样。

人们正需要这段时间来认清，这个引起世界如此好奇的人其实微不足道。

据汤普森的描述，希特勒几乎不露面。这个记者看到一个人影，"他的面容像讽刺漫画"，身躯似乎是软骨组成，没有骨头似的。她的判断更恶毒：他前后矛盾，却巧舌如簧，同时又反复无常而信心不足。"他就是小人物中的典范。"

但是他并不缺乏某种魅力：他很温柔，拥有奥地利人特有的那种近乎女性化的魅力。"光是眼睛就值得注意。暗灰色，典型的甲状腺疾病的特点，有着某种特殊的光芒，这种光芒通常是天才、酗酒者和歇斯底里的人才有的。"

对于汤普森来说，希特勒给人的印象是"一个处于恍惚状态的人"。

*

他们特别着迷又紧张地看着德国国家人民党熙熙攘攘的人群。对于普罗大众来说，这个党太优秀了，他们的领袖阿尔弗雷德·胡根贝格——勤奋忙碌的媒体企业家——对于兴登堡来说非常可怕。

这可能是在权力斗争中的一个问题。

胡根贝格的追随者库阿茨在日记中写道："危机仍在继续。经过长时间反复磋商，希特勒又像8月13日时那样表示拒绝。戈培尔——应该是莫斯科的间谍——和斯特拉瑟吵翻了。戈培尔胜利了，因为希特勒自己也害怕负责。他显然是个'老狐狸'。"

/ 掘墓人：魏玛共和国的最后一个冬天 /

戈培尔，莫斯科的间谍？

是谁散布了这样的谣言？德国保守派有这样丰富的想象力吗？难道戈培尔及其追随者不是刚刚在与共产党人瓦尔特·乌布利希的唇枪舌剑中无情地打击了他们吗？戈培尔总是攻讦共产党人，无论是德国的还是苏联的。他最想对共产党做什么事，没人会质疑。

尽管如此。

苏维埃通过特工支持共产党的主力，这不是什么秘密。只是没人知道他们的间谍渗入了哪个社交圈子。只知道他们已经在那里了。

"特别联络"部已将画家格特·卡登——代号"大提琴"——安置在防卫军军官林格·冯·巴登斯坦家里做租户。他们的熟人还有弗里德里希·冯·科赫恩豪斯将军，也就是德国军事政治及军事科学协会主席（Deutsche Gesellschaft für Wehrpolitik und Wehrwissenschaft），以及其他高级军官。他们也维系着弗朗茨·冯·帕彭和库尔特·冯·哈玛施坦因-埃克沃德周围的关系。

卡登开始在这个圈子里轻手蹑脚地行动了，现在他是"钢盔团"（前线士兵的右翼组织，亲近国家人民党）成员。他同瓦伦贝格银行也建立了联系，该银行与库尔特·冯·施莱谢尔也紧密地联系在一起。他可以观察防卫军演习，在各种招待会中都是个受欢迎的客人。

这种人在共产党的名单上。可是戈培尔呢？

共产党在德国有30万党员。没有什么比秘密机构更神秘的了，从名称开始，就不断地在变化。军事机构、M-机构、军事政策部、基彭贝格机构、阿力克斯机构、亚当机构。

"阿力克斯"和"亚当"是汉斯·基彭贝格的化名，基彭贝格是领导这一部门的人。在1923年汉堡起义中，他出尽风头，后来在莫斯科接受了意识形态的教育。在共产党总部卡尔-李卜克内西之家有一间阁楼，只有通过一个秘密楼梯才能上去。这里就是共产党军事政治机构中心。这里是指挥领导间谍的，他们中的112人自1930

/ 11月24日，星期四 /

年起直接接受莫斯科的培训。训练的重点是起义策略、爆炸物、武器及通信技术,以及机动车、火车、坦克驾驶。课程计划上还有:辩证法、历史唯物主义、政治经济学、工人运动史和党的技术。

"党的技术",听起来很有意思。

间谍里不乏有名的人。汉斯·胡伯特·冯·兰克,化名为"莫里茨",一个皇家军官的儿子,是柏林滕佩尔霍夫机场的高级职员。还有海尔加·冯·哈玛施坦因-埃克沃德("格莱特"),陆军总司令的女儿,是共产党的线人。"伊瑞卡"是梅克伦堡一位大地主的女儿,"丽泽洛特"是一个大工业家的女儿,"吉赛拉"也是德国波罗的海沿岸一个贵族的女儿,"波娃"是瑞士大工业家的女儿,"莉塔"是使馆职员的女儿。其他间谍特别神秘,他们只用像"Be"、"奥斯卡"、"Ru 1"和"Ru 27"这样的化名来行动。"Be"与卡尔-海因利希·冯·史图尔普纳格将军、媒体负责人埃里希·马克斯(施莱谢尔的心腹),还有经济部秘密顾问瓦尔德克保持着很好的关系。

"Ru 27"在总统兴登堡左右活动。他的预测被证明是非常有政治远见的。还是应该说:他们的预测?谁藏在"Be"和"Ru 27"后面?德国防卫军军事情报机构(Abwehr)[①]也一定很想知道。

*

普鲁士法官协会斥责戈培尔发表在《抨击报》上对多名法官的抨击。协会在一份声明中提到,这是"对法院以及对整个司法机构的严重侮辱和恶意毁谤",他们拒绝接受国家社会主义新闻界的所有指控。"普鲁士法官拥有权利也履行义务,而不是左顾右盼。威胁是不会影响他们的。"

---

① 或音译为"阿勃维尔"或"阿勃韦尔"。——编者注

*

　　议长戈林与国会议员弗瑞克、戈培尔和斯特拉瑟，还有冲锋队参谋长罗姆在《观察家日报》和《抨击报》上发表声明："自国家社会主义党成立以来，特别是在政治动荡的时期，敌对媒体发表各种各样的伪新闻，在公众面前损害党的领导人的形象。"他们"团结一致，坚定不移地追随该运动的领导人，并且声明他们不屑于以某种形式对这种谎言再做出回应"。

　　斯特拉瑟也在其中。当然了，未来他将坚定不移且忠诚。

*

　　弗里茨·卡姆勒在报纸上为他的"充气自行车"做广告，"质量上乘，脚闸刹车，三年质保，可分期付款。48马克"。他的店在柏林欧拉尼恩大街70号。

*

　　下午5点钟赫尔曼·戈林邀请首都媒体前往恺撒霍夫酒店。酒店的一面墙上悬挂着腓特烈大帝的肖像，是由蓝色瓷砖砌成的。最近几天特别紧张。戈林看起来慢吞吞的很懈怠。对于拥挤的人群来说，大厅实在太小了。

　　可是戈林做了他最擅长的事：他站在他的"元首"前面。

　　人们没有给希特勒机会，戈林向记者喊话，人们有意制约他！希特勒绝不想做总统任命的内阁中的总理，"元首"只是要求大家任命他为总理。有一些力量，戈林说，用不着他详细说明是哪些，正在有计划地阻止希特勒组阁。好吧，国家社会主义党人会消灭每个

/　11月24日，星期四　/

内阁,就像消灭帕彭内阁一样。

戈林说:"只有希特勒才能拯救德国人民。"然后就结束了。

*

德国金发演员汉斯·阿尔伯斯今晚在腓特烈大街的海军上将剧院演出。演出 8 点 15 分开始,是匈牙利剧作家菲伦克·莫尔纳的剧作,有个晦涩的名字《利力姆》(*Liliom*)。阿尔弗雷德·普尔加将之翻译为德文。

*

阿尔弗雷德·德布林,来自柏林东部的诗人、心理咨询师和医生,曾透彻地描写过亚历山大广场所在的这片区域。由于德布林的缘故,亚伯拉罕·普洛特金迷上了小巷的纷杂,小巷子里挨挨挤挤的都是犹太人的二手车商店、妓院和当铺。妓女们在房门前等候。这让他想起纽约历史悠久的"地狱厨房"。在亚历山大广场,他在一家饭店与一名妓女攀谈起来。"你读过德布林的《亚历山大广场》吗?"她问道。普洛特金奇怪地看着她,"这就是我为什么会来到这里",他说。

"你还记得吗,"她接着说,"德布林说过,时间是个屠夫,我们所有人都要从屠刀下逃走?好吧,我在逃,我们都在逃。你也一样。我要跑到倒下再也跑不动为止。但是在我倒下前,我还想活着。来光顾我的生意吧。"

他两次拒绝与她过夜。5 马克。她说:"威丁区的女人把自己卖掉,就为了一片面包!"

普洛特金继续往前走,他不是放纵自己的人。

他碰到一个卖糖果的年轻女人。她不会超过25岁，金发，消瘦，紧绷着脸，她的衣服在这个季节太单薄了。普洛特金买了10芬尼的糖果，买的时候看着她，然后继续向前走，却忘不掉她的脸。他在这张脸上看到了饥饿，突然他又回到她身边。

"你今天吃东西了吗？"他问她。他们站在一家连锁饭店"阿星格"前，该饭店的标语是"物美价廉"。

女人并没有回答，而是晕倒了，在她倒在地上之前，普洛特金接住了她。她的身体多么轻啊。

他把她拖进"阿星格"，一名警察跟着他，问他发生了什么事。女人苏醒过来，普洛特金可以解释当时的情况。她默默地接过一碗热汤，默默地用勺子搅着。她看起来很害怕讲话。她的糖果，在门前掉了，不见了。普洛特金往她手里塞了1马克，想着她可以买些吃的。但是当他要送她回家时，她却拒绝了。

在亚历山大广场上，普洛特金明白过来，人们很少接受陌生人的帮助。

*

政治警察瞄准了共产党。今年，内勤部2.5个部门和1个刑事委员会，6个刑事警官和73个外勤公务员被派去处理共产党的阴谋诡计。相反，只有1个部门、1个刑事委员会、3个刑事警察和49个侦探来处理国家社会主义党的事情。这被称为优先权。

共产党保护自己免受他们的渗透。两年前，共产党揭露了近70例特工和肇事者——39人为政治警察工作，3人同时为国家社会主义党和政治警察工作，9人只为国家社会主义党工作，2人为社民党工作，11人为境外特工工作，5人接受公司委任。

许多事正在柏林发生。

/ 11月24日，星期四 /

/ 11月25日，星期五

只有阿道夫·希特勒才能解除政府危机！

元首已准备好，一旦他的提议被采纳，他就全力以赴，并让运动达到最大规模。

《人民观察家报》

兴登堡的决定：不许希特勒独裁。

希特勒内阁失败——总统专政权被拒绝。

《福斯日报》

*

一个星期前，他们开始准备。国防部邀请了来自警察局、邮局、铁路和技术紧急援助部门的专家进行思想实验，也就是"模拟游戏"（Planspiel）。所有可能发生的冲突情况全都被考虑到。即"如果……那么……"思维。针对哪种威胁，防卫军如何做出反应？接着将会产生怎样的后果？

"共产党和自由工会将强大的行动发展为总罢工，冲锋队部分成员及国家社会主义导向的工人阶级也将参与进去"，这是"模拟游戏"的前提，是以这个月柏林交通公司的罢工为蓝本的。共产党和国家社会主义党联合起来，共同与警察对抗，结果是：4人死亡，47人受伤，583人被捕。如果他们在全国范围内建立这样的联盟该怎么办？谁能阻止这些激进的左翼及右翼分子？如果德国所有工人同时不上班该怎么办？专家们模拟了这些情景，考虑了风险，计算了工人罢工对国家的影响——并讨论了防卫军是否该派兵镇压暴乱。

中校奥尔根·奥特开启了内战模拟。明天将继续"模拟游戏"——穿制服的人们想继续深入考虑细节。

*

库尔特·冯·施莱谢尔向执行内阁的部长们说自己不想当总理，因为总理不能同时兼任国防部部长。在可能发生内战的这些日子里，他是不是不想放弃对防卫军的影响？不可想象。

施莱谢尔还汇报了两天前他与希特勒的对话：希特勒在任何情况下都不愿意踏入政府。即使不是帕彭，而是另外一个人被任命为总理。希特勒也不允许其他任何国家社会主义党人这样做。

当天晚些时候，国防部负责人费尔迪南德·冯·布雷多上校向他的上司通报了针对青少年开展"防御"教育的理念。众所周知，防卫军需要紧急增援，只要外国允许，就要开始行动——这些天，美国和欧洲各大国外交部部长正在日内瓦谈判。此外，如果可以给青少年提供实惠，就会使他们从大街上消失：食物，床，井然有序的运动。这样就没有人这么快再产生愚蠢的想法了。

*

埃德加·安塞尔·莫维尔在克兰茨勒咖啡店的楼上为《芝加哥日报》(*Chicago Daily*) 设立了一个办公室，即在腓特烈大街和菩提树下大街的交叉口。在二楼，他的同胞可以安静地读报并交流意见。

最近德国发生的事情使这个外国记者不安。让他的读者弄清事情的发展，真让这个美国人觉得很犯难：在华盛顿只有两个党派争权夺利，民主党和共和党。相反，德国却有很多党派，有的党派只代表很小的团体的利益，关键时刻却扮演非常重要的角色。目前，

/ 11月25日，星期五 /

一切都如此激进，如此紧张，让人无法呼吸。

在政治之城柏林游荡的美国人对某些人来说是个特别的冲击。3月时，在与美国记者和外交人员谈话后，戈培尔曾经抱怨，说他"被挤榨得像柠檬一样"。他们的判断通常很恶毒。胡伯特·伦弗洛·克尼克博克，红头发的得克萨斯人，在夏天的《纽约晚邮报》中告诉他的编辑："希特勒是个同性恋者，娘娘腔的下等兵，有着超常的政治嗅觉。兴登堡是个板着面孔的统帅，男低音，他发号施令的样子让那个小下等兵浑身颤抖。"

*

在国家社会主义党中正酝酿着一种情绪。许多新成员，当然也有许多资历老的成员，都很不满意。国会选举后，国家社会主义党丢了许多选票，党内一些人希望至少能在普鲁士邦掌权，毕竟普鲁士是国家最重要的邦。统治普鲁士的人也能指挥装备精良、训练有素的警察。9万武装力量成员，光是在柏林就有12000名。成千上万穿制服的人拥有自动武器和装甲车。真是一股力量。

这其实很有吸引力，但是约瑟夫·戈培尔却有另外的想法。"我们将陷入尴尬境地"，他写道，最后政府甚至会安排一个政府专员放在国家社会主义党眼前。后果也许是完全不可想象的。毕竟今年夏天总统已经废除了普鲁士的社民党政府，并任命那时的总理帕彭为该邦政府专员。通过紧急法令，就这么简单。社民党政府控制不了共产党的暴力，这个理由足够了。但这种指责没能被证实。

尽管普鲁士邦前总理布朗在法庭上得到了部分权力，但是只有总统才能罢免作为政府专员的帕彭。

　　希特勒的行为为自由派所津津乐道，有人觉得他踌躇犹豫，有人觉得他打得一手好牌。"几天前，他和总理府的距离只有几米，现在又变成了几英里远了，所以在他仓皇败退后再发射一枚毒气弹，以此来报复。"《福斯日报》的一个评论员这样写道。这里指的是为失败的谈判寻找合理性。"这个人数年来一直标榜他'钢铁般的能量'，他'冰冷的决心'以及他的冒险精神。从要证明这些特质的那一刻起，他长达数天进行文字考证及文字比较，使自己沉迷于吹毛求疵的实验中，探求总统授权制内阁与议会制内阁的区别。如果有人期待他做一件事，就算不是什么英雄行为，他也会写非常敏感的信。"事实上，如果希特勒再到巴伐利亚山脉旅游或进入下一次选举，他就会很开心。"他生来就是个大吹大擂的人，至少在潜意识中他知道自己的极限。"

　　格里高·斯特拉瑟是否给他的心腹传阅了这篇文章？甚至也许将信息透露给了记者？约瑟夫·戈培尔确信是后者。

*

　　下午5点钟，兴登堡会见了中央党领袖，高级教士路德维希·卡斯。官方公告称，这一会见的主题为：探寻"组建国会多数席位的一些可能性"，为"政府切实的紧急计划及工作计划"奠定基础，这一政府应是由多数人选举产生的。卡斯希望当天与国家社会主义党、德国国家人民党、巴伐利亚人民党及德国人民党（Deutsche Volkspartei）的领袖进行交谈。但国家社会主义党和德国国家人民党很快拒绝了这一请求。

　　卡斯于是礼貌地请求总统不必再进一步联系了。

/ 11月25日，星期五 /

这种倡议也失败了,大家各怀鬼胎,达不成一致。兴登堡还剩下什么?

*

兴登堡!他被多少德国人神化了呀!美国记者多萝西·汤普森这样描写他:"一张脸如同用石头雕刻的。没有想象力,没有光,没有幽默。并不是一张吸引人的脸。但是恰如其分地展现了这个人的性格,好像这个人的命运早就被决定好了。"

*

17点10分,冲锋队的爱尔文·耶内氏在奥古斯特-维克多利亚医院去世,他是冲锋队第13分队领队。清晨时,他曾与国旗团的人发生了冲突。

国家社会主义党人说,"在发生于柏林的与马克思主义者的斗争中我们有28人殉难"。

*

在火车站大街,亚伯拉罕·普洛特金找到一个阁楼,月租金48马克。从窗口可以看到半个柏林。距离洪堡大学、博物馆和皇室城堡只有几步远。位置不能再好了,而且可以沉湎于从未有过的奢侈:令人惬意的温暖。他惊讶地发现,"暖气额外加25芬尼"。"德国人已经习惯没有暖气了——可是这些外国人都被娇宠惯了,需要比孵蛋更多的热量。"

*

  记者贝拉·弗洛姆由于公务出席了国务秘书的妻子梅斯纳夫人的招待活动。来自外交使团的许多客人出席了招待活动：像英国、土耳其、法国大使的太太，挪威、荷兰、波兰、比利时、爱沙尼亚的大使及他们的太太们，还有国务秘书爱尔文·普朗克的太太。

  普朗克是与国防部部长要好的同事。第一次世界大战中，普朗克效命于库尔特·冯·施莱谢尔——不效忠他又能怎样呢？他是世界著名物理学家马克斯·普朗克的儿子，现在他属于施莱谢尔圈子中的人，就像费尔迪南德·冯·布雷多一样。

*

  晚上，亚历山大广场上的建筑在灯光下闪着光。多年的建设终于竣工了。外墙上飘着旗子，今天商店开放的时间比平时长。41家商店将他们的橱窗模特遮盖起来——如果谁能猜中确切数字，就可以参加抽奖活动。奖品有：R.以色列（R.Israel）的室内装修、一台新歌缝纫机、一部收音机或500马克现金。

/ 11月25日，星期五 /

/ 11月26日，星期六

卡斯也失败了。
今天任命总理——帕彭今天在兴登堡处。
《福斯日报》

国家社会主义党人！！党员们！！
经济危机持续，失业率攀升，德国的布尔什维克强大起来，我们国家在世界上几乎完全孤立。
在德国从来没有一个内阁像目前这个内阁有这么多的权力，也没有一个政府像今天这个政府一样失败，这个政府只是我们人民中一个很小的少数人的阶层。
阿道夫·希特勒在《人民观察家报》发表讲话

*

亚伯拉罕·普洛特金特别想泡个澡，将身上沾染的马路上的灰尘彻底搓掉。他问新房东浴室在哪儿。
女房东惊讶地盯着他，他确定说的是"浴室"吗？
普洛特金没穿多少衣服，手里拿着毛巾和香皂。
女房东把她丈夫叫过来，这时普洛特金的牙齿开始打战，他的皮肤冷得发青。
"您不知道吗？"女房东的丈夫问。
普洛特金摇摇头。有什么要知道呢？
楼下的女士被叫了上来，保险起见，两位女士又叫来了一楼的女士。他们一起商量着什么，说了几分钟。
最后，女房东带着胜利的表情递给亚伯拉罕·普洛特金一张纸条，上面写着最近的公共浴室的地址。

*

"模拟游戏"结束了，他们把所有的"如果……那么……"都考虑到，并且讨论了，也分析了结果。军官们和他们铁路、警察局及邮政部门的客人们得出了令人崩溃的结论：防卫军目前无法在危机情况下维持国家正常秩序。或者必须动用武力来对抗民众的大规模反抗。

魏玛共和国：防卫能力有限。当然这要严格保密。

*

今天星期六，但在国防部却没什么周末的气氛：机构负责人开会讨论，谁才是下一位总理。

布雷多做会议记录，前不久他还是防卫军军事情报机构的主管，最近刚刚做了国防部办公室主任，也就成了施莱谢尔的副手——国防部副部长。他们谈到过去这个星期的"三个幻觉"：希特勒还会让步，兴登堡还会任命希特勒，党派还能统一意见。这些幻觉只是没有涉及施莱谢尔。现在大家都来紧逼着他，好像他有责任。

这一轮探讨党派及职能部门的布局，探讨必须设定的大的路线。对此防卫军应该是非政治性的，否则国防部部长就是总理了。

最后他们也说到了国会可能的行为，可能出现的骚乱和罢工——"那就进入紧急状态"，布雷多写道。他又接着写道："一切都准备好了，奥特堪称楷模，残酷，毫无畏惧。"

奥特，就是那个中校，是他领导"模拟游戏"。他是施莱谢尔的心腹。

/ 11月26日，星期六 /

股市这一天有很大波动——谣言四起,说总统兴登堡暗示自己要辞职。

*

在一次对恺撒大道48a的大搜查中,警察制服了卡尔·威恩,28岁,还有爱尔文·科勒特,30岁。警察在他们的房间里发现一个完整的造假车间,里面有技术设备和化学药剂。警察总局说,造假者是共产党人,这就是共产党反国家行为的证据。共产党的确在这个城市经营多个造假工厂。中央委员会秘书处一个特殊部门安排这种非法工作,设立秘书办公室,设法弄到住处和假地址,不断地更换部门化名:I-设备或者"伊弗兰德"(Iffland)部,还有后来的"伊都那"(Iduna)。共产党知道自己在做什么。仅在柏林,他们就设立了60多个藏身之处。"韦尔斯"(Wels)部门负责采购武器、弹药和爆炸物,并储藏在那里。这够不够开始一场革命呢?他们也在官方上谋求合法方针——国家社会主义党也一样。

*

帕彭、施莱谢尔、梅斯纳和奥斯卡·冯·兴登堡上校出现在总统面前。唯一的主题:政治局势。但是毫无结果。

＊

  《红旗报》是拥有大量读者的共产党党报，因严重违反《国家保护法》，被禁刊三个星期。这一报纸仅在柏林就有 25000 份的发行量。几乎每期都呼吁无产阶级武装起义来反对这个国家。

/ 11月27日，星期日

（被禁）
《红旗报》

决定德国命运的时刻中，小道消息的影响。
与希特勒的谈判——把他排挤到一边的"另一种方法"。
《人民观察家报》

施莱谢尔内阁要来了吗？
在当今失控的形势下，施莱谢尔内阁看起来果然是唯一的出路。人们认为最晚星期二会有决定的。
《每日评论》

希特勒和戈培尔乘车前往魏玛。一次美妙的旅途，风吹拂着他们的脸庞，吹走了阴郁的思绪。戈培尔感到自己又能自由地呼吸了。晚上，两人在魏玛国会大厅（Die Weimar-Hallen）里讲话。尽管在柏林惨败，当晚气氛还不错。只要党内没有分裂，戈培尔对自己说，国家社会主义党终将赢得权力。深夜，他们一起在城里漫步。但是他们并没花太多时间，希特勒继续前往慕尼黑。

*

这一天晚上，亚伯拉罕·普洛特金去了一家名叫"欧得恩"的剧院，据说放映喜剧《苏茜的音乐》（*Musik von Susie*）。这是一家现代剧院，他吃惊地写道，一个伟大出色的乐团。"音乐远远超出百老汇的演出"，他记录道。

从剧院到菩提树下大街要经过两个街区。还没到菩提树下大街，就遇到了 30 个妓女，他根本数不过来。

　　他抑制不住对这个国家的好奇。对一个美国人来说，这里是多么陌生。"面包要预订，水要乞讨。到现在为止，我去过的餐厅里，还从来没有见过桌子上有黄油的。"

/ 11月28日，星期一

> 帕彭还是施莱谢尔？——公众的兴趣现在集中在两个名字上。
> 《福斯日报》

> 阿道夫·希特勒的伟大演讲；
> "过不了多久，人们就要第三次召唤我们"。
> 《抨击报》

*

这天夜里，柏林的冬天来临了。今年的冬天迟迟没有来，现在终于来了。但还不是那种猛烈的使这座大城市冻僵的大陆性气候。对于亚伯拉罕·普洛特金来说，这是一种先兆，预示着什么他却并不清楚。早上他从阁楼的窗口向外望去："霜冻，白色的，像雪。远处是大教堂白色与绿色相间的圆顶，高高的教堂尖塔直冲着天空，天空中是粉红色的朝霞。"他用冷水洗漱，并问自己："如果冬天真正来袭，柏林将会怎样？"

*

不，库尔特·冯·施莱谢尔不想当总理。当然不想。但是研究一下形势没什么坏处。侦察员孜孜不倦地工作，将军本人也在探察可以进行军事演习的地形。

他遇到了提奥多·莱帕特，即德国总工会主席，及其副手威廉·埃格特。该组织是德国影响力最大的工会组织。显然，拥有350多万成员的这一组织代表着80%的有组织的工人，他们与社会民主党结盟。同样毫无疑问的是，他们与帕彭政府势不两立。9月初，总理宣布废除劳资协定，并削减失业人员的冬季补贴。最晚在那个时候，所有战线都明朗了。

会谈进行得很友好，施莱谢尔表现出自己是个可与之交谈的人。灵活性和洞察力，以及他的信念表现得那么恰到好处，怎么看都不是一种阻碍。

基础打好了。

*

弗朗茨·约瑟夫·富特文格勒也在德国总工会工作，负责统计和公共关系工作。他快40岁了，蓝色眼睛，红色的头发根根立着。他说话的时候整个身体都在动。亚伯拉罕·普洛特金看着他，好奇又夹杂着愉悦。"他疲惫紧张，太累了，根本休息不过来，"普洛特金观察到，"他西装革履，仿佛一位瘦弱的年轻的美国生意人，疲于奔命，马上就要丢掉一大笔生意似的。"

富特文格勒在工作条件领域是专家，是个数字怪胎，也是个书虫。他们坐在连锁店阿星格中，吃着三明治，喝着啤酒。过了一会儿，他们又坐在附近的咖啡厅里继续谈。他们聊了6个小时。

有三种社会保险，富特文格勒解释，第一种是来自雇主的，第二种是来自州的，第三种是来自城市的。前两种是有限的。国家援助持续26个星期，然后由城市来接力——只要城市还有钱。

不知道什么时候，富特文格勒开始带着怒气说道："当城市资金枯竭时，就会出现绝望和动乱。这个冬天我们将要经历许多骚动，所有人都预测这些骚动可能会导致革命运动。我的意思是革命的运动，不是革命。"

普洛特金想知道这两者有什么区别。

"在德国是不会发生革命的。"富特文格勒说。

/ 11月28日，星期一 /

可是谁会领导这样的运动呢?

"每个许诺人们面包的人都能领导,"富特文格勒说,"我们的人民已经绝望了。他们的痛苦每增加一分,都可能会是压倒骆驼的最后一根稻草。每一个许诺给他们东西吃的人,都会赢得他们,就像风把花粉带走一样。要不然怎么解释那么多支持共产党和纳粹的声音?人民大众相信这两个党可以通过奇迹使他们获得面包。这真是荒谬,他们的领导人知道他们并没有告诉人们真相。"

再来一杯咖啡。普洛特金是个好听众,聚精会神并且得到很多信息。他能引导人讲话。也许有些德国人只不过是骄傲,毕竟一个美国人对他们这么感兴趣。

"只要一个运动形成,"富特文格勒接着说,"就再也没有人知道怎样发展了。这种运动将不可避免地导致警察和士兵出动,并导致流血。然后就会有瘟疫蔓延的危险。这种东西从一个城市传播到另一个城市,而德国的城市又都离得那么近。"富特文格勒说。要来临的,将会"像野火"一样。

*

君特·格瑞克是一个保守派团体的负责人,这一团体宣传经济改革复苏劳动力市场。格瑞克是乡村议事会主席[①],也是个高效聪明的组织者——不过,他骨子里非常保守,想要专制集权的国家。他这时的提议实事求是,非常精准。格瑞克根本不是个狂热的人,有些人已经把他当成总理候选人了——不过这的确有些过誉。

---

① Deutscher Landgemeindetag,成立于1919年(一说正式成立于1922年),代表国内部分邦及其乡村地区的利益,是各地区乡村议事团体在国会层面的联合和指导性机构,性质与代表大城市的"德意志城市议事会"(Deutscher Städtetag)和代表中型城市的"国家城市联盟"(Reichsstädtebund)相似。——编者注

这天晚上，施莱谢尔与这位苦行僧模样的人会面。"奥斯卡·冯·兴登堡给您打了电话！"施莱谢尔这样问候格瑞克。

"是的，"格瑞克回答，"不过您是从哪里知道的呢？兴登堡想让我们的会谈秘密进行。"

施莱谢尔笑了，拿出一张唱片，放在电唱机上，给目瞪口呆的格瑞克播放了窃听到的通话，是他与总统儿子的。"在这个国家，我们什么消息都能得到"，施莱谢尔不无骄傲地说。

格瑞克并没有愤怒，也没有觉得被背叛。"那您有个非常棒的军事情报机构，"他只是说，"我们肯定能好好利用起来。"

*

选举结果姗姗来迟。在11月6日国会选举时，国家社会主义党还拉到了一大半的选票，可是，在这个星期日不来梅城郊区域的选举中，他们却丢掉了这些选票。在汉堡都市圈的格斯塔特市（Geesthacht）他们丢掉了三分之一的选票。

这样的震动当然被柏林的"地震仪"监测到了。

*

2点钟，收音机里又收到了一个共产党非法电台的信号。宣传持续了10分钟，最后节目以《国际歌》结束。很久以来，邮政和刑侦机构试图找到这个电台，目前还是徒劳无功。

*

施莱谢尔与一名基督教工会的干部、一位资本家协会的先生，

/ 11月28日，星期一 /

还有极富影响力的社民党人鲁道夫·布莱特沙伊德，以及中央党主席、高级教士路德维希·卡斯会面。

显然有人想知道这些。

/ 11月29日,星期二

难道因为兴登堡的顾问,整个国家都要走向灭亡吗?
《人民观察家报》

冯·施莱谢尔将军谈判；
国会停战／国家社会主义党将会做什么?
《每日评论》

*

毕竟,他有所反应。威廉·格勒纳,前国防部及内政部部长,为施莱谢尔的贺信写了回信。这是怎样的一封信啊!

亲爱的施莱谢尔!
您给我的生日回信真是让我非常高兴,因为我从中读出了您希望与我恢复旧日关系的意愿。您想和我谈一谈,以了解我们为什么"疏远"。亲爱的施莱谢尔,"疏远"这个词说得太温和了。我要开诚布公地说,我的血液都在愤怒,因为我对于您,我的老朋友和学生非常失望,对我的祖国和人民非常失望。这根本无法分析,更不能用理解或智慧去探究。这就是灵魂最深处的感受。也许是我错了,如果我冒犯了您,我将从心底里感到抱歉。
如果您成为总理,请展示一下您能做些什么,但请做一个伟大的、完整的人,这样才值得得到所有人的信任。谁会现在相信您?几乎没有人,大家都觉得您是个超常聪明又精明的人,期待着您因为聪明和精明成为总理。您有我全部的祈愿。可是请不要太果断,相反要温和,不要像轻骑兵那样,靠着人海战术取胜,不要想着大事小事一下子解决。……这些军阀作风必须停止。这些希特勒也能做,这些不用您来做!

我还可以说很多我不满的事。也许您也注意到我内心有火山在迸发。如果我的爆发让您不舒服,那就把这封信扔到厕所里。收起您那无味的谄媚吧,我从前的施莱谢尔是不需要这一套的。此外,我还是希望您是原来的施莱谢尔。

您的格勒纳

*

也许能起决定作用的会谈:库尔特·冯·施莱谢尔与格里高·斯特拉瑟约好,想弄清楚国家社会主义党是不是还能准备接受政府责任。施莱谢尔对此会谈寄予厚望。从希特勒对手那里传来的消息,完全符合他的期待。

可是斯特拉瑟临近会谈时拒绝出席,说施莱谢尔应该亲自和希特勒谈。到底怎么了?

戈培尔又去了魏玛,在那里接到希特勒的一封电报。他的元首并没有像计划中那样在柏林提出申请。"让施莱谢尔等着吧,太好了!"戈培尔在日记中用电报的风格写道。希特勒没有去柏林,他也去了魏玛。

11月30日，星期三

> 希特勒今天上午去柏林与冯·施莱谢尔将军会谈。
> 《福斯日报》

> 阿道夫·希特勒没有在柏林。
> 《抨击报》

> 国家社会主义党人不会容忍施莱谢尔内阁；
> 施莱谢尔的过渡内阁——反动派联盟最后的希望。
> 《人民观察家报》

> 帕彭还是施莱谢尔？
> 谈判的良好进展／妨碍者已经开始行动！
> 《每日评论》

*

9点钟，施莱谢尔在等待一位重要的客人：阿道夫·希特勒。可是，他只是徒劳。戈培尔在党的宣传报《抨击报》上写道，在图林根的选举比在柏林的会谈更重要。昨天希特勒为什么从魏玛到慕尼黑？难道他昨天没有乘夜车回到柏林？在首都放烟幕弹真是太完美了。

*

难道没有另外的出路了？施莱谢尔和兴登堡没有放弃——他们

想与国家社会主义党结盟，不管要付出什么代价。国防部部长通过一个中间人告诉希特勒，让他"在 12 月 1 日，星期四，11 点半到总统府讨论政治局势"。这个兴登堡现在又想做什么？阿道夫·希特勒问道。他让戈林来查清这一点。

*

柏林的报纸上又充满了内战的味道：冲锋队成员在柏林弗路格大街持枪袭击了共产党的一个酒馆。一些国家社会主义党人用手枪射击，另一些人对共产党人拳打脚踢。两人受伤。19 岁的奥托·缪勒被一颗子弹打中了肩膀，身受重伤，生命垂危，必须住院。警察没有调查出任何结果。

*

在政治之城柏林，现在只有一个主题：帕彭还是施莱谢尔？谁会赢得这场总理竞选？据说，知情人跟《福斯日报》记者说，帕彭现在根本不在兴登堡的考虑范围之内了，施莱谢尔现在是他的候选人。这几乎是可以肯定的了。

*

下午，希特勒、戈林、斯特拉瑟和弗瑞克在魏玛见面。他们的主题是：施莱谢尔将军暧昧的邀请。国家社会主义党人之间仍然存在分歧。戈培尔和戈林希望拥有全部权力。斯特拉瑟则要求彻底放弃"全或无"的原则，并进入一个新的政府。弗瑞克也认为这比较理智。希特勒呢？这两伙人都努力争取希特勒同意他们的观点。"元首"和他的手下讨论了 4 个多小时。

　　戈林的副官去拜访国务秘书梅斯纳。梅斯纳想知道戈林要找他说什么——希特勒要和总统单独面对面地谈吗？还是国家社会主义运动的其他人可以陪着他？梅斯纳的回答有点拖泥带水：总统希望就整个政治形势与希特勒会谈，自然要讨论对于施莱谢尔内阁的容忍问题。但是总统并不希望有其他领导人参加。

　　戈林承诺会尽快给他希特勒的答复。不过国会议长戈林是打电话到威廉大街的。他从魏玛图林根议会打电话过来。梅斯纳接了电话，戈林的声音从听筒里传过来，他说希特勒最近在一种很不愉快的情况下拜访了总统，另外，他已经跟总统说了他想说的一切。再次见面只能唤醒人民的希望，如果见面毫无结果，只会带来新的失望。

　　梅斯纳回答说，情况发生了很大的变化。兴登堡现在想知道国家社会主义党是否能容忍一个由施莱谢尔领导的总统任命的内阁，如果能的话，是在什么条件下。对此，的确有必要再谈一次。总统先生对于会谈没有任何限制。希特勒也可以私下里单独与总统会谈。戈林答应尽快回复。

　　但梅斯纳直到离开办公室回家时，也没有得到来自国家社会主义党的任何回复。

*

　　夜里，梅斯纳的私人电话响了。是戈林的副官。希特勒是不会到柏林的。拒绝信已经连夜发出。明天，12月1日9点半左右，梅斯纳应该能收到。

/ 11月30日，星期三 /

这是捣的什么鬼？信里写的是什么，梅斯纳不是已经知道了吗？

*

夜里，国防部部长施莱谢尔也抓起电话。他打给他最亲密的同事。奥尔根·奥特明天要立即前往魏玛。这是命令：跟希特勒会面。要传达施莱谢尔的建议，希特勒将在他的内阁任副总理。施莱谢尔将继续担任国防部部长，国家社会主义党人可以得到其他一些职位。施莱谢尔没说太多话，他相信奥特。

*

12月1日，星期四

两个星期的危机——希特勒拒绝了。

希特勒在柏林发出通告，说他离开慕尼黑到柏林，不过夜里改变了目的地。尽管国家社会主义党的官方媒体一直辟谣，但很明显这是确切无疑的。

《福斯日报》

一方面声称，希特勒今天回柏林，另一方面又宣称希特勒已返回慕尼黑，还有另外一种版本，说并不是希特勒，而是斯特拉瑟到了柏林，简而言之，大家被元首坚定的克制弄得非常尴尬。

《抨击报》

*

兴登堡难道真的希望能抓住希特勒吗？无论如何，9点半时，戈林的副官到了国务秘书梅斯纳处，将希特勒的信交给了他。"我在图林根竞选，只是为了获取信息，而拜访对我来说似乎很困难，因此，我真诚地请求最尊敬的总统先生，在这一刻最好不要邀请我。"

梅斯纳赶快打发走了戈林的副官，立刻去找总统报告。他向兴登堡报告了如下情况：希特勒不来。

两星期前政府引退——眼前的政治危机并没有结束。

*

国家社会主义党又有新成员了，这一新成员来自最好的社会圈子，国家社会主义党为此很高兴。12月1日，安娜莉泽·冯·里宾特洛甫加入了国家社会主义党，党员号码：1411594。她是跟随丈夫的，她的丈夫已在5月提交了入党申请。安娜莉泽，本姓汉凯（Henkell），来自同名的香槟王朝，她的丈夫约阿希姆·冯·里宾特洛甫在柏林主管汉凯香槟的经销业务。此外，他还建立了一家威士忌进口公司。

里宾特洛甫家里经常举办盛大庆祝活动，许多犹太家庭都是他们的老朋友。只可惜，新认识的人永远都不能被邀请参加这种聚会活动。里宾特洛甫在自家庄园里为国家社会主义党志同道合的人另外组织庆典。

*

奥特到了魏玛。施莱谢尔的奥特，就是他进行的"模拟游戏"。这位中校在希特勒的酒店拜访了他。会谈持续了3个小时，实际上根本不是对话，因为只有一个人在说话。希特勒要求获得总理职位。他警告施莱谢尔不要接管政府——否则军事力量将被耗尽，这种企图必将以惨败告终。真是个威胁。

*

在柏林热闹的旅行没有掖着藏着。谣言又四起。财政部部长施未林·冯·科洛希克听说一则特别有意思的逸闻：昨天一个接待委员会在安哈尔特火车站守候着，委员会由格里高·斯特拉瑟和奥尔根·奥特组成。他们一起等待阿道夫·希特勒。

但希特勒没有来。因为戈林在上一站把他的"元首"截住，用车带着他去了魏玛。在途中，戈林告诉希特勒，施莱谢尔和斯特拉瑟说谎：兴登堡对于总理职位绝对不是容许不了任何改变的。帕彭可以把事情搞定。真是个不错的故事——还是说不止如此？

记者们也都以此为话题，所有报纸都报道了这件事。希特勒的对手们浓墨重彩地脑补出一幅画面：国家社会主义党人如何将他们的"元首"从火车上接下来。"所有人都在卧铺车厢打盹，这时过道里突然响起脚步声以及一个粗暴的男人的声音，"《前进报》这样写道，"拳头砸在车厢门上，元首正在里面休息。紧张的几秒钟后，希特勒衣衫不整地出现在门口——谁都不曾认识这样的希特勒！——认出那个打扰他睡觉的粗暴的人就是——国会议长戈林。"

整个柏林都在解读、猜测、押注：谁会占上风？

国家社会主义党的媒体这时也发表声明："某些政治利益团体在公众面前散布消息，称阿道夫·希特勒承诺、宣布，或者只是打算就组建政府进行谈判，并要谋得柏林的某些职位，现我党正式宣布，所有消息完全是杜撰的，其目的是混淆视听。"

*

帕彭还是施莱谢尔？帕彭想要一部新的宪法，最终：独裁。施莱谢尔想要遏止内战，他想扩充防卫军的军备，这样一来也意味着会将一些右翼准军事集团纳入防卫军——如果冲突升级，局面将更加不利。对兴登堡来说，可能也没有别的选择。他召集帕彭和施莱谢尔晚上 6 点来做报告，像平时一样，梅斯纳和奥斯卡·冯·兴登堡也在。法国大使安德烈·弗朗索瓦-庞赛是怎么形容总统的儿子呢？"容貌笨拙，本质粗俗，所知甚少，身材和他父亲一样高大笨重，只是不像他父亲那样有教养。"

会面持续了一个半小时——帕彭和施莱谢尔都未能给总统提出一个满意的方案。施莱谢尔毕竟还说了中央党和工会承诺在他的领导下会"有可喜的温和的态度"。

/ 12月1日，星期四 /

可是这能说服总统吗？

*

晚上，奥特给他的上司施莱谢尔打电话，汇报了他在魏玛的谈话。其实这并不是应该在电话里谈论的话题。晚些时候，奥特登上了夜车，连夜去了施莱谢尔的办公室。

国防部部长等着他。奥特汇报道：希特勒粗暴地拒绝了进入政府的提议；戈林听起来不是太坚定；斯特拉瑟不赞同希特勒的方针，与之对抗。他们谈了很久。

计划

1932 年 12 月 2 日至 12 月 15 日

/ 12月2日，星期五

工会对于施莱谢尔的要求；
消除社会弱势群体的困难——促进公共就业。
《福斯日报》

期待任命新的帕彭内阁。
《B.Z.》午间版

*

施莱谢尔和防卫军指挥官通电话直到凌晨。这是一个短暂的夜晚。他至今也没有放弃每天早上骑马穿过蒂尔加滕的习惯。他喜欢在第一缕晨光中骑马出行。

骑行后，施莱谢尔直接去了总理府。他又将面临辛苦的一天，有决定意义的一天。

*

对于美国人来说，德国的政治剧真是令人不安。美国大使萨克特认为，德意志共和国还从未陷入现在这样的政治困境。

结果会是施莱谢尔吗？

将军无穷的精力和能力将把他带往何处？萨克特听说兴登堡对此没有把握，非常担心。毕竟他比希特勒掌权要好。萨克特也确定施莱谢尔跟帕彭不是同一种类型的人。

临时内阁又一次在总理府聚集。早上 9 点,所有的部长都到了。外面云层低垂。明亮的秋天,现在只是一个褪色的记忆。

大家等待总理时在低声谈话。还是深夜的时候所有人就收到集合通知了:外长冯·牛赖特,财政部部长施未林·冯·科洛希克伯爵,还有其他内阁成员。国务秘书梅斯纳也来了。施莱谢尔的心腹,埃里希·马克斯,是少校,也是国防部部长的战友。马克斯是国家新闻官,因此也是帕彭政府的发言人。国务秘书爱尔文·普朗克做会议记录,他也是施莱谢尔的人,也是第一次世界大战指挥部的老熟人。施莱谢尔将他的人分配到各个重要的位置上。

总理 9 点过几分来了。弗朗茨·冯·帕彭汇报了情况——看起来很糟糕。看不到多数人的支持,也看不到容忍。

施莱谢尔在会上发言。他说,他没有从任何方面得到保证说会容忍甚至支持内阁。与国家社会主义党的谈判进展缓慢。格里高·斯特拉瑟还没有为会谈来到柏林,但他预计星期六会来的。要冷静,因此他建议总统在他做出最终决定前先等一下这次谈判的结果。

国务秘书梅斯纳反驳说,以总统的精神状态,不会允许推迟的。

帕彭突然接过话。总统委托他组阁,就在昨天晚上,他被授予全权处理相关事务。

他请求部长们表达意见。

这可真是一个让人吃惊的转折点。

没有人回答,沉默。

然后,康斯坦丁·冯·牛赖特开始讲话。他是这房间里最年长的,花白头发,灰色的短胡须,脸颊上有疤痕。他说得很慢,好像要克服很大的障碍。他说他对帕彭第二次组阁持强烈怀疑态度,他甚至警告不要重新委任现任总理。

　　沉默再一次降临到房间里，直到财政部部长施未林·冯·科洛希克伯爵的声音响起。他请求帕彭告诉总统，即使不是所有内阁部长，那么也是大多数的内阁部长都与牛赖特持同一意见。帕彭激动地环顾四周。内阁中难道没有人有别的看法吗？他恼怒地问，看起来他好像马上就要失控了。只有一个部长做出了反应。主管邮政和交通的部长彼得·保罗·冯·埃尔茨-吕本纳赫男爵，他说他不认为用施莱谢尔代替帕彭又能赢得什么。

　　这听起来也似乎不是诚挚的表白。

　　施莱谢尔接过话头，他汇报了中校奥特与希特勒在魏玛的会谈。国家社会主义党宣布了最尖锐的抵抗。这只能意味着一件事：内战。防卫军并不能应付这种情况。别忘了"模拟游戏"。

　　施莱谢尔示意奥特进房间。他汇报了1个小时。很客观的讲话，而且丝毫不做判断，正如他在总参谋部学的那样。根据他的汇报，防卫军中的很多年轻士兵和军官直到上尉，都是国家社会主义党的追随者。他们向左进攻时会努力战斗，而向右时，只有被攻击时才会防守。

　　奥特客观地陈述了一个恐怖的场景：码头工人罢工，分裂主义者在莱茵兰起义，波兰总动员，总罢工，内战。在这其中是完全超负荷的防卫军。

　　房间里骚动起来，部长们想了解更多。

　　接下来是询问。奥特详尽解释，仅凭武力是不能制服对手的，特别是总罢工会使整个国家瘫痪，并且德国东部地区无法得到保护。

　　"因此，认真研究了所有的事实，我们得出如下结论，"奥特说，"东部边界的防御，以及反对国家社会主义党和共产党，进行内部秩序维护，这些同时进行超出了国家所拥有的力量的承受范围。因此必须告知政府，不要采取会导致这种情况的措施。"

/ 12月2日，星期五 /

奥尔根·奥特合上笔记本，将脚后跟并在一起行了军礼，然后离开了大厅。房间里的人猜测可能是施莱谢尔安排了这一切："模拟游戏"的灾难性结果，奥特大胆的登场，牛赖特对帕彭的口头攻击。难道一切都是阴谋？帕彭站起身，失败已经很痛苦了，可是在众人面前出丑，又是另外一回事了。

他告别内阁，前往总统处。

帕彭来访前不久，兴登堡了解到如果发生总罢工事件，防卫军将无法保卫国家。他立刻明白现在发生了什么事：他的部长们拒绝跟随他这个总统。闻所未闻的背信弃义。他觉得这一切尤其是一个人的责任：库尔特·冯·施莱谢尔。

总统对帕彭说，他太老了，无法再对内战负责。"那我们就以上帝的名义让冯·施莱谢尔先生碰碰运气。"

*

不久，施莱谢尔来找兴登堡。他现在有什么样的感受？他觉得自己达到目的了，还是觉得是履行义务？他是否感觉到胜利了？还是被自己的勇气吓倒了？

*

兴登堡接见施莱谢尔。总统仍然是个高大魁梧、肩膀宽阔的人，他的身材会给每个人留下深刻印象。有些拜访过他的人，事后惊讶地讲述有多少工作人员在忙忙碌碌：兴登堡的首席女秘书、女佣、文员、仆人和办事员。女秘书们悄悄地进来，把纸条放在写字桌上，然后又悄悄地走了。众所周知，兴登堡会用铅笔在小纸条上写许多备注。他称之为"便笺"。

桌面左右两侧摆的都是文件。一个被射穿了的头盔，是1866年克尼格雷茨战役的遗留物——如人们所说，这是兴登堡自己的头盔，他当时从生死线上逃脱，他也曾是个年轻的小伙子。

1871年，在凡尔赛镜厅发布德意志帝国宣言时，他是自己军团的代表。两年后，他来到普鲁士战争学院，这是一所军官大学。1876年，他结束学业，成绩单上的评语写着："一个独立、果敢的人，具有伟大的才能和坚定的军事眼光。各方面都会非常出色，尤其适合指挥总参谋部。"接下来的职业生涯中，他成为帝国最高军官之一：陆军上将。

兴登堡竭力效仿统一战争中伟大的战略家赫尔穆特·冯·毛奇，但是制定自己的战略从来不是兴登堡的强项。距离第一次世界大战开始还有三年，他就已经退休了，戴上了象征普鲁士最高荣誉的黑鹰勋章。1914年8月，大战爆发，最初他请求进行指挥，但无人理他，后来，人们还是把他调了回来，进行指挥。

他异常冷静。即便是在坦能堡包围战中，他也是中午1点钟准时吃饭，然后躺下休息。"我自己很好，打雷都吵不醒我"，他有一次跟记者说。

他在威廉大街的办公桌上有个带相框的座右铭："Ora et labora"，意为"祈祷和工作"。还有他太太格特鲁德的照片。她已经去世11年了，在很多方面，她与丈夫完全相反，和蔼可亲，充满激情。她死于癌症。兴登堡的三个孙子辈的孩子，也就是奥斯卡的孩子，生活在兴登堡身边。他的两个女儿也时常带孩子来看他。

墙上有幅油画——库尔特·克里斯朵夫·冯·施未林伯爵元帅的葬礼。施未林是普鲁士的英雄，在18世纪的西里西亚战争中，他在战场上牺牲。施未林为了祖国而献身。

就核心问题而言，国家利益才是最重要的。兴登堡一生中只有一次不是为了战争而在国外，那是1911年在罗马、佛罗伦萨、那不勒斯，他是与太太格特鲁德在一起。

前一天晚上，总统选择了帕彭。他的话曾经是命令。几个月前，施末林·冯·科洛希克拒绝进入帕彭内阁，兴登堡只是说，一个军官和一个高尚的人不应该使他的老元帅陷入困境，随后这个人成了财政部部长。

而现在，兴登堡已被他的部长们背叛了，被一个将军所打败，这个将军思维行事像个政治家。

施莱谢尔进来了。这是历史的一刻。

保罗·冯·兴登堡太自律了，从不让别人看出自己的想法。他坚信情感在行事中不起任何作用。他常说："感情用事无法在实际生活中取得任何正面结果，世界历史的每一面都告诉我们这个道理。"他跟下一任总理像军人一样讲话，用命令的语调。

施莱谢尔现在必须成为总理，可是他却犹豫了。

"元帅先生，我是您马厩里最后一匹马，"施莱谢尔说，"最好还是藏好了。"

"您不会陷我于困境吧！"兴登堡回答。对他来说最重要的是忠诚。忠诚，这是他最终的要求。

可是，施莱谢尔似乎并没有坚定的信念。现在总统许诺他，如果有必要的话，会随时授予他全权以解散国会。

这是至关重要的一句话。听起来对他是无条件的信任。尽管在这之前兴登堡恰恰已对施莱谢尔失去了信任。

问题是他在什么时候需要它，他要等多久才能有答案。权力永远是个时间点的问题。

总统要签发任命书。他的内心很复杂。施莱谢尔，总理，这真是一件可怕的事。

兴登堡也想到了弗朗茨·冯·帕彭。他寄了一张照片给帕彭。是兴登堡的画像，他签了名字，并写道："我曾有过'一个同志'！"

对这个老人来说，这是个反常的姿态。他在这个年龄是不会再缔结友谊了，但是他对帕彭是有好感的。帕彭最好能在他身边。但世事难料。这个时代很难找到可靠的人。

*

奥斯卡·罗伊克，S. 费舍尔出版社（S. Fischer Verlag）的审稿人，也是普鲁士艺术学院诗歌艺术部的秘书，正在柏林散步。他看着所有的新建筑。柏林正在发生改变，越来越成为一个国际大都市。除了散步，他并没有在日记中记录别的什么。他已经有几个星期不再写政治了。夏天的时候这里还是另外一个样子！7月22日，他还听收音机来了解一些最新发展。他的结论："政府又一次想到了武力。"8月4日，他就已经写道，"想到了被迫旅行。我有种会被驱逐的预感。德国的掘墓人也会活埋我的。"现在的日记：散步，天气和出版社的琐事。罗伊克已远离政治，远离那些掘墓人。

*

下午早些时候，电传打字机将新的政府首脑的任命消息传播开来。50岁的库尔特·冯·施莱谢尔被总统任命为第12届总理，并被委托组建魏玛共和国第20届政府。

这是第二位统治德国的将军。第一位是列奥·冯·卡普里维，从1890年到1894年担任总理，是德意志帝国俾斯麦的继承人。

*

哈利·凯斯勒伯爵松了一口气：施莱谢尔是总理。"帕彭，这个萦绕不散的幽灵终于被赶走了,"他写道,"它是被德国人民厌恶地吐出的口水所淹没的,这使老兴登堡深深地忧伤。"

*

在图林根的竞选活动中,几乎所有知名的国家社会主义党人都很活跃。戈培尔向《抨击报》口授了一篇社论。"有一件事已经实现,之前冯·施莱谢尔将军一直站在幕后,在日常事务中只是露出自己的影子,现在他已经迈向台前了,因此被公众明亮的聚光灯所照亮。我们并不认为这对他来说有什么好处;因为众所周知,一个人的影子总是比他本人要大得多。"

*

下午,施莱谢尔首先接见了富有影响力的工会领导。他们讨论了社会问题。施莱谢尔说到他的"交叉阵线"(Querfront)① 战略:这一理念在于通过工会、社民党和国家社会主义党左翼,以及经济团体和防卫军的支持,在国会中建立容忍接受的基础。

但自由工会提出诸多要求。在他们上午会面前,施莱谢尔已在《福斯日报》晨刊上读到了这些要求:应废除若干紧急条例,例如9月5日通过的允许企业家削减第31到第40小时的工资的条例。此外,一周工作时间不能超过40小时,并且要在冬季改善失业者的供给。

在秘密会谈前给媒体爆料——这是未来盟友的行为方式吗?

---

① 即施莱谢尔试图组建的"工党政府",现在用于形容左翼右翼团体之间的相互合作和交叉渗透,也称"第三位置"(Third Position)。——编者注

*

  如果在柏林待腻了，也许可以在冬季运动中放松。《每日评论》中的一则广告承诺："那里有雪！圣诞节——新年。高山/乌帕河①。超值旅游，德国体操协会认证的滑雪教练针对初学者、高级滑雪者及旅游滑雪者进行专门指导，易北中区。请于德累斯顿阿玛丽恩大街18号，通过格哈德·舍尔得到更多相关信息。"

  高山。滑雪乐园西里西亚。离柏林有400公里，要开一整天的车才能抵达。8月时，在德国西部科隆和波恩之间开通了第一条"无交叉路口的车行道"——有关部门是这样命名的。向别人说起这种新型车道时，大家越来越常用另外一个容易记住的概念——"高速公路"。

*

  库尔特·冯·施莱谢尔作为总理要展示多少种政治形式呢？在小圈子里，他是个愉快的谈话伙伴，能让每个人都感到他们原则上与他意见一致。可是施莱谢尔，出生在勃兰登堡的哈弗尔河边，也有着柏林式的伶俐口齿和机敏反应。这种语气，既欢快，又很有伤害性。他喜欢格言，人们背后说他出奇地傲慢，又洒脱不羁。他曾被邀请与一位工业家共进晚餐，据说，这位工业家贿赂他所遇到的所有的政治家。喝完汤，施莱谢尔拿起盘子问道："那100万在哪儿？"

  现在，作为总理——他会收敛些吗，能从幕后策划者成为一个政治家吗？也许他的太太伊丽莎白可以为他提供建议，她以自己的

---

① 易北河支流。

魅力、优雅的举止及时尚品位在外交界享有盛名。1931年拍的一张照片上，施莱谢尔站在他太太后面，双臂环住她，她抚摸着他的左前臂，显然是一对热恋中的情侣。在那年，施莱谢尔给一位知己顽皮地写道："从下士一直到做将军之前，我都非常支持他们独身。而将军们则是需要女性智慧和手段来支持的。"

那么对于总理呢？10月他还在黑森林地区的巴登韦勒（Badenweiler）进行疗养。他的健康状况不佳，浑身疼痛，贫血尤其折磨着他，这种疾病会消耗人的能量。

*

保罗·冯·兴登堡怎样呢？政府危机解决了。但是与总统计划的并不同。他把施莱谢尔的阴谋——一切都让人感到是施莱谢尔的一次阴谋——看作耻辱。大家不能这样对待他这位陆军元帅。

在保守派的圈子中，人们也都准确地记录着这一切动荡。伯爵夫人阿达·韦斯达普——她的丈夫库诺是德国国家人民党早期主席，多年来一直是总统的知己——在给她女儿格特奥德写信时说："兴登堡狂怒。"

12月3日，星期六

写下这一内阁的组阁史是不可能的。这一历史是这么混乱，并被各种影响挫败，这一团乱糟糟的线真是很难理清楚。

《每日评论》

施莱谢尔的方针。

现在发生的一切，跟民主没什么关系。民主已经悄然离开德国了，它坐在接待室，总有一天会再回来，但是它已经把好房间让出来了。

《福斯日报》

不要容忍施莱谢尔！

一种解决不了问题的"解决方案"。

《抨击报》

*

赫尔曼·福尔迟，国防部新闻发言人，在读新内阁一览表时，揉了揉眼睛。施莱谢尔重新任命了几乎所有的部长。帕彭的"男爵内阁"要在新的领导下继续进行吗？就连内部工作人员都觉得会有新的员工。福尔迟担心地问施莱谢尔，在接受这些人的同时，是不是也要接受旧内阁不受欢迎的事实。"是的，伙计"，施莱谢尔以他那种让人担心的讽刺语气说。"您完全说对了，可是我不能少了这些人，因为我没有其他人了。"

*

第一次内阁会议于 12 点 45 分开始。施莱谢尔汇报说，他接替帕彭做了总理，"公众中的一大部分"都认为是"松了一口气"。他们谈到应该放宽紧急法令，谈到即将出台的政府声明，以及从前对政治犯的过重处罚。

施莱谢尔还未上任，这些人就从各个角落跑过来：说客们和各种利益代表者带来他们的要求。没有一句温暖的话，很少有人祝贺。或许只是偶尔说一句"请"。

*

亚伯拉罕·普洛特金也听说，德国最重要的工会会员正跟施莱谢尔谈判。德国总工会的提奥多·莱帕特和威廉·埃格特也去过施莱谢尔那里。普洛特金甚至听说头头儿们已与总理达成一致。可这是真的吗？普洛特金与海因里希小姐谈起这件事，海因里希小姐是德国纺织工人工会主席马丁·普雷托的女秘书。"没有，"海因里希小姐回答，"没有协议，也没有协定。工会永远不会与施莱谢尔达成一致的。"大家互相拜访只是……对，只是出于礼貌。

真的吗，只是出于礼貌吗？普洛特金亲自闯入马丁·普雷托那里。普雷托 40 岁出头，总是捻着他那稀疏的、让人印象深刻的胡须。普雷托说，莱帕特和埃格特跟施莱谢尔讨论了"实际的国民经济"问题，即国家创造就业计划的可能性。还没有什么结果。无论如何，协议不可能存在。"我们是社会民主党人，社会民主党与那个施莱谢尔代表的军国主义政权是不可能达成协议的。"

*

下午，约 200 名共产党员在弗里德里希海因区的施特劳斯贝尔格广场进行非法游行。他们排队上火车时，一个不明身份者打碎了法兰克福大街上一家军火商店的橱窗。他们从橱窗中偷了气手枪和气步枪。一家食品店的橱窗也被打碎了，价值 10 马克的香肠也被偷走了。游行队伍被立即驱散，一名共产党人被警察"强行管制"。

*

在柏林的舍嫩贝格公墓（Schöneberger Hauptfriedhof），正在举行冲锋队的爱尔文·耶内氏的葬礼，他是冲锋队第 13 分队领队，最近在柏林被杀。戈培尔让宣传部将他作为"殉难者"，一个"运动的殉难者"来歌颂。

*

周六深夜，国旗团在哈姆波恩－杜伊斯堡（Hamborn-Duisburg）一个大规模军事体育训练基地训练他们的成员。训练结束后，350 名国家社会主义党人袭击了一组 150 人的国旗团成员。袭击者用铁铲和铁棍作武器。9 名国旗团成员受重伤，多数人头部受伤，一人腿部中弹。

/ 12月3日，星期六 /

/ 12月4日，星期日

任命施莱谢尔内阁；
施莱谢尔也是国防部部长。
《福斯日报》

今天，老一代将他们最强大和最后的代表以将军形象推出。他们再没有后备力量了。最后一匹马被从马厩里牵了出来，现在马厩空了。
《每日评论》

委任施莱谢尔意味着什么？政府再次反对人民的意志！最糟糕的是：防卫军仍然被牵涉进内部政治权力斗争！
《人民观察家报》

*

这些天，议员莱恩霍尔德·库阿茨参加了威廉广场上三一教堂的礼拜会，就在恺撒霍夫酒店旁边。兴登堡经常会出现在这个朴素的教堂中：他是个虔诚的路德派新教教徒。总统如果在柏林，就的确经常来这里；如果总统也来这儿参加礼拜会，这个礼拜会就成了一种领导接见了。许多父母带着孩子们来这里，让孩子们能见一见兴登堡——这个活着的传奇。

这一圆顶建筑1739年落成，已有近200年历史；俾斯麦曾在这里举行坚信礼。这是一座古老的普鲁士教堂。星期天：一直到布告板都站满了人。开始前半小时，人们都穿着礼拜服，摩肩接踵地站在走廊里，教堂前有上百个看热闹的人等着看一眼国家元首。

警察为总统开道,终于,总统坐的车优先开了过去。司机打开车门。兴登堡下了车,并未用别人帮忙,举起帽子,向人群致意。教堂里一片安静。人们都很肃穆。圣坛两侧坐着残疾人,尤其是一战的退役军人。

兴登堡向前走,一手拿着礼帽,一手持圣歌簿,他的儿子还有国务秘书紧随其后。几位老妇人伛偻着身子。牧师迎面走向兴登堡,双手握住他的右手——鞠了一躬。

第一排给兴登堡和他的陪同留出了位置。兴登堡将所唱的圣歌都背了下来。他的男低音唱起来。最后,神职人员大声说:"我们全心全意请求万能的上帝,保护在我们中间的这位白发苍苍的老人。"

礼拜会结束时,兴登堡向那些胸前戴着勋章的退役军人鞠躬。其中几人还在1870年到1871年参加过战斗。他们跟元帅说到他们被俘的地方,他们轻声地说出那个战场的名字。这都是老皇历了,已没有人愿意听。兴登堡却想听他们说。他与老人们握手,每个人都握了手,然后才转身离去。

*

那么多人都担心的共产党起义什么时候会发生?还是冲锋队首先失去了耐心?亚伯拉罕·普洛特金不安地发现,街头警察比平时多了。每个街角都站着年轻的国家社会主义党人,穿着制服,拿着募捐箱。然后他明白了:国会两天后就召开了。安全措施将非常可观。可是冲锋队的活动意味着什么呢?

*

阿道夫·希特勒继续活跃在图林根。今天要选举,国家社会主义党的元首还一直在拉选票。在艾斯费尔德(Eisfeld),他从市议

/ 12月4日,星期日 /

会那里获得荣誉市民身份。在索内贝格（Sonneberg），他对10000多名追随者说："这些人民，我们倾注我们所有的心血的人民，我们能因为一点小恩小惠和渺茫的希望现在就出卖他们吗？我今天能做的，和4个月前没有什么不同。他们称新政府为'实现社会平衡的内阁'，他们总是找新名称来掩盖所有行为的空虚。"

*

共产党主席恩斯特·台尔曼前往他的家乡汉堡，参加沿海地区党代表大会。他称自己为"无产阶级领袖"。一幅列宁的肖像挂在大厅里。台尔曼呼吁"对法西斯的施莱谢尔独裁进行大规模进攻"。

这是共产党的逻辑。这是莫斯科规定的路线，台尔曼以这一路线来调整他的党。在共产主义者之右的人都是法西斯主义者。

*

一次秘密会面：施莱谢尔和斯特拉瑟。总理到这个国家社会主义党人的家中做客，这个人有可能分裂国家社会主义党。

斯特拉瑟说，许多大区领袖都站在我身后，他们更喜欢追随我，而不是希特勒。

你可以成为副总理，施莱谢尔说。甚至也许还可以成为普鲁士总理。

*

不管是什么原因，保罗·冯·兴登堡写给弗朗茨·冯·帕彭的告别信被公开了。"您的个人意愿，并且我也认可您向我陈述的理由，促使我以沉重的心情让您离开这一职位，"总统写道，"我对您个人的信任与尊敬，对您影响力的信任与尊敬，丝毫没有减少。您作为总理和普鲁士专员只有半年时间，我了解您勇于献身、乐于负责的工作精神，您忘我的爱国精神，以及崇高的品格，对此我给予高度评价。我永远不会忘记与您一起工作的日子。对于您在这艰难的几个月中为我们祖国所做的一切，我以祖国的名义，并以我个人的名义，向您表示深深的感谢。"

*

50000人观看了德国国家足球队与荷兰队在杜塞尔多夫进行的比赛，荷兰队也带来了8000名球迷。主队由奥托·内尔茨带领，这次经历了惨败。特别是德国前锋理查德·霍夫曼碰上了倒霉的一天。0:2的结局已经还算让人满意了。

德国队在国际上所处的位置还很难说。夏季奥运会时，足球还未被列入奥运会项目，1930年第一届足球世界杯时，德国队并没有乘3个星期的船去乌拉圭参赛。

*

在图林根的竞选产生了明显的失败者：国家社会主义党。戈培尔已确定了罪魁祸首：斯特拉瑟，他在竞选中根本没有真正投入。"可以这么说，他根本没有讲话"，戈培尔后来记录道。他也并没有展现出热情。这是妒忌者还是竞争者的声音？党内都知道，野心勃勃的戈培尔想要对整个国家社会主义党的宣传负责。然而斯特拉瑟隶属第二宣传部，他负责管理党内所有的发言人，以及他们的培训和出场。戈培尔认为自己是这次运动的最佳宣传者——当然是仅次于他的"元首"的。

/ 12月4日，星期日 /

/ 12月5日，星期一

希特勒在图林根的失败。

除希特勒外，斯特拉瑟、弗瑞克、戈林和戈培尔也时常在竞选中发言。

这一切努力的结果就是，国家社会主义党在竞选中的失败更清楚、更确凿无疑了。

《福斯日报》

*

星期一夜里，近4点钟，在莫阿比特区炮兵司令官大街3号，26岁的工人马克斯·布里恩被人发现倒在血泊里。鲁道夫·菲尔肖医院的医生确定为子弹射中肺部。这名男子命悬一线。有政治动机吗？布里恩应该是同情国家社会主义党的，但并不是党员。在警察看来，似乎布里恩与一伙贴海报的共产党人发生了冲突。

*

戈培尔研究了一上午报纸，当然只有一个主导话题：新总理。戈培尔注意到，所有犹太报纸都言过其实地盛赞施莱谢尔，"公众人物永远都不会这样"，他写道。对于戈培尔这样的反犹主义者，几乎没有比犹太人的称赞更糟糕的了。

他很快写了一篇抨击新总理的文章。党内角色分配是很明确的：戈培尔负责抨击，戈林继续与施莱谢尔谈判。

"我们马上就要呼吁，而且把能榨干的都榨干。"这条路线是戈培尔三天前定下来的。今天他就开始执行了。

　　国家社会主义党的"大人物"在恺撒霍夫酒店召开高级会议。有许多事情要讨论：明天新国会成员将首次会晤。同样重要的是：在图林根地区选举中的糟糕结果。怎么会发生这种情况？他们该怎样与这位位高权重的将军相处？热烈的讨论开始了。非常紧张。大家都知道：情势非常危急。他们已经等了那么久的机会了。年初的时候，他们就这么面对面地坐在一起。《新画刊报》(*Neue Illustrierte Zeitung*) 派记者们到恺撒霍夫，那时胜券在握的国家社会主义党还允许这么做。不久后，报道出现了。"大厅右边的一张大圆桌是为希特勒和他的指挥部保留的。如果需要政治谈判，则在这张桌子上开会。所有著名的领导都坐在那儿……头碰头，紧张地仔细听着希特勒边比画边说，他每动一下，一绺桀骜不驯的头发就会落到额头上。"

　　《新画刊报》的记者们也被允许接近更神秘的东西：希特勒的套房。

　　"四层楼高。电话声响起，命令下达。人们来来往往。在重要的政治时期……与慕尼黑褐宫（das Braune Haus）的电话联络几乎没有断过。酒店里的接线员恨不得多生几只手，给元首连线一位在莱茵兰的冲锋队的领队，又给他连线一位东普鲁士的大区领袖。不知哪个房间传来打字机低低的打字声。希特勒的房间号是440。一个德英双语的小纸条挂在门把手上：'请勿打扰。'重大决定将要被做出。国务秘书梅斯纳，总统的代表正来访。"

　　这是1932年1月。那之后又有过多少会谈？讨论了多少次，如果得到权力，该做些什么？但是哪一次都比不上格里高·斯特拉瑟现在挑起的争吵。

/ 12月5日，星期一 /

除了希特勒的竞争对手斯特拉瑟，另外还有弗瑞克强烈建议国家社会主义党必须在国会中容忍施莱谢尔政府。否则总理将召集新的选举——众所周知，重新竞选就筹不到钱了。运动将面临失败。

希特勒反对：光是参与到政府中去就肯定意味着运动的失败了。

在随后与国会议员的会谈中，斯特拉瑟僵在那里。希特勒讲话，他说每次妥协都是对党的荣誉的侵犯。我们现在必须赢得时间。

圣诞节假期来得正是时候。

*

施莱谢尔呢？这时他正在继续争取各党派领袖的支持。他请求他们让他先放开手做。高级教士卡斯向他承诺，他的党，也就是中央党将在国会中尽其所能，争取"在技术上可以实现暂时休会，为政府赢得机会"。只要国会不举行会议，就没人可以针对施莱谢尔内阁提出不信任提案，也就没有人可以推翻总理。当然总统除外。

*

在一家犹太人的路边小店里，亚伯拉罕·普洛特金被店主和店主的儿子还有店里的客人盘问起来。"不要一下子问这么多，"店主儿子告诫好奇的人们，"在美国并不是大家都在同一时间说话的。"这么多问题：美国也有法西斯党吗？在纽约他们也把犹太人从地铁车厢里赶出来吗？在美国也破坏犹太人的商店吗？犹太人在美国也遭到抵制吗？

当这些人听说在美国也有反犹太主义时，他们几乎都不能相信。店主儿子对普洛特金说："我们每周五晚上祷告时，都浑身发抖。"他们担心犹太人将被驱逐到某个地方，没有人知道这是个什么样的地方。

　　晚上，阿道夫·希特勒在戈培尔夫妇那里逗留。帝国总理广场。一大群拥护者，还有艺术家和音乐家。这些艰难的、神经绷紧的日子过后，他们也要放松放松，戈培尔写道。

　　只是放松吗？他们难道没有在小圈子里谈论斯特拉瑟，还有上午的争吵？戈培尔谈到了斯特拉瑟的破坏政策。他认为终于找到了竞争对手如此行事的原因了：斯特拉瑟星期日晚上与施莱谢尔会谈，施莱谢尔已给他提供了副总理的位置，国家社会主义党的二把手没有拒绝。没有，他甚至提出条件，下一次国会竞选带着"斯特拉瑟的名单"来接任。戈培尔后来写道："这是对元首和对党的无耻背叛。"

/ 12月5日，星期一 /

/ 12月6日，星期二

休会到1月？

放假5个多星期后国会再重新开放，施莱谢尔内阁的政府声明应该届时再递交。

《福斯日报》

施莱谢尔内阁快滚开！

《抨击报》

*

议会开幕之前1个小时，国会大厦被警察封锁。

是的，国会又开会了！亚伯拉罕·普洛特金看到共产党人在大学前分发《红旗报》。几十名头戴钢盔的警察骑着马。四处都是募捐的冲锋队队员，他们把系着铃铛的募捐袋伸到行人的眼皮底下。普洛特金最初只想当个观众，看双方辩论，但事实证明这是不可能的——警察圈根本冲不进去。他决定在国会附近等，就像其他柏林人一样，他估计有50000人。

主要是男人，年轻的小伙子们。普洛特金觉得他们心情不错，不过并不是欣喜若狂。

他们在等待什么呢？

*

新总理施莱谢尔并没有出现在全体大会上，国务秘书普朗克代表他出席。

名誉议长卡尔·李兹曼是加入了国家社会主义党的将军。他说他在 1914 年坦能堡战役中起了决定作用。他认为，如果不能让希特勒当总理的话，那就是"世界史的厄运"落到了兴登堡头上。这位前战友在开幕词中这样说。他收获了左翼的嘲讽。

共产党代表马上说，大家一开始就没想与内阁妥协——不信任提案。但不信任提案并没有传播开来，国家社会主义党人的票数也阻止了事态立即激化。

赫尔曼·戈林再次当选为国会议长，议员们已经知道议会要延期了。施莱谢尔与大多数党派领袖已经讲过了。

*

国会大厦是个非常坚固的建筑，比勃兰登堡门要大很多——第一次来柏林的人都对勃兰登堡门感到震惊。对于威廉大街上的政治家，路途并不遥远。沿街道向下，在阿德隆酒店向左转，穿过大门向右，就能看到国会大厦雄伟的柱子。快点走的话，离总理府也许只有 10 分钟的路。

大门上写着"为了德意志人民"。威廉二世丝毫不掩饰他的厌恶之情，他称国会为"闲扯皮的房间"。在这里，社会民主党于 1914 年批准战争贷款，1920 年，年轻的共和国国会在这里接手工作。决定德国命运的地方，是用石头砌成的。

也似乎是坚不可摧的。

*

共产党、国家社会主义党和社会民主党在国会中针对赦免政治犯和经济犯提出法律修改草案。如果这些法律条例通过，则有许多囚犯获释，包括一直被关押的卡尔·冯·奥西茨基。

*

警察把群众推向蒂尔加滕方向，亚伯拉罕·普洛特金也被一起推了过去，他什么也做不了。

渐渐地越来越拥挤了。很快大家都意识到有什么事情要发生了。

人们互相问发生了什么事情，但没有人知道。突然，人们开始跑了起来。普洛特金意识到自己是群众中的一员，他意识到一种可怕的群体本能。大喊大叫，警察发出一声雷鸣般的咆哮。

普洛特金开始跑，就想离开这儿。

他想跑，这时他夹克衣领处被打了一下，一只拳头打到了他肋骨上，他看到了普鲁士警察的脸。警察正跟他吼什么，普洛特金叫了起来，他还从未这么叫过，特别大声地用英语喊叫。

*

布雷多的上司现在是总理，而且也保留着国防部部长的职务，所以他继续为施莱谢尔写"简报"。今天，他从很多拜访者那里听说，"人们在内阁里讨论了紧急状态下的困难，已经形成共识，防卫军在紧急状态下并不能应急，现在要抽出更多钢盔团成员，让防卫军马上就有更多储备"。

换句话说：这些"拜访者"建议施莱谢尔，不要与工会、社会民主党和中央党交好，相反要与德国保守党接近。德国国家人民党在国会选举中也许不能再得到太多选票——确切地说，在11月份只有8.7%——但和他们走得很近的又独立的战斗联盟钢盔团非常强大。一旦发生内战，这可不是个令人愉快的对手。

*

听到一个人这么喊叫，警察是不是很吃惊？还是因为他是用外语喊的？普洛特金永远都不会知道。不过没那么拥挤了。警察用红红的眼睛瞪着亚伯拉罕·普洛特金。然后——会有什么样的条件反射呢？——他把脚跟并在一起站直了。

"我不知道你是外国人"，警察说道。

请您告诉我，普洛特金说，这里都是和平的人，您为什么要驱赶他们呢？

警察没有回答。而是叫来另外一个警察，让人把普洛特金带到安全的地方。在勃兰登堡门，他被查了证件。在他离开时，一位官员给了他一个建议："以后一定要远离人群。"

*

总理的游说工作已取得初步成果。倾向保守的基督教工会总联盟主席本哈德·奥特在一篇报纸文章中说："没有人会错误判断施莱谢尔政府所面临的艰巨的任务。事实如此，又有诸多的风险，因此人民代表为了经济和人民利益，使人民群众在一段时期内有内在的凝聚力，并要求政府建立一个宽松的社会政治环境，这是非常必要的。"

施莱谢尔可以希望，他的"交叉阵线"理念不久会实现吗？

*

阿道夫·希特勒这个晚上又在戈培尔夫妇家里度过。他们从容

/ 12月6日，星期二 /

地讨论了整个局势。戈培尔后来思量道:"元首完全是个有艺术家似的敏锐的人。凭着准确的直觉,他瞬间就掌握了每一种情况,他的决定总是绝对清楚,逻辑透彻。在他面前不能耍花招。即使施莱谢尔内阁也会撞得头破血流。"

戈培尔的确非常崇拜希特勒。

12月7日，星期三

黑色—棕色多数派；

新议会第一天——戈林又是议长；

新选出的国会召开会议，围绕着主席团人选问题，双方表决势均力敌。

《福斯日报》

与施莱谢尔的斗争开始了；

胡根贝格威胁 / 中央党等待 / 社民党重获勇气 / 国家社会主义党希望公开对决；

还是和从前一样的议会策略家。如果不是关系到德国，人们就会赐给策略家们开放式独裁或内战，施莱谢尔已避免了这两种情况。

《每日评论》

*

对手在暗中窥伺。他们等着施莱谢尔的进展。总理看起来像是有个计划。此外他很勤勉，很精明。为了赢得信任，他似乎在所有地方同时谈判，用承诺来诱惑。他要瓦解前线，想唤起理解，他也想引起不安，削弱联盟，质疑既成的事实。他的计划是赢得温和的左派和中立派，以及他认为有价值的国家社会主义党内的左翼，如果这一计划失败，他还有别的选择吗？兴登堡任命他是不情愿的。总统还能支持他多久？

施莱谢尔没有太多时间展示自己的进展——即使国会不给他找茬儿。

*

又是国家社会主义党，它在国会提出一项法律草案：如果总统因病缺席，谁来领导国家事务？目前宪法规定的是总理，未来应该是最高法院院长。

观察家们猜测，这难道是对施莱谢尔的侮辱？还是阴谋诡计？可能兴登堡也因此至今都不肯任命希特勒为总理，因为如果他病了或死掉，希特勒也许会替代他。这一法律还要在新国会第一次开会时讨论。

这期间，大概两个星期前，奥托·梅斯纳也被卷入这场游戏。

*

国务秘书爱尔文·普朗克代表政府出席国会，施莱谢尔则于11:45召集内阁。施莱谢尔在部长面前陈述了他对国内政治的看法。他认为，国家社会主义党人已决定容忍这届政府，这样就能实现国会中多数的支持了。从前布吕宁也面临过这种局面，他可以以紧急法令，用统治手段来解决。不过当时支持他的是社民党，而不是国家社会主义党。

内阁中有些人会问：施莱谢尔的信心源自哪里？前几天希特勒难道没有告诉他，希特勒的党除了自己的政府，是不会认可任何一个政府的吗？

施莱谢尔坚信，国家社会主义党人是不会使国会瓦解的，因为党内现在正在进行争夺领导权的斗争。

是希特勒与斯特拉瑟之间的斗争。

的确如此：今天国家社会主义党人的争端激化了。

＊

　　国会的第一次辩论非常温和，并不如预想的那么激烈，但是会场大厅之外却非常激烈。共产党人和国家社会主义党人在走廊里恶语相向，互相攻讦——然后人民代表打成一团。一名共产党议员将一部电话机扔到了一名国家社会主义党人头上，这就是导火索。不久痰盂也飞了起来，拳头乱打，烟灰缸和桌面被当作盾牌。窗玻璃碎了，吊灯也坠了下来，许多议员都受伤了。

　　德国国会又召开了。

　　＊

　　戈培尔似乎对这场打斗感到高兴。他在日记中抱怨议会的日常生活，抱怨党团会议和全体会议，报怨表决——他记录道："在此期间，我们和共产党之间在讲坛上和走廊里有一场血战。"他们的人有一人受重伤，戈培尔记录道。对于对方的损失，戈培尔没有做任何记录。

　　＊

　　"咆哮怒吼，我们越来越巴尔干化了，"保守派议员库阿茨晚上写道，"纳粹和共产党之间的斗殴。"

　　国家社会主义党在政治上"完全依赖于中央党"。但是施莱谢尔"情况更糟，因为中央党、纳粹和共产党都不是好惹的"。

　　情况糟糕？施莱谢尔早上跟他的内阁可不是这么说的。

/ 12月7日，星期三 /

*

晚上6点钟，瓦尔特·拉特瑙协会（Walther-Rathenau-Gesellschaft）成员在国家经济顾问委员会的大厅开会。哈利·凯斯勒伯爵被授予银质奖章。这个知识分子做了报告："拉特瑙和机械时代的人"。瓦尔特·拉特瑙在被右翼激进分子谋杀前担任魏玛共和国外长。他把自己的身心和信心都献给了共和国，是个很多人都信任的政治家。

*

国家社会主义党筋疲力尽，异常紧张烦躁起来。在恺撒霍夫酒店，希特勒和斯特拉瑟正在进行激烈争论，这是几天之内的第二次。

最后，斯特拉瑟收拾他的东西，招呼也不打地离开了房间。回到酒店房间，他给希特勒写了一封很长的信。信中他宣布辞掉党内所有职位。

如果斯特拉瑟想开战的话，那么这就是战争宣言了。

他现在要做什么？党内有谁会跟着他呢？他要铤而走险，将决裂公之于众吗？

/ 12月8日，星期四

无论怎么吵还得工作。
代理法案在国会获多数通过。
《福斯日报》

这个星期三的国会会议以一个漂亮的噱头开始，就是会议秘书的选举。胡根贝格先生甚至以291票当选为会议秘书。在一定程度上可以说是安慰奖。从部长事务办公室领导和总理候选人沦为会议秘书——这就是他的职业生涯。
《抨击报》

*

阿道夫·希特勒早上接到了斯特拉瑟的一封信。这位党的同志在信中写道：先让德国陷入混乱，然后开始国家社会主义的建设工作，他不想再参与到这一政治中去。他辞去党内所有职务，作为普通士兵退出这场运动。

另外，斯特拉瑟还宣布从柏林动身去国外。他顺便还透露，说他还是忠于运动的。

这封信引起了党内领导层的恐慌。

*

中午，希特勒了解到斯特拉瑟在党的 7 名地方监察官[①] 面前陈述了辞职理由：希特勒想独自一人坐上总理的宝座，他认为希特勒这一策略是不合适的，错误的。这时希特勒把那 7 位同志叫到恺撒霍夫酒店。他驳回了一切对他方针的批评。

*

这些日子充满着暧昧的提议、密谈以及公开的争吵，在这种日子里，是否还有正常的人的情感冲动？

当其中一位政治家经过彻夜无眠，疲惫不堪，早上在床上辗转反侧时，他受不了。这时，他几乎不相信自己还能勇敢地面对这个世界。

这是人类前所未有的艰难时期，但是这种权力的斗争正是人的作品。

是否有人因压力而胃疼，并问自己，该如何承受这一切？他们其中之一是不是每个晚上都喝了太多的烈酒，好让思想暂时停止？阿道夫·希特勒能睡通宵吗？他做梦吗？梦到了什么，又梦到了谁？梦到了斯特拉瑟吗？

我们不知道。

---

① "监察官"（Inspekteur）是国家社会主义党内于 1930 年设立的政治头衔，分为"地方监察官"（Landesinspekteur）和"国家监察官"（Reichsinspekteur）两级，相关人员在地方和全国范围开展组织工作，联系选民。1933 年国家社会主义党上台后，前者职能与大区领袖合并，后者则统一为"全国领袖"（Reichsleiter），为地位仅次于元首的准军事头衔。——编者注

斯特拉瑟是个糖尿病患者，而且在一次滑雪受伤后就要拄拐杖了。他在苦思冥想接下来要做的事吗？因为他感到他必须建立一种声望来除掉对手。他想当革命者吗？或者他只是很开心这一切都能很快过去？如果他现在跑掉，事实上就是投降，他知道吗？他是怎么想到离开柏林向南走的呢？

这些我们也不知道。

*

德国基督教工会代表来到总统这里。梅斯纳做会议记录。兴登堡已经知道这些人的立场了——人们在物质及伦理上面临艰难处境。他也有那种有事情要发生的预感了。他了解这些要求。毕竟工会的人宣称，他们对施莱谢尔内阁充满信心。

兴登堡向他的客人保证，他对人民和小人物永远满腔热忱。"我从未改变，也不会改变。"

*

贝拉·弗洛姆在埃及大使哈森·纳哈特·帕莎处进餐。真是一个愉快的聚会。坐在她旁边的是美国威廉·伦道夫·赫斯特报业集团的特约记者卡尔·冯·威甘德。他是个老朋友，当权力关系有所变化时，他有一种近乎不可思议的第六感。弗洛姆想，每当一场政治剧开始的时候，可爱的卡尔准会出现在柏林。

"国家社会主义党什么时候才能进入政府呢？"弗洛姆问邻座的卡尔。"不会太久了"，卡尔这样回答。威甘德是极少数真正了解国家社会主义党的人之一。早在1921年，他第一次采访希特勒，他认为希特勒是认真的。贝拉·弗洛姆亲切地称威甘德为"老预言家"。

/ 12月8日，星期四 /

威甘德说得对吗？难道希特勒这么快就要当权吗？他不是刚刚才失败吗？

*

晚上，希特勒拜访戈培尔夫妇。但是大家都没有什么心绪，全都非常沮丧。他们担心党会分裂，多年的工作都付诸东流。

这时电话铃响起，声音打破了沉闷的气氛。是一个线人。党内形势越来越尖锐。希特勒必须立即回恺撒霍夫酒店。

夜里2点钟，戈培尔的电话又响起来。"元首"正在等他。马上！戈培尔马上出发，在酒店里，他先碰到党卫队首领海因里希·希姆莱。如此急迫的原因是：《每日评论》发表了一篇文章，其中斯特拉瑟宣布辞掉所有职务。直到发文章时，他辞职的事都还是秘密！

*

在恺撒霍夫，他们彻夜苦思冥想。紧急会议。他们一直待到第二天早上6点。可怕的消息一个接一个地从各区传来。党内起了骚乱。斯特拉瑟的诡计动摇了国家社会主义党的基础。据说斯特拉瑟坐在埃克塞尔西奥酒店（Hotel Excelsior）中，朋友们和联盟者簇拥在他身边。他们要做什么？

他的"元首"却显得非常苦闷，正如戈培尔后来所写道，"被背信弃义伤得很深……面对如此多的卑鄙行径，我们都傻了。背叛！背叛！背叛！"

背叛？斯特拉瑟到底做了什么？

谣言四起。恺撒霍夫酒店的走廊和吧台上，人们都在说，就连希特勒的副官威廉·布鲁克纳都赞成进入政府。

阿道夫·希特勒内心波澜起伏。这是决定性的一刻，这是肯定的。难道不就是要在这种时刻展现一个人的真正面目吗？

"如果党分裂了，我3分钟之内就结束自己的生命"，希特勒对戈培尔说。

约瑟夫·戈培尔呢？他也在倍受煎熬，这一天他只睡了2个小时。

/ 12月8日，星期四 /

/ 12月9日，星期五

戈培尔嘲讽斯特拉瑟。
《福斯日报》

我们要求努力创造财富的人民享有生活的权利！废除帕彭紧急法令！国家社会主义党反对无法承受的养老金与工资缩减。
《人民观察家报》

*

早上整个柏林都在骚动。威廉大街上报童吆喝着轰动事件：斯特拉瑟接管了国家社会主义党！《每日评论》中这样写道。恺撒霍夫的大厅里，人们站在一起讨论着。空气中满是躁动不安。变革。

在安哈尔特火车站，一名列车员看到斯特拉瑟已经登上了去慕尼黑的火车。

斯特拉瑟要在慕尼黑做什么？

*

还有一个人说，国会已经没有执行能力了：在第三次宣读法律草案时，全体通过了法律，该法律重新规定在总统患病情况下的代理问题——并不是由总理，而是由法院院长来代理。修改宪法要取得三分之二多数同意，国家社会主义党的票数远远超出了这一要求。

议员们也通过了特赦法草案。卡尔·冯·奥西茨基会因此被释放吗？

国家社会主义党议员汉斯·弗朗克做了报告，在报告中他预言："此外，阿道夫·希特勒在几个星期之内会在德国取得权力。"其他议员嘲讽的笑声迎面响起。

*

亚伯拉罕·普洛特金与社民党和工会的一名农业顾问会面，他们谈了很久。为什么这么多德国人在挨饿？普洛特金问，有什么地方不对吗？

这位农业顾问叫巴丁，他回答说，其实有足够多的食物，问题是人们买不起了，食物都在仓库里腐烂了。

*

希特勒现在要不顾一切地进行他的计划。

他努力防止党内分裂，让国家社会主义党媒体传播下面的消息："党员格里高·斯特拉瑟经元首同意，休三个星期的病假。所有相关的各种版本谣言都是不准确的，没有任何基础。"全国组织领袖（Reichsorganisationsleiter）的权力范围立即被重新分配。希特勒自己接管组织工作，戈培尔将来的职责范围是"人民教育"（Volksbildung）。斯特拉瑟的联盟者被取消职位。所有在柏林出席的领导都必须签署一份忠诚宣言，不能有异议。

*

会议结束时，国会决定无限期休会，一直到元老委员会（Ältestenrat）①

---

① 是德国议会的委员会，往往由最年长的议员组成，负责议会日程的安排，分领域设立专门小组讨论议会中出现的争端，为问题的解决提供建议。目前，德国联邦议院的元老委员会由联邦议院议长、副议长及其他资深议员组成。——编者注

/ 12月9日，星期五 /

和国会主席团再次召集。只有社民党和共产党投反对票。

虽然委员会的工作在继续,但是圣诞节休战在节前 15 天开始了。

这对于库尔特·冯·施莱谢尔来说正是时候。现在他可以在收音机里朗读他的政府宣言,而不是在国会中那些吵吵闹闹的人面前朗读。

*

晚上,国家社会主义党的国会议员和其他党的干部聚集在国会议长宫(Palais des Reichstagspräsidenten)里,赫尔曼·戈林就住在这里。

希特勒就斯特拉瑟及其背叛进行了激烈的演讲。"如果您也想离开我,那么我毕生的工作和为之而进行的斗争将不再有意义,我们的运动也将破产。"他对着大家大声疾呼。

每个人都向阿道夫·希特勒伸出了手。

他们每个人都向党的"元首"发誓效忠。一幅团结一致的画面。强令之下产生的效忠。

*

晚上,议员汉斯·弗朗克在恺撒霍夫酒店见到了他的"元首"。"您可不是个好律师",希特勒说,他影射的是弗朗克在国会的预言,说国家社会主义党不久就会取得权力。"您今天的演讲说对了,而且接近事实,不久就会实现。"希特勒认为律师通常不说实话。在涉及重大的、令人轰动的案件时,弗朗克一直都是希特勒的人——他领导着国家社会主义党右翼。

不久，希特勒离开首都，前往布雷斯劳（Breslau），他还命令戈林和戈培尔处理斯特拉瑟事件。

晚上，约瑟夫·戈培尔写道："斯特拉瑟被孤立了。这个该死的人。"

但是希特勒并没有公开与斯特拉瑟决裂。他像平常一样，总是推迟做不愉快的决定。也许他还会再需要格里高·斯特拉瑟？

*

这一天就这样结束了。这一天，国家社会主义党并没有分崩离析。

/ 12月9日，星期五 /

12月10日，星期六

将军还是将死？
格里高·斯特拉瑟的反叛。
《福斯日报》

全国组织领袖格里高·斯特拉瑟的休假，让德国所有敌对者都觉得离希望越来越近了，那就……是国家社会主义……通过分裂自我毁灭。德国所有敌对者的希望都徒劳无功！所有人都发誓效忠阿道夫·希特勒。
《抨击报》

*

"冬天来了，"S.费舍尔出版社的审稿人奥斯卡·罗伊克，同时也是诗人，在日记中写道，"外面阴暗，松树都成了剪影。地面冻结，最后的菊花还带着一抹颜色挂在茎上。"

*

领导们在总理处开会。施莱谢尔需要尽快取得对抗失业的成功。君特·格瑞克，国家主管劳动的新专员，要尽快拿出些什么。针对此议题，由内阁成员成立了委员会。针对一些迫切性议题，如东部援助（Osthilfe）和农村地区问题，也成立了委员会。普鲁士东部如何帮助贫困农民的问题是很棘手的。这一区域都是普鲁士的空克，他们是大地主，政治上重量级的人物，是兴登堡的朋友。甚至总统在那里还有一个老庄园，那是工业家和大地主送的礼物。

总理本人想担任委员会主席，但这个会议他必须提前离开。

他还说，格瑞克，请您今后要参加内阁所有的会议！

格瑞克不是部长，但格瑞克是能帮施莱谢尔的人，他可以帮施莱谢尔把一切流毒从德国清除。

*

威丁是柏林典型的工人区，这里门挨门住着不少冲锋队和红色阵线同盟的人。1929年5月1日，普鲁士社民党政府警察开枪向游行工人射击，15人死在街头。"红色五月"，还在所有人的记忆中，痛彻骨髓。

在阔斯里纳大街，亚伯拉罕·普洛特金注意到，高大的住宅区那样密地挤在一起，那么密，狭窄的院落几乎进不来光。

在2号房里，一群孩子围住了他。"有多少人住在这里？"他问陪同他的人。

"80人住在这里。"

"他们中有多少人有工作？"

"5个人有工作。"

公共厨房里一个叫汉斯的人带着他。汉斯20岁，看起来和美国青年人一样，只是更忧伤，更有见识。他们跟着打火机的光穿过黑暗的走廊。一只老鼠窜到一边。敲了一下门，一个女人开了门，认出了汉斯。现在是下午2点钟，但是走廊里黑得像深夜。

舒纳女士请他们进来。她11岁的女儿过来了，行了个屈膝礼。

"我们快受不了老鼠了，"舒纳夫人说，"把我们仅有的一点点食物都给吃光了。"她丈夫正试图找到房管员。普洛特金看到墙上的湿气，胃里痉挛到想吐。屋里有一股浓烈的热乎乎的尿臊味。

这个家庭有四口人，两个房间，23马克的房租。他们每月从慈

／ 12月10日，星期六 ／

善机构得到 60 马克。通常会有白菜汤喝，有时会有土豆配鲱鱼。星期天，桌上会有肉，四个人吃一磅肉。很少会有牛奶。孩子们当然需要牛奶，不过就是没有。

美国来的客人和他的陪同再也受不了了，就离开了这座房子。这里为什么这么臭？普洛特金问道。他们继续向后走，走到公寓楼的后面。他们站在一个院子里，面前有两个装牛粪的坑。拿着粪叉的人正在往车上装冒着热气的粪。后面的马厩听到马蹄踢地的声音。

他们上了楼梯。这是格润一家。上面住着富哈特夫人和她的七个孩子——五个男孩儿，两个女孩儿。富哈特先生是冶金工人，但四年前他就没有工作了。

他们离开阔斯里纳大街时，汉斯说："在柏林还有其他更糟糕的地方。"

*

约瑟夫·戈培尔再次应对一件不愉快的事，即他所负责的区域的财政问题。"我们必须采取严格的节约措施及强制管理"，他在日记里倾诉。

*

游说者来自四面八方。施莱谢尔接到一封来自"德国工人、职员和公务员联盟"的信。

目前最紧迫的任务是：进一步采取有力措施对抗失业，为当前经济危机的受害者提供充足的援助，防止工人进一步减少收入，制定公正的税收政策，以及促进经济和劳动力市场复苏的贸易政策。

对于这封寄到总理府的信，回信要避重就轻而又友好。大家一直都是这么写的。这是一场持久的防守战。各种突围方式。但是总有一天要改变。总有一天，得让德国总理喘口气，休息一下吧。

*

恩斯特·汉夫斯坦格在恺撒霍夫酒店说起，马丁博士昨天在斯特拉瑟家中探访了他。斯特拉瑟，冷静中有些认命，据说他说了一些痛苦的话："马丁博士，我是个被死神打了烙印的人。我们在很长一段时间内不能再互相见面了，为您考虑，我建议您不要再过来了。无论发生什么事，请您记住：从现在开始，德国将掌握在一个奥地利人、一个从前的军官，以及一个跛子手里，这个奥地利人是个十足的谎言家，军官是个变态，跛子是他们中间最糟糕的一个。他是变成人形的魔鬼撒旦。"

"变态"说的是冲锋队头目恩斯特·罗姆，从前的头目，他的同性恋早就不是什么秘密了。跛子说的是戈培尔：斯特拉瑟的老对手，和他争夺希特勒的青睐。

*

贝拉·弗洛姆在右翼阵营这边并不受欢迎。因为她有犹太人血统，国家社会主义党人无论如何都鄙视她。现在连钢盔团的领袖也说她的坏话。在一个有匈牙利大使的社团中，反动的战争联盟代表人提奥多·杜伊斯特贝格也斥责她。"您太左了，"他盛气凌人地对她说，"我不想我的名字出现在您的报纸上。"

贝拉·弗洛姆垂下头，不去理这些。然后又驳斥道："我希望钢盔团不要太晚恢复理智啊。"

此外，杜伊斯特贝格还是个狂热的反犹太主义者。

/ 12月10日，星期六 /

在国防部，人们坚信从 11 月末的"模拟游戏"的灾难性结果中得出了教训。

冯·布雷多给施莱谢尔写信："关于防卫军和公共服务部门（Zivilressorts）内部紧急状态的一些问题还需要澄清。"他还附了一封信，这封信是给多个部门的，信中要求他们与国防部部长一起讨论这件事。

防卫军为所有情况做准备，包括极特殊情况。这不再是模拟游戏了，这是一次操作计划。

/ 12月11日，星期日

国会咨询第一部分已结束：国家社会主义党在与社会反动派及司法恐怖的斗争中取得成功。

我们要求释放被关押的冲锋队和党卫军的同志们！

《人民观察家报》

日内瓦的新政策；

针对和平条约的平等权利——法国同意了——柏林什么意见？

《福斯日报》

*

现在白昼缩短了，天亮得晚，却黑得很早。柏林的空气肮脏又灰暗。天空乌云密布，有点雾，非常冷。

还有两个星期就过圣诞节了，柏林的圣诞市场开放了，开始卖圣诞树了。一棵长得不错的树卖1.5~2马克，价格比去年低一些。这是节日前的一个好消息。

*

终于，总理施莱谢尔也收到了好消息。日内瓦关于裁军的谈判取得了外交上的突破。美国、英国、法国和意大利将给予德国军事平等权利，条件是所有国家的安全要得到保障。

不管这具体意味着什么。

但是从瑞士到柏林的消息却是明确无误的：长期制约魏玛共和

国的《凡尔赛条约》渐渐瓦解。激进的右翼很快就不再有那么多的争论。防卫军可能会多些士兵，这样共和国才能抵抗内部的敌人。昨天，外长们谈了几个小时。现在，有一份签了名的声明。外长牛赖特说，这已经取得了最大成效。施莱谢尔通知：签字！他没有向部长们征求意见，他根本都没有告诉他们。

*

年轻的女诗人玛莎·卡乐可，1907年生于西加利西亚，在犹太社区中心的女子学校上学，后来在德国犹太组织"工人福利处"从事办公室职员的培训工作。1928年，21岁的她嫁给了比她年长9岁的记者索尔·阿隆·卡乐可，卡乐可是个美国人。一年后，22岁的她开始发表诗歌。现在她把一本诗集卖给罗沃尔特出版社（Rowohlt Verlag），下个月就会问世："抒情的随笔小册子，来自日常的诗句。"

30年代初，她出入于文学咖啡厅，第一次得到了女抒情诗人的称号。柏林"罗曼斯咖啡馆"是个著名的艺术家聚会的地方，在那里，一位出版社的编辑与她攀谈。一段时间以来，他一直剪下她在报纸上发表的诗，并收集起来。"给我看看您所有的诗"，他跟她第一次见面时说。她将获得销售额的10%，并得到200马克的预付款。

第一场雪

一天早上，房间亮了起来，
你忆起：又到了这个季节，
降温了，雪也降下来。

——又到了嗓子痛的季节。
……真想再回到十四岁：
圣诞假期……带着雪橇出去！
如果某处有一所小房子，
我们就不用流鼻涕。

门前几株积了雪的冷杉，
离城里还需要好长时间。
没有办公室，没有电话。
——几乎没有必须要做的事。

……几天没有任何事情发生！
有几个小时，什么也不知道。
不属于你的东西，
又谈什么失去。

*

这个星期天，施莱谢尔在国防部，最重要的人还在工作。布雷多在给施莱谢尔准备广播讲话。他写道："我认为有必要向各方各派提醒一点，军事任务并不是青年和党派的事情，而是由防卫军专门全权负责的事情。"布雷多是军官——慢慢地，也像他的总理一样。党派的私有军队会使他感到恐惧。但是如何削弱冲锋队，并让这些训练有素的军人为国防服务，并与共产党斗争呢？怎样才能不完全激怒国家社会主义党，又在施莱谢尔的讲话中阐述这一点呢？布雷多挖空心思想内容，表述让别人去做。他不是个善于修辞的人。他的上司施莱谢尔也更关注事实，而不是情感方面的言辞。这值得

/ 12月11日，星期日 /

吗?他的几个知己担心施莱谢尔的讲话对于选民来说后果会很严重。但是还有四天时间用来斟酌语句。

*

即使在国外,大家也想仔细听听施莱谢尔要说什么——特别是在美国。喜欢数字的记者克尼克博克认为,德国对于美国来说,关系到40亿美元。这笔巨款超过美国国民财富的1%,超过在任何一个欧洲国家的投资。他还引用了更多事实:38%的外国直接投资是来自美国的。因此,共和国的垮台、政治风向往极右偏转或共产党独裁将是由此而来的一场灾难。人们必须致力于在国家中保持私人资本主义。

*

英国作家克里斯朵夫·伊舍伍德观察了柏林购物街圣诞节前的熙熙攘攘。他写道:"整个陶恩沁恩大街站着许多人,他们在兜售明信片、鲜花、歌曲本、发油和手镯。圣诞树在电车站台间堆着。穿着制服的冲锋队队员把募捐盒弄得嗒嗒作响。满载警察的货车在小巷中等着,现在,人群的每一次聚集都可能发生一次政治起义。"

*

来自美国工会的亚伯拉罕·普洛特金已来德国几个星期了。他一直问自己:这是一个什么样的国家?怎样解释极端分子的崛起?"每个人都告诉我德国中产阶级破产了,"他若有所思地记录着,"可是我亲眼看到的东西很难反驳。我所到之处,店铺都开着门,很少见到空荡荡的店铺。我在美国正常时间看到的空店铺比这里非正常时间看到的还要多。"

*

"西部百货大楼",也就是柏林选帝侯大街的卡迪威(KaDeWe),节日生意红红火火。儿童溜冰鞋 3.5 马克,电动烤面包机 9.75 马克,带闹钟的夜光旅行表 12.5 马克。今天,装点节日气氛的百货大楼一直开到晚上 7 点钟。三楼举办冬季运动展。卡迪威找来了名人进行促销,甚至请来最有名的女演员莱尼·里芬斯塔尔在那里签名。今年如期上映的《蓝光》(*Das blaue Licht*)还由她出演,她本人像往常一样出现在剧中,是个冷美人。此外,她自己也担任导演。以《白色沉醉》(*Das Weiße Rausch*)还有《帕鲁峰的白色地狱》(*Das Weiße Hölle vom Piz Palü*)而闻名,里芬斯塔尔当然最适合冬季展了。

*

奥托·梅斯纳,兴登堡的国务秘书,会见了美国大使。他对弗里德里克·M.萨克特说,希特勒和斯特拉瑟之间的决裂"非常严重"。斯特拉瑟和弗瑞克已经做好准备,并愿意支持施莱谢尔政府。"国家的大部分"都是支持施莱谢尔政府的,国会是"可塑的",也许从现在到复活节要休会,梅斯纳对此很满意。

对美国人来说,这是明确的信号。施莱谢尔坚定地坐在宝座上,迎来了平静的几个星期——自身的人事问题被掩盖起来。

还是梅斯纳想麻痹来自美国的、神经紧张的放贷人?

在给美国国务院的一份报告中,萨克特说:总理冯·施莱谢尔用"手腕和能力与周围的人周旋,这些手腕和能力与他前任挑衅的

/ 12月11日,星期日 /

方式形成了鲜明的对比,而目前的平静可能就是这样达到的"。但是"预言国家社会主义党的公开分裂还为时过早"。

*

欧司朗在报纸广告专栏为"电动圣诞蜡烛"做广告:"这种蜡烛不滴蜡油,易于安装,价格便宜,只需要购买一次。和真蜡烛一样可以渲染气氛。无火灾危险。"

*

罗沃尔特出版社推出了汉斯·法拉达的新书。《小人物——怎么办?》(*Kleiner Mann-was nun?*)已经印刷了35000本,每本卖4.5马克。故事发生在世界经济危机期间,讲述了普通人的困境。这部小说的英雄是会计师约翰·品内贝格,他的女朋友爱玛为他怀孕,他就与之结了婚。二人过着快乐的生活,直到品内贝格失业。一场震撼人心的戏剧。

在这种时候——人们会愿意读这样的书吗?

*

这时社民党也发生了一场戏剧。社民党想保卫共和国,却不知道该怎样做。它受到来自左右两派的压力。共产党抢走了它的选民,国家社会主义党削弱了它国旗团的成员。施莱谢尔呢?如何与新总理周旋呢?

古斯塔夫·诺斯克,汉诺威行政区最高长官,他主张与施莱谢尔合作。工会的莱帕特先生和格拉斯曼先生也想如此,他们已经在与新政府会谈。由于帕彭的普鲁士政变，普鲁士的内政部部长卡尔·泽韦林于 7 月 20 日被强制解职，此后，他只是有名无实。现在就连他也表达了容忍新内阁的意见。但是，许多年来一直支持魏玛共和国的老社民党却不能成功地形成一个统一方针。讨论继续进行。

*

自今年 6 月以来，兴登堡住在总理府，威廉大街 77 号，这里是尊敬的奥托·冯·俾斯麦从前的官邸。引退的总理帕彭仍然舒服地住在威廉大街 74 号的内政部，他的公务住房中。施莱谢尔给他提供了一个在法国的外交职位，他拒绝了。这也是兴登堡请求的结果。如果总统有紧急事务需要他，他也只需带着花园大门的钥匙，步行数十米穿过外交部的草地来到总统和他儿子奥斯卡的私人房门前。

对于新总理施莱谢尔来说，这真是一种不能忍受的状态。虽然他可以把帕彭从住处请出去，自己搬进去。可是这样就会成为一个轰动事件，媒体及政治对手会肆无忌惮地利用这件事。国防部在本德勒大街有一个公寓，此时，施莱谢尔和他的太太伊丽莎白刚入住这一公寓。

本德勒区离威廉大街有很远一段路，但这么快又搬家也没必要，况且还要带着伊丽莎白与前夫 11 岁的女儿，还有多年的厨子玛丽·君特尔，以及两只腊肠狗。

*

兴登堡的国务秘书奥托·梅斯纳直到最近一直和他的家人住在总统府，对兴登堡来说招之即来。现在这么热心服务的人也搬到了本德勒大街，因为总统府在装修。我们不能指望任何人从大老远赶过来，只探讨几件事，互相说一些关于国会政客的闲话，反复思考

/ 12 月 11 日，星期日 /

一些忧虑，想出几个解决问题的方法。兴登堡的确任命施莱谢尔当了总理，但是他却更愿意在深夜里跟帕彭闲聊政治，而不是跟梅斯纳。

*

施莱谢尔知道这一点——而且为此忍受着折磨。帕彭在打什么鬼主意？他总是习惯称帕彭为"小弗朗茨"，而且他相信自己使帕彭失去了影响力。

施莱谢尔吩咐他在国防部的人监听总理府的电话。对于国防部的专家来说这根本不是问题，监听也是为国家着想，施莱谢尔要保卫祖国免受灾难。但是兴登堡用不了电话真是糟糕。总统有什么需要告知的，就写在小纸条上。他把记录一些想法的笔记本锁在卧室的保险柜里。

*

晚上，约瑟夫·戈培尔登上火车，他要去慕尼黑。一整天他都在他的管辖区动员所有官员向希特勒效忠，从一个地方到另一个地方，并在勃兰登堡区会议上做了2个小时的演讲，用最严厉的言辞批判了脱党者。在车厢里，他放松下来，读报纸。他听到外面走廊里有人窃窃私语。这让戈培尔好奇起来。他打开门。啊！他的"元首"站在他面前。希特勒从莱比锡来，在萨克森，他要求他的政党与破坏分子做斗争。戈培尔无比钦佩这种果敢。

/ 12月12日,星期一

　　新的裁军基础;
　　协议陈词滥调:承认平等权。欧洲和平协定——德国重返会议。
　　《福斯日报》

*

　　国家总统兴登堡邀请大家参加一个重要会议。他接待了议长戈林和普鲁士议会议长汉斯·凯尔。施莱谢尔和梅斯纳也来了。
　　是关于普鲁士政变的事,一个非常复杂的话题,整个法律界都在忙这件事。这里只有这些记录:戈林说,在普鲁士组建政府非常迫切——因为最高法院在判决中要求这样做。兴登堡回答道,他不允许在国家和普鲁士邦之间出现权力斗争:只有普鲁士的新总理同时也是国家政府成员,他才允许。他难道是想通过这个办法诱使国家社会主义党来支持他吗?
　　国家社会主义党要求:戈林必须成为普鲁士省长。但在国家政府中,他们只接受希特勒做总理——因为这是希特勒一直坚持的。
　　形势失控。

*

　　在前德意志帝国皇帝威廉二世所住荷兰多恩(Doorn)的房子中,仆人们制服了一个入侵者。下午,在无人注意的情况下,这个人爬到了房子的墙上,溜进了房子里。工作人员在塔楼里发现了他;警察逮捕了他,并在他身上发现一支手枪和一把匕首。警察认为,这个人是计划谋杀流亡中的君主。

*

国会预算委员会会晤,主题是为生活困苦的人提供冬季援助,以及他们的财政问题。国家人民党议员莱恩霍尔德·乔治·库阿茨观察着各个党——国家社会主义党、社民党和中央党——竭其所能,用尽手腕。所有人都试图掩盖在冬季援助方面的退缩。库阿茨确定施莱谢尔政府处于优势地位,所有党派都对议会的重新解散和由此进行的新选举感到恐惧。即使共产党也显得格外驯服。

*

汉堡"布洛姆福斯"(Blohm+Voß)大型造船厂抱怨生意不好,企业盈余比上一年减少一半。今年股东没有分红。由于没有新订单,明年的前景看起来一点都不好。造船厂的管理者们费力地开始一些项目,至少让一些工人有活干。为美国富豪打造的一艘豪华游艇"撒瓦罗纳号"刚刚下水,目前在建两艘汉堡—美国航线的柴油机船。可是此后怎么办?

*

晚上,社民党成员在斯图加特会晤。库尔特·舒马赫从柏林赶来,为他家乡的同志们讲述了一下这些天的印象。舒马赫,38岁,社民党的接班人,严厉斥责"施莱谢尔式的精神变态"延伸到德国媒体。新总理代表进步和放松,但是我们不要被蒙蔽。施莱谢尔是"本德勒大街的办公室的波拿巴",并不是帕彭的对立面,而是一个

"机会主义者,不管一切现代浪潮,他是个专制国家的人,一个反民主主义者,一个君主主义者,一个被自身渊源和等级所禁锢的人"。所以舒马赫要求,社民党要百分之百地与之对抗。

舒马赫是社民党中最年轻的议员之一。大家都认为他富有进攻性,是党内坚定的人物之一。他严厉拒绝对于帕彭的前任布吕宁的容忍政策。他也与国家社会主义党一直对着干。在全体大会的讲坛上,他称国家社会主义党的宣传鼓动为"呼唤人内心深处的魔鬼"。从那时起,国家社会主义党人就开始恨他。他也必须要为他的勇气付出代价。他在家乡斯图加特领导社民党,即使在那里,没有国旗团的贴身保镖他也不敢再活动。他也不再在城堡花园咖啡馆、小酒店或人气很旺的餐厅会见同志,而是在私人住处。安全当然才是最重要的。

*

在格拉德巴赫—瑞德,这个晚上是在一场斗殴中结束的。很多冲锋队队员讨论希特勒和斯特拉瑟之间的争执。一伙人将斯特拉瑟被迫离开称为丑闻,另一伙完全支持"元首"的队员殴打了他们的同志。队长试图阻止同志们的斗殴,但是徒劳无功。直到警察来了才解决问题。

/ 12月12日,星期一 /

12月13日，星期二

针对日内瓦的德国行动计划；
防卫军的安全、裁军和变革。
《福斯日报》

权力或是斗争？
元首不妥协的政策在西里西亚和萨克森区产生了暴风雨般的共鸣。
《人民观察家报》

*

早上10点钟，第一届"圣诞展会"在柏林莱尔特火车站开幕。对于忠诚的国家社会主义党人来说，给他们的情人买礼物是义不容辞的事。接下来的三天，展会将开到晚上10点。6点到7点，福泽尔乐队奏军乐。门票25芬尼，无业人员和儿童10芬尼。

*

弗朗茨·冯·霍尔奥夫将军，国家社会主义党军事办公室在慕尼黑褐宫的领导，他给威廉王储写信——施莱谢尔收到了这封信。"昨天在与弗瑞克单独进行了两个小时会谈后，"霍尔奥夫倾诉道，"我确定他与斯特拉瑟极端对立。格里高·斯特拉瑟还是远走了，他今晚从罗马打来电话。由于孩子们的缘故，圣诞之夜他想回来。"现在国家社会主义党的事态会怎样发展呢？弗朗茨·冯·霍尔奥夫对此进行了思考，也思考了怎样阻止希特勒：格里高·斯特拉瑟必须站出来领导运动。然后希特勒必须与国家社会主义党决裂，而不是和斯特拉瑟。他最后提出要扮演中间人的角色："如果殿下或冯·施莱谢尔先生目前有什么想告知格里高·斯特拉瑟的，我可以随时效劳。"

*

贝拉·弗洛姆在"柏林外交官"栏目中说起美国大使夫妇宴请宾客的事情。萨克特夫人，一位非常高贵的女士，她邀请大家去玛格瑞特汉斯大街19号。几乎所有大使与领事都到了，他们中有外交部的高级官员。男爵夫人冯·牛赖特，即外交部部长的夫人，还有国务秘书梅斯纳的夫人也在客人之列。高级官员们也参加了节日庆祝会，其中包括哈玛施坦因和上校布雷多。

贝拉·弗洛姆喜欢这个布雷多，并不仅仅是因为她对防卫军的官员没有抵抗力，而且因为布雷多还是个老朋友，并且很能干。她经常与布雷多见面，最后与布雷多的上司，也就是冯·施莱谢尔也成了亲密的朋友。对于施莱谢尔，这个女记者简直是崇拜。他有一种不可抗拒的吸引力。一个有远见的男人，偶尔非常辛辣，但是他的声音非常好听——他的笑声真是悦耳——笑起来也好看。可惜的是，这个"永远的单身汉"去年结婚了。尽管如此，他与贝拉·弗洛姆仍保持非常私密的关系。不用打招呼，她也能随时去他那里——这是将军的一个指示。"您一直都是我忠实的同志"，有一次他对她说，并抚摸着她的手臂。

*

防卫军小组和军事地区指挥官的会议开始了。施莱谢尔发表简短演说。还要努力争取达成与斯特拉瑟领导下的纳粹的合作。如果

／ 12月13日，星期二 ／

希特勒不成全，就会发生斗争。"这可不仅仅是被蚊子叮一下！"施莱谢尔喊道。他说得很暧昧，但是却谈到"国家社会主义党在条件允许的情况下，可能会采取的措施"。

媒体报道称国家社会主义党不断获得政府职位，现在，军官们不必为此感到奇怪：为了击溃他们，施莱谢尔说，必须要给他们责任。总理在他的军官精英面前表达的意思，希特勒应该不久就会知道。毕竟他在国防部有很多支持者。施莱谢尔当然知道这些。像他这样的人都喜欢通过关系沟通。

*

戈培尔还在慕尼黑。有消息从柏林传来。终于有个开心的理由了。他最喜欢的宣传工具《抨击报》在一年里的盈利是 6 万马克。这样，他管辖区里的一大部分债就能还上了。

*

社民党主席的一个宣传单上罗列出了国家社会主义党发动的军事干涉。"阿尔特马克① 现在还一直有显著的纳粹恐怖。最值得注意的是，上次选举，纳粹入侵我们的集会，四处抢夺话语权。我们的农业工人害怕恐怖袭击，这种恐怖袭击总是会引起裁员，如果他们都在当地，就得忍受这一切。在另外一种情况下，冲突是不可避免的，这些冲突，我们在阿尔特马克几乎天天都有报道。我们的官员几乎都不敢出去，因为他们总是不得不想到史无前例的恐怖袭击。"

社民党主席建议，礼堂将来要用自己的力量来加强防护。

---

① Altmark，位于萨克森—安哈尔特州北部地区。

12月14日，星期三

希特勒的明星的坠落。
《福斯日报》

两个内阁垮台了！
在法兰西和比利时。
《抨击报》

与人民的敌人不存在休战！
《红旗报》在第50次被禁后又投入战斗。
《红旗报》

*

晨报宣布，总理施莱谢尔将于明天，也就是周四在广播里发表就职演说：晚上7点钟，播音员的声音将在整个国家传播。整个演说将持续一个小时。在美国可以听到简短的英文版本。

*

11点钟的部长会议，施莱谢尔当然是第一个发言人。他首先向所有人宣布：不要给报纸杂志的圣诞及新年特刊写东西！这在过去几年一直制造麻烦。不要留下话柄。目前一切已经很复杂了。不要有任何轻率的行为！以往几届政府都不堪其扰。

问题是：长久以来，施莱谢尔并不信任他内阁中的所有部长。他很想更换由帕彭任命的一些官员，可是兴登堡并不一定配合。施莱谢尔只能与那些能接受旧的官员的人一起统治。

最紧迫的话题是冬季援助。社民党要求，所有需要帮助的人从12月到次年4月每个星期得到2公斤面包，还有半公斤肉和1000公斤的煤，这些费用由国家承担。国家将为此花费4亿马克。作为反对党，他们可以很轻松地提出这些要求。但是对于财政部部长施未林·冯·科洛希克来说很清楚的是：这显然与国家财政状况不一致。他向议员宣布，政府只在财政能力范围内提供援助。他的建议是：已经降了价的煤和肉再继续降价，这样冬季援助的额外费用只需要2000多万马克。

那面包和牛奶怎么办？内政部部长意识到这种分配对于后勤有多么复杂。部长们陷入争执。

最后施莱谢尔终止了争论。主管的部长们在小范围内讨论面包和牛奶怎么处理。然后他要求内阁考查一下，怎样解决依靠小额保险金生活的人的困境。这是总统的意愿。劳动部部长马上建议提供180万马克援助。

兴登堡的意愿对内阁来说就是命令——总统总是用这种方式来干涉日常政治。施莱谢尔没有选择。兴登堡想做的，他必须执行。

*

国家社会主义党在慕尼黑审查他们的一份杂志。《观察家画报》今后不允许再出现。这份刊物上印了个图画故事："人与性格：格里高·斯特拉瑟"。四幅图片展示了斯特拉瑟站在讲坛旁，有力的手势，伸出的食指，伸展的臂膀。在一张图片上，画面定格于"元首"在上斯陶芬拜访斯特拉瑟，因为斯特拉瑟滑雪受了伤，直到今天都还没有痊愈。这一段说："我们都认识他，这个穿着褐色衬衫的巨人，在政治斗争的暴风雨中如橡树一样屹立的人，格里高·斯特拉瑟，典型的巴伐利亚人，身材魁梧，性格和精神都坚强有力：是希特勒的追随者中最受欢迎的人之一，即便是最仇恨他的反对者，对他的尊敬也油然而生。"这可真是不合时宜。

*

德国工业界都在悲伤，他们为帕彭政府感到悲伤。德国工业协会会长阿尔弗雷德·克虏伯在协会主要委员会议上说："我们希望施莱谢尔政府小心维护帕彭计划的基本原则，小心处理这个或那个集团的修改意见，最重要的是防止危险的信贷及货币政策。"克虏伯，共和国最著名的企业家之一，又说："就此而言，我由衷地说，冯·帕彭先生在职期间所做的一切非常值得感谢——不仅狭义的工业界，广泛的民众圈子都要为此致谢。"

信息很明确：施莱谢尔应该继承帕彭的亲工业界的政策。但施莱谢尔认为亲工业界政策将德国推向了内战边缘。

*

总统为冯·恩斯特·刘别谦①夫妇安排了一次活动，奥托·梅斯纳做东道主。这种活动当然少不了贝拉·弗洛姆。她对刘别谦评价甚高，认为他是个卓越而又有趣的导演。40岁，早已征服好莱坞，拍摄了很成功的电影，成为沙龙喜剧大师。仅在今年，就有《乐园的烦恼》(*Ärger im Paradies*)、《和你一小时》(*Eine Stunde mit Dir*)、《如果我有100万》(*Wenn ich eine Million hätte*)三部电影上映。贝拉·弗洛姆委婉地问刘别谦为什么不想在德国长住。"已

---

① 德国一位电影导演，对于喜剧电影影响很大。

/ 12月14日，星期三 /

经过去了,"他回答,"我要去美国,长久来看这里没有什么好的了,在好莱坞,每天阳光普照。"

*

间谍防卫开始了。一份电报呈交给了施莱谢尔,这是他的密探截获的。直接隶属于国防部部长的防卫军军事情报部门监视一些主要的国家社会主义党人,其中也有赫尔曼·戈林,毕竟他是议长。如果间谍活动突然暴露,当然是个确确实实的丑闻。但是这一活动并没有暴露。施莱谢尔并不情愿分享他所知道的事情。充其量也只能在小圈子里讲一下防卫军军事情报部门到底窃听了谁。就连海因里希·布吕宁在任总理期间也经历了一些奇怪的事,他很怀疑国防部部长:发出咔嗒声的电话,从壁炉里伸出来的金属线,来到他办公桌前的陌生人。布吕宁引退后,帕彭委任的内政部部长冯·盖尔甚至雇了一名侦探,以使自己免受暗中监视。过度紧张,偏执狂?或者这就是正常的现实?

该电报是由意大利使馆向罗马的外交部发的。主题:大使翟禄第与戈林于12月9日会晤,探讨如何控制普鲁士,控制普鲁士警察。

施莱谢尔阅读后表示赞同。他应该是对他的秘密情报人员表示满意。哪一个军官能拥有这么好的政治关系网,如此了解情况,并精明地在幕后操纵一切呢?有一次施莱谢尔在国防部一名工作人员的报告上胡乱写道:"可惜,我没有成为自大狂的天赋。"

去年,情报部门还在上校布雷多的领导下钓了条大鱼。他们获悉了一份戈林发给翟禄第前任的电报内容——在电报中,戈林提到了国家社会主义党起义的计划。

12月15日，星期四

德国国家人民党的拒绝；
在普鲁士没有达成联合执政的谈判。
《福斯日报》

在希特勒的压力下；
施莱谢尔除掉了帕彭！
《抨击报》

*

夜里，不明案犯闯入亚历山大购物长廊（Alexanderpassage）的肉铺中。他们打破三面墙，并冲进肉制品贮藏室。他们偷了香肠和火腿——300公斤的赃物。几公里之外，在威丁：多个肇事者抓住女售货员，其他人则抢东西。他们带着价值100马克的物品逃走。在另一家店里，15名年轻人将陈列窗里的桌子和上面的货物洗劫一空，将双肩袋装得满满的，骑上自行车逃走了。警察来得太晚了。

*

国防部的官员再次与共产党打交道。布雷多定期向施莱谢尔汇报共产党的宣传活动，以及意图分裂防卫军的文章。1930年时，军方就试图处理这件事。他们在军营中散发传单："如果你为了一点儿赏金向共产党特工泄露军事秘密，那简直就是个无耻的混蛋。因为你犯了叛国罪，把最大的敌人送到了你的家乡。"所谓的"钟表公告"已经出现了一段时间：告发共产党文件的传播者，将获得一只钟表作为奖励。

现在军方准备采取强硬措施对抗共产党。布雷多在给他上司的"简报"中写道，国防部针对共产党制定了一项特殊规定。"这项工作是有计划进行的。形势的进一步发展有待观察。然后我们就会明白需要采取哪项措施。"

*

晚上7点整，库尔特·冯·施莱谢尔的声音在德国上千个客厅及酒馆里响起。新总理的广播讲话是这一天的大事。

许多城市都在讨论这一消息及与此相关的党派活动：社民党、共产党和国家社会主义党邀请了他们各自的支持者，共同收听这一讲话。没有观众，只有必需的广播技术人员：这能使施莱谢尔感觉良好。但是他僵坐在一个大麦克风后面，穿着浅色西装，看起来很局促。他的表情是忧心忡忡的。

"我带着最沉重的心情接任总理这一职位，"他这样开始，"一方面，我不想成为我的朋友帕彭的接班人。这个无畏而又完美的骑士，他的影响很晚才被认可，这一影响充满了最纯粹的意愿和高度的爱国情怀。特别是国防部部长作为总理有独裁的味道，而且这两个职位的结合会使防卫军深深地卷入政治中，这一危险并不是显而易见的。"

施莱谢尔的句子有些支吾搪塞，他的想法很复杂。一位总理这么讲话会赢得民众的信任吗？他真的说帕彭是个"无畏而又完美的骑士"吗？

"考虑到这样的措施能明示情势的严峻，并给煽动者降温，能降低国防力量的实际投入，我才消除之前的顾虑。"

施莱谢尔说，他只是想被当作"紧急时刻各阶层民众利益的超党派的暂时代理人"。不，他没有打算建立军事独裁："坐在刺刀尖上坚持不了多久，也就是说，长期来说，没有广泛的群众支持无法统治。"他的政府只追求一件事:"创造就业!政府在下个月所采取的全部措施都或多或少地以此为目标。"

*

所有部委和机构代表聚集在国防部。主题是"模拟游戏"的结果,这一"模拟游戏"是由奥尔根·奥特领导的。议程上有"对抗政治罢工"和"在政治紧张状态下,紧急状态的准备措施"。受布雷多邀请,军方第二重要的人物参加了会议。他的上司没有时间出席。他正在给全民进行广播讲话。

*

施莱谢尔这时详细地谈论创造就业机会的计划。收音机前人们是否充满期待地坐在那儿?他们是不是互相发出嘘声要求保持安静?还是很多人已经关掉了收音机?

有一些想法值得注意。德国是分裂的,但施莱谢尔表示他对此并不感兴趣:"我得多离经叛道,才能承认我既不是资本主义也不是社会主义的追随者,对我来说,'私人或计划经济'根本没有意义,非常简单,因为经济生活中再也不存在这么纯粹的概念,也绝对不可能再存在。"

然后库尔特·冯·施莱谢尔称自己为"福利将军"。

政治是树立自己的话语模式的艺术,对于既想得到援助又想被领导的人民来说,"福利将军"有可能得到他们的支持。

*

约瑟夫·戈培尔听到了总理的讲话。非常浅薄、平淡,有意这

/ 12月15日,星期四 /

么随便,他判断道。施莱谢尔承诺的太多了。再有几个星期,戈培尔预测到,所有的幻觉都会破灭。

*

保罗·冯·兴登堡呢?没有任何消息。总统终于获得些安宁,因为总理的第一天过去了。

施莱谢尔需要展示他到底能做些什么。

寂静的夜

1932 年 12 月 16 日至 1933 年 1 月 1 日

/ 12月16日，星期五

施莱谢尔威胁对共产党实施紧急法令！
《红旗报》

施莱谢尔的一个小时。
帕彭依靠防卫军这张最后王牌，尝试统治90%的人口。施莱谢尔想避免投入防卫军，他知道不能简单地扭转这种关系。
《福斯日报》

懒惰的妥协政策；
施莱谢尔蹩脚的政府计划。
《抨击报》

*

晨报详细报道了总理的广播讲话。许多社论文章说，先让他做起来。许多报纸在背面刊登了整个讲话内容，或是摘录了一部分。正如所预期的那样，共产党和国家社会主义党的报纸表达了最严厉的批评，社民党也表示怀疑。"福利将军"——这怎么可能？

*

希特勒回到柏林。他让普鲁士议会中的国家社会党人聚集在戈林阔气的公寓中。国会中有162名该党派议员。国会议长的风格很快就被描述出来：戈林喜欢所有又贵重又宏大的东西。他的工作间整个都是红色的，这已经让拜访者误以为古罗马的尼禄皇帝充其量也就住在这样的地方。

今天的主题是大政方针。国家社会主义党该怎样应对总理？希特勒明确表示：党派中不容许有异见分子，斯特拉瑟的分裂已经够让人不愉快了。希特勒说，施莱谢尔认为自己只是暂时代理人的态度愈发明显，毕竟他从政府前任的命运吸取了教训。昨天的演讲薄弱且蹩脚。这一演讲表明：如果冯·施莱谢尔先生站在公众舞台上，那些他在后台展开的巨大干劲就所剩不多了。"我们的意愿和道路很清楚了，"希特勒对议员们说，"我们决不能偏离目标。我们有德国青年，我们有巨大的勇气，还有最强烈的意愿，我们最坚韧。对于取得胜利，我们还缺什么呢？"

*

如果施莱谢尔的策略能成功，他还需要"铁锋"①的支持：工会、国旗团和社会民主党。他们的主要代表在柏林会面。如何应对施莱谢尔？毫无疑问，总理在示好。但社民党想和政府做斗争。社民党主席奥托·威尔斯敦促大家避开"辩论的折磨"。"铁锋"不能露出任何破绽。

可是工会却想继续与施莱谢尔合作。大家在争执中分裂。

*

国家社会主义党的危机继续酝酿。他们在汉堡议会的党团负责人要被取代——因为他公开为斯特拉瑟站台。明天希特勒将会到这

---

① Eiserne Front，在魏玛共和国成立的反纳粹、反君主制和反共产主义的准军事组织。

个汉莎城市参加"元首会议"。

此时正逢黑森人民邦的大区领袖卡尔·林茨卸任，他也将卸去他的国会议员之职和党内之职。这并不是自愿的。但他是斯特拉瑟的人——根据希特勒的命令，他也必须要休假。最近，国家社会主义党的高官今天这个病了，明天那个病了。

现在斯特拉瑟在法律方面又遇到了新麻烦。他的弟弟奥托·斯特拉瑟发表了一篇文章，控诉了"国家社会主义党中的恐惧和怯懦"。阿道夫·希特勒愤怒了。一个格里高·斯特拉瑟从前的追随者来拜访希特勒，想为从前运动的二把手说句好话，希特勒痛斥了他。

戈培尔却欢呼起来，并对这种"失败的愤怒"进行了嘲讽。现在格里高·斯特拉瑟在党内可能已失去了大多数人的支持。

*

新总理的讲话使许多工业家感到震惊。汉莎商贸及工业联合会（Der Hansa-Bund für Gewerbe, Handel und Industrie）主席恩斯特·莫西奇在写给总理的一封信中说，"最广泛的商业企业主对于昨天总理先生的广播讲话绝对没有共鸣"，这"并不像今天市民报纸上所说的那样"。

"对于重建工作和经济重建的意愿，有多么强烈的心理障碍"，政府首脑对此"不应该不清不楚"。施莱谢尔关于资本主义和社会主义的讲话，掌握公司命运的人非常不喜欢。如果帕彭掌权是不会出现这种混乱的情况的。

如果施莱谢尔的社会福利政策、对工人及其政治代表的亲近态度是认真的，他就必须心悦诚服地接受这些话。

/ 12月16日，星期五 /

*

  亚伯拉罕·普洛特金这天晚上也在路上。为什么共产党和国家社会主义党最近在交通公司罢工一事上合作？他对这件事感到很奇怪。这些日子，无论何时，每当在德国人面前提起这件事，他都会被人嘲笑。这不是很清楚吗，跟他谈话的人说，就是联合起来对抗社会民主！

  普洛特金决定，他也要近距离地观察一次纳粹。关于他们的聚会，有一些传奇的事情在流传。他一大早就出发了，因为他听说，如果是这位富有魅力的政治家讲话，就会非常拥挤，这个政治家就是戈培尔。

  活动应该是8点开始，6点开门，普洛特金7点到了那里。当他从公共汽车上下来时，他看到数十名警察和数十名身穿黑色裤子的纳粹。他很生气，难道他来晚了吗？但他很顺利地花了1马克买到了门票。

  体育馆。这个地方总是在上演伟大的战斗、伟大的演讲和伟大的空话大话。这个体育馆是1910年11月开放的，在波茨坦大街172号，一开始是作为室内滑冰场。马克斯·施梅林① 在这里战斗过，这里定期举办博克啤酒节，最重要的是，这个体育场是大型党派集会的舞台。这里最多能容纳10000名观众。但是当普洛特金进入华丽的大厅时，却很失望。该建筑呈椭圆形，形状像"O"。后面部分被一个帘子隔开，前面是乐队和演讲者的舞台。他估计大厅里能容纳5000人，上面三个阳台还能再容纳10000人。但是现在也许不到2000人。普洛特金觉得，年轻的纳粹尽管穿着制服，看起来

---

① 一位德国拳击手。

却很沮丧很失望。快 8 点时，现场也许有 7000 人，其中至少 1000 人是穿制服的。

8 点整，200 人的乐队庄严地开始演奏，但是掌声很弱。是因为国家社会主义党的内部纠纷吗？还是因为政治集会被禁止？这肯定不对劲，普洛特金想。一切似乎都毫无灵魂，让人觉得他们共同的意识形态溜走了。

音乐家们演奏了半个小时，普洛特金四处溜达，研究观众。一半观众是中年女性。8 点半，大家都伸着脖子，一队乐手鱼贯而入，后面是两队穿着制服的人，拿着巨大的卐字旗。这时大厅里的人都举起胳膊行希特勒礼，其中许多人毫无热情。普洛特金突然想：这种漫不经心地将手举过头顶，特别像老妇人招手的样子。鼓手到达舞台时，乐队又演奏起来，"大楼中的每根柱子都在颤抖，"普洛特金后来记录道，"整个晚上只有这一刻，观众是投入的。"

哪儿有狂喜？哪儿有群众的融合？传说中的国家社会主义党人的活动就是这样吗？普洛特金感到奇怪。这种有气无力的表演。国家社会主义党让他想起了祖国的三 K 党，他们最后的人气也急剧下降。

乐队站到舞台上，一直演奏到 9 点。周围群众向党卫军呼喊"希特勒万岁"。他们中的一个人走到话筒前，他说国家社会主义党人同意政治休战，而这个承诺在德国是最有价值的东西。微弱的欢呼，多数在大厅里的人都沉默。

他说，下面由戈培尔博士上台讲话，但是他今晚不会谈及政治。一个女人喊道：那不对！热烈的掌声响起来了。

为了这，听众要花 1 马克买票入场？

普洛特金看够了。这就是那个对于德国及世界的臭名昭著的威胁？他想，一场拳击比赛都要比这个刺激多了。

还没等约瑟夫·戈培尔走到台上，他就离开了体育馆。

/ 12月16日，星期五 /

*

国家社会主义党到底怎么了？德国国家人民党的国会议员莱恩霍尔德·乔治·库阿茨拜访国务秘书梅斯纳。这是他们的一次秘密谈话。是的，斯特拉瑟在国外，但是梅斯纳说，施莱谢尔一直都算计着要分裂国家社会主义党。总统和他周围的人都对这一策略有所保留。兴登堡还依赖着帕彭。

关于施莱谢尔，总统那里的态度如何？梅斯纳说，气氛很冷。

*

晚上，弗朗茨·冯·帕彭终于又隆重出场了。极端保守主义的"绅士俱乐部"①邀请大家参加年度晚宴——前总理做节日致辞。700位客人涌入离勃兰登堡门非常近的科罗尔剧院：有政治家、工业家、军官。一年前，这里演出了莫扎特《费加罗婚礼》的最后一幕。一部充满了阴谋、欺骗和复仇的歌剧。后来由于费用过高就停演了。现在帕彭提供了好的谈资。他捍卫自己6个月的执政，赞扬东道主"绅士俱乐部"，也稍带提了一下国家社会主义党——这是不是一种慎重的接近呢？帕彭也为施莱谢尔想了些友好的话语。毕竟施莱谢尔在昨天的广播讲话中也赞美了他。帕彭说，他的朋友及继任者有明确的计划，施莱谢尔的聪明才智，还有他工作人员的专业知识和精力值得充分信任。

这是不是迷惑人的赞美呢？只有工作人员才有专业知识？也许值得注意听听。

---

① Herrenklub，魏玛共和国大地主、大工业家、银行家及高官联盟。

有个人特别值得注意：科隆银行家库尔特·冯·施罗德男爵。吃过饭后他同帕彭攀谈起来。与阿道夫·希特勒就政治状况进行交流是不是很有吸引力？施罗德说，他可以安排一次会面。

为什么不呢？帕彭同意了。

施罗德对国家社会主义党人表示同情，即便他并不是党员。他所属的"凯普勒圈子"① 是一个精英实业家团体，他们想让国家社会主义党掌权。11 月，很多企业家给兴登堡写信，要求把权力转移到希特勒手中，施罗德也是其中之一。

*

"绅士俱乐部"欢庆时，希特勒和他的随从来了，约瑟夫·戈培尔也在。他的"元首"讲述了从前运动时的美好时光。但即便如此，也总会有西格斯特斯（Segestes），一个叛徒。西格斯特斯，传奇人物，曾是日耳曼部落首领，在罗马服役时背叛了切鲁西部落的赫尔曼。

国家社会主义党人的西格斯特斯，也就是格里高·斯特拉瑟，至今在党内还有崇拜者。虽然希特勒与戈培尔对外声称的与此完全不同，但他们都知道事实真相。两人决定用一切手段处理党内同志。每个星期六和星期天，他们都想在下个星期去另外一个区给区代表们讲话，如果不扑灭这场火，它就会把党消耗殆尽。

*

恩斯特·普朗克，施莱谢尔总理府的国务秘书，接到一条紧急

---

① Keppler-Kreis，或称"经济之友"圈，是一群德国工业家，其目的是加强纳粹党与工商界的联系。该组织由阿道夫·希特勒的经济顾问之一威廉·凯普勒组建和协调。

/ 12 月 16 日，星期五 /

警报。一名线人说，帕彭最近在"绅士俱乐部"有与施莱谢尔作对的迹象，而且他与兴登堡的紧密关系对新总理也是个真正的威胁。

可是普朗克并不担心弗朗茨·冯·帕彭："您让他说吧，毫无意义。"他说："没有人会认真对待他的。冯·帕彭先生是个妄自尊大的人。这种讲话就是失败者最后的悲歌。"

*

"海外德国妇女联盟"（Auslandsbund Deutscher Frauen）邀请客人参加舞会。贝拉·弗洛姆当然前来，这是必赴的约。这个女记者称，这个组织变得越来越极端，简直是个极端宣传的传声筒。像"凡尔赛耻辱协约"或"生存空间"这样的词在他们的讲话中频繁出现。这是些国家社会主义党人也很欣赏的词语。但是许多外交官都在邀请之列，所以贝拉·弗洛姆也必须在。威廉王储和他的太太塞西莉娅是当晚的明星。粗笨的伯爵沃尔夫－海因里希·冯·海尔多夫穿着冲锋队制服出现，是晚会中不那么愉快的一幕。他在柏林领导冲锋队，是约瑟夫·戈培尔的心腹，以及戈培尔与施莱谢尔之间的中间人。海尔多夫的一个客人想知道他为什么不穿燕尾服。因为制服表达了他的信念。"如果霍亨索伦家族有什么反对的话，"伯爵继续说，"可以把我赶出去。"

国家社会主义党人在这些从前的贵族中赢得这么多朋友，这让弗洛姆感到非常泄气。她与一位伯爵争执起来，这位伯爵坚信希特勒要复辟君主制度。她这时正在往餐厅走的路上，奥古斯特·威廉王子从她旁边经过。"啊呀，"这个前德国皇帝威廉二世的第四个儿子穿着褐色的冲锋队制服。

现在弗洛姆真的被激怒了。玛格达·戈培尔，君特·宽特的前妻，也转过拐角。作为一名女秘书，她认识了这个工业家，结婚了，后来玛格达出轨，接着离婚了——不久，她结识了约瑟夫·戈培尔。四个月前，这对夫妇迎来了他们第一个共同的孩子——一个女儿。贝拉·弗洛姆不得不承认，今晚玛格达·戈培尔的确非常漂亮。"除了脖子上一条天然珍珠项链，没有别的珠宝，"她记录道，"她金色的头发不是染的，而是真正的金色，闪亮的大眼睛，眼睛的颜色在钢灰色和黑色之间变化，眼里是冰冷的果断和非凡的野心。"

优雅的安德烈·弗朗索瓦-庞赛接近贝拉·弗洛姆。"您喜欢她吗？"他问道。这个法国大使并没有期待回答，"我从来没有见过一个女人有这么冰冷的眼睛"。

/ 12月17日，星期六

在饥饿骚乱影响下的施莱谢尔的讲话；
赢得民众信任的尝试失败了。
《人民观察家报》

废除恐怖条例；
没有延长共和国保护法。
《福斯日报》

*

一个可憎的政府，就应该被推翻。有无所不为的阴谋者，有储藏起来的武器。

但是他们的炸弹爆炸得太早了。叛徒出卖了自己。

在阿根廷，反对军人政权的政变就这样失败了。"激进公民联盟"（Unión Cívica Radical）的追随者们想再次以暴力强制夺取民主。许多人被逮捕，其中包括阿根廷的两位前总统。布宜诺斯艾利斯政府宣布戒严，民权受到严格限制。

在这里，一个独裁国家与寻求自由的恐怖伪君子做斗争。

*

一大早，冲锋队成员在柏林克珀尼克区袭击了一名有轨电车乘务员，该乘务员正在回家的路上，他被伤得很厉害。其中一名暴徒最近还在柏林交通部门工作，11月初，因罢工被开除。前一天夜里已经有一名冲锋队队员袭击了另一名电车工作人员。

威廉大街，总理府。内阁会议 11 点开始。先是一些组织事务性方面的事。部长们要推迟一点他们的圣诞假期。在计划之外还需要一次会面，是有关农业方面的。施莱谢尔将这次会面定在 12 月 21 日下午。没人能说这个政府不作为。

现在到了最重要的议题！创造工作岗位，施莱谢尔不是已经在广播讲话中承诺了吗？现在要落实。总理确定：对人民最有效的支持不是国家补贴的冬季援助，而是为失业者提供工作岗位。这件事，国有集团应该起先锋作用。但根据施莱谢尔所得到的信息，德意志铁路作为公共领域内最大的岗位提供者，在提供岗位这方面做得并不够。还需要紧急协商。

一些限制民权的紧急法令很快就要被废除掉——是为了促进内部和平的。

*

兴登堡是否感觉中了暗箭？国会中代表国家社会主义党的李兹曼将军，在国会开幕时就攻击总统，现在更是加强追击。最近他宣称，坦能堡战役其实是他，李兹曼的胜利。兴登堡最终必须要任命希特勒为总理。

施莱谢尔为此在他的广播讲话中严厉地批评了李兹曼。李兹曼认为他不能这样对待国家社会主义党的老兵。他对国家社会主义党的媒体说，他正处于他生命中"最痛心的失望"中。

兴登堡鄙视不忠诚的行为。在国会里坐着如此不忠诚的人，对这些人发号施令的居然是一个叫阿道夫·希特勒的二等兵。

/ 12 月 17 日，星期六 /

*

来自巴登的重要的国家社会主义党人在卡尔斯鲁厄会面。星期六晚上开始一场大型领导会议，要到星期天下午晚些时候结束。大区领袖罗伯特·瓦格纳在开幕式上发言。"阿道夫·希特勒目前所有的决定都显示是正确的，也许有的人过半年才明白这一点。也没有必要每个人都明白元首的态度，而且也不可能每个人都明白，因为没有人知道做出这些决定的原因——但是每个人都要对元首充满信心，这一点是必要的！"

坚持的呼号。效忠的誓言。"如果敌人相信能分裂这次运动，"瓦格纳说，"我们就告诉他：我们的运动只听从一个人，就是建立它并将它发展为德国最强大政党的人。"

12月18日，星期日

阿道夫·希特勒谈论即将到来的战斗的一年；
元首给普鲁士党团指引方向；
施莱谢尔时代也只是一个过渡时代。
《人民观察家报》

时势对希特勒不利而对施莱谢尔有利。
《周日报》

*

还有六天就是圣诞节，但是冬天还是看不见踪影。"美好的秋日，"诗人奥斯卡·罗伊克写道，"阳光在花园里。庄严。寂静。紫罗兰零星开放，却没有香味。剩下最后一些与天气对抗的菊花。"

*

贝拉·弗洛姆一大早就来到总理府。她只想对库尔特·冯·施莱谢尔说一句"你好"，再给他一个小礼物。大家都知道，总理随时让她进来的——她这会儿正好利用这个便利。可惜有人拜访施莱谢尔。贝拉·弗洛姆等不了太长时间，她还约了人吃早餐。

于是她将一束铃兰交给施莱谢尔的员工布雷多，请他一会儿给他的上司。"谁告诉您这是他最爱的花呢？"布雷多问道。

"我想这肯定是爱告诉我的"，贝拉·弗洛姆回答道，然后匆匆走了。

*

　　这个阳光明媚的日子里，阿道夫·希特勒先是去了在马格德堡举行的国家社会主义党大会。来自哈尔茨、阿尔特马克、安哈尔特和马格德堡的党员到场。党的干部在市政厅的大厅里聚集，希特勒则举起手臂，在市政厅的荣誉厅检阅冲锋队队员的列队。稍后在大厅里，他在演讲中斥责对手的阴谋，最后，所有在场的人员都宣誓效忠。然后"元首"马上继续行程。同一天，他要在汉堡给党和冲锋队及党卫军的干部做报告，这些干部来自北部各地。

　　希特勒正在为他的党的生存而战。

　　戈培尔也在旅途中：哈根、明斯特、埃森。24 小时内他给国家社会主义 20000 名干部做了报告。真是一大圈。

*

　　在泰格尔监狱，卡尔·冯·奥西茨基给库尔特·图霍夫斯基写了几行字。"如果接下来我被放出去，而您又到北边来，我们必须找个地方见面，如果您不想来柏林的话。"奥西茨基还是给自己一点儿渺茫的希望。获释后去瑞士图霍夫斯基那里是不可能的，因为 5 月入狱时他的护照被没收了。

*

　　在卡塞尔发生了两起冲锋队叛乱。冲锋队第 5 分队和贝滕豪森分队一致从国家社会主义党退出，以此抗议一个党内头领被开除。这个头领卖了农民捐赠的 15000 公斤的土豆。所得收入用于为部队购买制服，他们几个月来一直在等党内的经费。有些成员甚至自掏腰包支付供货商。但是这种买卖是不被允许的，结果是队员被开除。这件事现在在卡塞尔的冲锋队中发酵。因为忠诚问题总共开除了三分之一的当地成员。

*

德累斯顿旁小镇奥斯特里茨（Ostritz）进行地区选举。不到2000名选民投票。平时柏林没人对此感兴趣——可是国家社会主义党人又一次痛失选票。中央党胜出，领先于资产阶级联盟。对于选举结果，《福斯日报》头版这样写道：国家社会主义党运动浪潮失败了。

*

亚伯拉罕·普洛特金的生活总是一个样子。他与工会成员富特文格勒和埃格特结为朋友，星期天一起打牌消遣时光。他们喝啤酒，举杯共祝：圣诞快乐，新年快乐！他们也谈到德国总工会主席提奥多·莱帕特。莱帕特曾邀请普洛特金。普洛特金虽然感觉有点受宠若惊，不过邀请至今尚未成行。这样一个有权有势的人提出这样一个请求——有个熟人跟他说——在德国，这可以说是一种命令。

第二天，普洛特金就要给莱帕特写信。

*

《工人画报》中国际旅游有限公司所做的广告——这家公司在菩提树下大街62-63号——"到苏联冬季旅游，很便宜，1932~1933

/ 12月18日，星期日 /

年。工人和职员,从 1 月 28 日到 3 月 18 日之间出行,行程 6 天,从柏林出发,168 马克。教育工作者的考察之旅,12 月 23 日出发,行程 9 天,225 马克。"

在苏联欢庆圣诞?

*

这是和煦的一天,8~9 度,但奥斯卡·罗伊克却睡不踏实。他在床上辗转反侧,精神衰弱地醒来。有一次梦到一艘正在下沉的船。"水从甲板裂缝中涌入,"他写道,"很快船剧烈地摇摆起来。在从甲板上掉下去的瞬间惊醒。"对罗伊克来说,这是一段艰难时光。在社会危机四伏中,在动荡的政治局势中,他饱受煎熬,感觉自己被排斥,没有归属感。

*

/ 12月19日，星期一

> 元首在大厅里，马格德堡和汉堡；
> 希特勒在星期六晚上说：1932年国家社会主义党向"德国决定性的运动"迈进。它有权力要求领导地位。
>
> 《抨击报》

> 圣诞节前不召开国会；
> 参议院中多数赞成大赦。
>
> 《福斯日报》

*

大家可以想象一下：287公里，从柏林莱尔特火车站到汉堡中心火车站，只有2个小时22分钟！8点钟，新火车DR877在柏林试运行，10点22分到达目的地。这意味着轨道交通的新纪录：160公里每小时！这一切都是由双柴油机以每台420马力推动直流电发电机和电子轴承驱动器实现的。此外，外部被漆成奶油色和紫色的快速驱动车在风洞中得以优化，其前端显著变低。两个大容量车厢有98个座位，另外还有4个座位在"茶点房"。

虽然大家都叫它"飞翔的汉堡人"，但DR877并不能持续不断飞驰。这一段路也并不是为这个速度而铺设的。所以现在要安装所有的信号装置：媒体给它起的名字是"马达快车"，在完全刹车后，它所需的停车时间比其他车长很多。

*

柏林苏联使馆，共产党特工进进出出。他们虽然想推翻魏玛共和国，但在最高层，国家领导人之间的交往却高度文明——大家都在探测共同利益。

库尔特·冯·施莱谢尔接待外交人民委员会的马克西姆·马克西莫维奇·李维诺夫。李维诺夫相当于苏联的外长，他努力推进与西方的紧密接触。正好施莱谢尔要采取针对莫斯科政府的新政策。帕彭不仅在德国与共产党斗争，还确定了未来的对手在苏联。而施莱谢尔一贯比帕彭务实。目前，他也许可以利用苏联的帮助促进德国经济发展，签订一个贸易协定将会很有意义。不过国会目前并不配合。

李维诺夫当然知道这一切。但对于施莱谢尔再次耍花招，他应该感到开心。德国总理说，他会让人审查，看贸易协定没有国会同意是否能执行。

*

阿星格总部前进行了一场游行。阿星格是德国最大的餐饮公司，在柏林有近30家酒馆和小酒吧，还有面包坊和旅馆，是一个规模庞大的机构。在《柏林亚历山大广场》中，阿尔弗雷德·德布林详细描写了它的一家分店，埃利希·克斯特纳则在《法比安》(Fabian)中让主人公在这里投宿。

在阿星格吃东西喝啤酒很划算。但现在门口站着20个年轻人，想要免费吃喝。阿星格管理层接待了他们的代表，与他们进行谈话。这些年轻人每人要一块面包、一磅奶油和一根香肠。管理层回答：

抗议者应书面递交他们的要求,之后餐厅才能决定是否提供帮助。中间人被激怒了,其中一个人以武力威胁在场的人,大家都跑到了亚历山大广场上。

德布林描写的那家分店就在那里。

他们在那里要求管理层给饥饿的队伍每人一顿午餐。

对不起了——他们只是这么说——未经总部批准不得免费发放食物。

其中一个参与者自发在酒店客人面前演讲。他谈到了饥饿者的痛苦,他们必须眼睁睁地看着别人大快朵颐,抗议无济于事。

年轻人继续往前走,没有人给他们吃的东西。

最后他们闯入位于米特区的老顺豪森大街的一家食品店里,然后就四散离去。

警察着手调查。他们怀疑,是共产党策划了饥饿游行,煽动起骚乱。

*

勒文斯泰因夫人是亚伯拉罕·普洛特金见过的最有魔力的女人。坐在她家里装饰豪华的壁炉前,立刻就会觉得很舒适。亚伯拉罕如同被施了魔法。这种温暖和魅力,他相信自己永远不会忘记。

普洛特金是来找勒文斯泰因博士的,勒文斯泰因博士是柏林利希滕贝格区卫生部部长。因为博士在家,所以他的太太只是翻译。她的英语超级棒。她出生在纽约52号大街,在英国长大,在德国上的学。可惜是勒文斯泰因夫人。

普洛特金专注起来。他讲述了他在威丁区见到的一切,饥饿、疾病。博士先生,这些人怎么办?勒文斯泰因快40岁了,梳着背头,双颊有点内陷,很瘦。他的眼睛很吸引人,大而黑,并很警醒。

/ 12月19日,星期一 /

勒文斯泰因说了一个多小时，最后普洛特金沮丧地在日记里写道：摆事实，分析，堆积成一篇小说，讲述一个民族肉体及精神的衰退。

传染病正在德国蔓延。公共浴室已失去了三分之二的客人，几分钱洗一次澡，人们却已经承受不了。人们喝太多酒来解忧。每年有100万例堕胎。上千妇女死于庸医之手。

一个看似乏味的问题一直困扰着普洛特金。他问起那次国会游行的事，那次他几乎被警察打伤。他问起穿过城市散步时"为什么那么多人在街上"，这让他很奇怪。

"您不必奇怪，"博士说，他的太太继续翻译，"人们在街上并不是因为他们喜欢闲逛。他们中的大多数人，尤其是那些没有家庭的，他们没有钱买电或煤。在街上总比在他们那个又冷又暗的屋子里舒服点。"

讲完后，普洛特金感到筋疲力尽。真是个噩梦！他明白了，他在威丁只是看到表面上的肿块，而没有看到深藏在里面的癌细胞。

勒文斯泰因知道他的美国访客听后的反应。他说："我是作为一个学医的人在跟您讲话，而不是作为宣传者。第一次流行病来了，将会横扫一大批人。"

然后呢？普洛特金问。共产党会来吗？"不可能，那将意味着战争。希特勒已经失去了40%的支持者。经过艰苦斗争，很可能是君主制。"今晚，勒文斯泰因在温暖的火炉旁第一次展现出自己的情绪。"欧洲更加混乱，我们希望的战前状况永远不会回来，谁知道呢——也许我们的年轻人会死在更多的战场上。我希望有出路，可是我却看不到。"

*

国会元老委员会开会——这是共产党迫使的。他们要求圣诞节前议员们在全体大会上确定冬季援助事项，并针对施莱谢尔内阁提起不信任案。如果不信任提案成功，其结果是重新选举。上一次，11月6日那一次，除了共产党以外，几乎所有政党都失去了选票，所以没有人会希望再次举行选举。于是一直延期。

*

莱恩霍尔德·库阿茨，德国国家人民党的政客，偶然听到关于国家社会主义党人的传言。运动继续分化，据说冲锋队的8个分队刚刚在柏林叛乱。四处都缺钱，梅斯纳最近说国家社会主义党有1400万马克的债务。

*

企业家威廉·凯普勒，国家社会主义党的经济顾问，向希特勒报告：他与亚尔马·沙赫特和银行家库尔特·冯·施罗德男爵，还有前总理弗朗茨·冯·帕彭一起到了科隆。帕彭想要会谈。

偏偏是帕彭。国家社会主义党人在他在位时与他进行了激烈的斗争。但希特勒知道，要相信凯普勒。在"凯普勒圈子"中，有很多企业家联合起来支持希特勒。凯普勒1927年就参加了运动，会员编号为62424。当时国家社会主义党人离权力还远着呢，选举中他们是小派别。

凯普勒说的事情扣人心弦。根据帕彭的说法，兴登堡与施莱谢尔的关系已被干扰。不过凯普勒认为，也有可能是因为帕彭向兴登堡说了，他如何被施莱谢尔折磨的。而总统相信了帕彭。

怎样进行毫无约束的意见交换呢？施罗德提供了他在科隆的家作为交流的场所。

/ 12月19日，星期一 /

＊

"政府就业委员会"于 18 点 45 分会面。施莱谢尔、财政部部长施未林·冯·科洛希克还有其他内阁成员,当然还有主管专员格瑞克。以后,该委员会将在格瑞克的领导下开会。施莱谢尔宣布,专员的任务是尽可能加速一切。只要是涉及必要的基本问题,他随时待命。

总理想尽快看到成功。

＊

塞西莉娅的慈善舞会在"海滨大道"酒店举行。组织者首次向公众出售入场券。梅克伦堡的公爵夫人塞西莉娅到目前为止一直担任组织的赞助人①,但现在却来了一个"多彩但并不优雅的集团",贝拉·弗洛姆描述道。霍亨索伦王朝代表了没落的帝国:普鲁士的皇储威廉穿着旧军团"第一贴身轻骑兵"的制服。制服包括一顶裘皮帽,上面银色的骷髅和交叉的骨头引人注目——没有宽恕的象征。皇储于 1911 年接管轻骑兵。他的弟弟奥斯卡,前皇帝的第五个儿子也来了。前总理帕彭和他的太太及德国国家人民党主席阿尔弗雷德·胡根贝格代表了摇摇欲坠的共和国。贝拉·弗洛姆觉得胡根贝格总是那么可笑。矮胖,军人发型,长胡须,眼皮浮肿,小眼睛,总是露出轻蔑的笑!

不过她很快就不去嘲讽他了,因为她发现了维克多利亚·冯·

---

① 指妇女组织 Bund Königin Luise,活跃于魏玛共和国时期,由霍亨索伦家族赞助,与"钢盔团"和德国国家人民党关系密切,活动具有明显的民族主义、君主主义和反犹主义色彩。——编者注

迪克森,柏林的一位时尚女士,一位希特勒的崇拜者。她带来一位特殊的客人——玛格达·戈培尔。贝拉·弗洛姆马上变得没情绪了。"看到有些人如何讨好玛格达,真的让人反胃。"

晚上,施莱谢尔的手下人来找贝拉·弗洛姆。那束花!手下人带来总理写的一张纸条表示感谢:"您真是迷人,请再来!"贝拉·弗洛姆很开心,施莱谢尔明白了她的表示。他知道,她是多么欣赏他,而她也知道,他现在是多么艰难。

/ 12月20日，星期二

圣诞节的和平有保障了。
《每日评论》

大赦！
今天参议院的决定。
《抨击报》

*

代表各邦国的参议院投票表决，针对施莱谢尔提出的、国会确认的大赦法，是否提出申诉。44人反对，19人同意，最终放弃了申诉。

这一法律即日就可被制定出来。德国许多监狱到圣诞节都会空空如也了。

*

德国农业协会促成了希特勒和胡根贝格之间的对话。两人进行了秘密谈话。德国国家人民党主席努力解除双方的紧张关系。

*

总统致全体德国人民："紧急状况必须一一克服。响应冬季援助号召'众志成城'的人，就为祖国和人民创造了新的希望和新的信仰。"兴登堡并没有说这样有助于共和国的巩固。也许现在还不是圣诞奇迹出现的时候。

/ 12月21日，星期三

针对国家社会主义党的新的谎言煽动破产了；
这些犹太媒体的谎言太蹩脚了！
冲锋队斗殴、大规模退出国家社会主义党以及真相。
《人民观察家报》

4700万马克对抗冬季紧急情况；
每人每天20芬尼，青少年的每日补助金。
《福斯日报》

*

今日起，圣诞大赦生效。第一批囚犯被释放。泰格尔监狱的卡尔·冯·奥西茨基是否已打点好行李？他是否需要感激谁呢？恰好是那些他经常痛斥的社民党议员为他出了力。

*

德国国家人民党媒体与美国记者共进早餐，胡根贝格和库阿兹做东。这一次还谈到国家社会主义党的危机。冲锋队中出现了令人难以置信的状态：队员们挨着饿，还要缴纳党费。

*

国家社会主义党以相反的陈述回应了众多关于党内及冲锋队内冲突的报道：

"国家社会主义运动的共同敌人着手准备谎言和诽谤,对国家社会主义进行新的大规模攻击。在这场谎言斗争中,社民党的《前进报》、犹太人的《法兰克福报》(*Frankfurter Zeitung*)针对国家社会主义党在哈雷(Halle)举行的大区会议以及元首在那里的演讲刊登了所谓的'报道',几十个'市民'小报都在散布元首的讲话。里面说,在这次会议上,反对希特勒的冲锋队和党卫军成员与希特勒的支持者'互殴'。另外一系列关于'斯特拉瑟事件'的意见表达都转嫁于阿道夫·希特勒身上。我们断言,这些谎报没有一句真话。"

*

总理施莱谢尔接待了德高望重的英国大使荷瑞斯·胡姆博德爵士。他们闲聊了一会儿,在轻松的氛围中谈到政治的重大话题。两人在完全融洽的氛围中互道再见。对于德国领导人来说,这次愉快的会面总算是对以往气氛的一种调剂——即使关于军备以及清偿战争债务的讨论还没有结束。

*

保罗·冯·兴登堡不接受太多采访。不过他在第一次世界大战时就认识罗尔夫·勃兰特,那时勃兰特是战地记者。兴登堡向他保证这一天会接受他的采访。兴登堡脱口而出:"您看,我无能为力,只能一直说:你们团结起来吧,团结,团结吧!对于这些较真的人,他妈的,让他们互相握手,总比让他们互相威胁要好。"

最后兴登堡又说:"我们应该把祖国放得高一点,再高一点,高到忘掉自己。"

＊

  这一天下午5点钟，施莱谢尔组织召开部长会议。议程上通常会有政府要处理的事情。这时却异常安静。
  又开始周而复始了吗？

＊

  施莱谢尔从前的导师威廉·格勒纳在给一个朋友的信中写道："在我看来，越来越广泛的圈子里，甚至在'胡根贝格们'那里，对于纳粹的看法已经转变，我从施莱谢尔那里也听到了类似的说法。不管怎么说，我最近显然被国防部那边拍了马屁。施莱谢尔想与我和解，我并没有拒绝。然后他发了电报给我，说他在就职演说中感谢了他的老朋友和老师，对此，我看在曾经志同道合的份上表达了我的愿望。现在我想看看，他作为总理要做些什么。"
  "胡根贝格们"——当然格勒纳在这里指的是胡根贝格和他手下的人。格勒纳自己已没有兴趣来玩政治了。他四处都能感受到阴谋诡计——他也许有理由这样认为。他写道："我的感觉是，布吕宁和施莱谢尔要和纳粹上演一出好戏。"

＊

  冲锋队学校校长、冲锋队高层领导之一弗朗茨·冯·霍尔奥夫少将在慕尼黑向皇储威廉汇报了国家社会主义党的内部信息。
  他认为希特勒和斯特拉瑟之间的裂痕不可修复。"就我看来，希特勒又一次错判了局势，这次是在自己党内，完全错判。"然后又

/ 12月21日，星期三 /

说:"事实上这件事对他造成极大伤害,而且根本没有结束。"很大一部分党员,尤其是年轻人,他们厌倦了旁观和赤裸裸的否定,厌倦了等待希特勒取得权力的那一天。他们想最终参与到国家事务中去。"我认为斯特拉瑟真是个分外有能力、有组织天赋,并分外有精力的人,如果有可能将斯特拉瑟推到负完全责任的政府职位上去……那么在我看来,无论是否有希特勒,斯特拉瑟都会不可避免地终结国家社会主义党。"

这封信也到了施莱谢尔那里。

/ 12月22日，星期四

失业率继续攀升。
《每日评论》

格瑞克的"马上行动"；
增加5亿马克就业补助。
《福斯日报》

*

泰格尔监狱接到一封电报，电报是最高法院检察机关（die Anklagebehörde am Reichsgericht）发来的。这封电报涉及叛国罪的刑事案件。"因为大赦立即释放……编辑卡尔·冯·奥西茨基。请求执行。"

*

圣诞前夕，美国记者埃德加·安塞尔·莫维尔遇到德意志帝国银行前行长亚尔马·沙赫特。莫维尔问，您在圣诞期间有什么计划？沙赫特回答道："我要去慕尼黑与希特勒会谈。"

"您也去，我的好民主党人！"莫维尔回答。

"啊，您根本不理解，"沙赫特说，"您是个愚蠢的美国人。"

莫维尔反应很平静："同意，可是请您告诉我，您对希特勒有什么期待呢，且用一句话来回答，我试着去理解您。"

沙赫特中分头，目光严峻，嘴角向下垂，他回答道："我们如果不让希特勒得到政权，德国就永远无法实现和平。"

*

贝拉·弗洛姆前往美国领事馆接待处乔治·梅瑟史密斯那里。梅瑟史密斯两年前来到柏林，他一直非常认真地观察着国家社会主义党人。虽然大使弗里德里克·M.萨克特越来越相信，施莱谢尔能够成功遏制纳粹威胁，但梅瑟史密斯对此却持不同看法。梅瑟史密斯对贝拉·弗洛姆说："德国政府应该更快更强硬地采取措施。这么多重要人物都加入国家社会主义党，让人很不安。如果我没有完全弄错的话，这里不久就会放烟花了。"

弗洛姆在她的日记中补充说："我不相信我的朋友梅瑟史密斯会弄错。"

*

有一个人没有过圣诞节的心情——约瑟夫·戈培尔。尽管有些意外收入，但党员工资却面临缩减，这是无法避免的。这件事就发生在圣诞前夕。他的运动远离权力，对于这种命运戈培尔只能抱怨。

所有党员都表现出一种充满自豪感的牺牲精神，这是戈培尔唯一的安慰。但是形势非常紧张。

现在圣诞节要到了，他感觉自己病得不轻。

*

总理正在寻找一个谈判者，以完成一件分外重要的任务。施莱谢尔有个计划。他希望国会继续休会，这样就不用面临重新选举的风险。他还想将国旗团和反动的钢盔团整合成"国家战争联盟"。同时，要禁止其他军事组织，如冲锋队。

一个有迫切现实意义的计划。可是社民党必须配合才行。施莱谢尔的心腹布雷多接手了谈判任务。

突然从罗马来了电话，是格里高·斯特拉瑟。天气不错，电话那边的人说。

*

一个消息吓坏了这座城市。一位父亲在厨房将他12岁的儿子勒死，然后将自己吊死在旧墓园那里。作案者是个鳏夫，1930年起失业，是个绝望者。

一天还没过去，就又有人自杀：跳河、打开煤气、自缢或服毒。报纸报道。人们互相讲述这些消息，讲述时皱着眉头，轻轻地摇头，耸肩，内心深深地恐惧。大家都是这样讲述的。

*

这扇沉重的门让人想起中世纪的城堡，晚上6点钟它打开了。卡尔·冯·奥西茨基离开了泰格尔监狱，终于自由了。终于从这个"隔离的世界里出来了，这个世界把我们隔离开来，我们对这儿所知甚少，甚至比西藏或复活节岛知道得还少"。

他5月10日被关进来，在里面待了整整227天。奥西茨基觉得自己快窒息了。他对于自己节日前被释放觉得非常愧疚，其他狱友还在里面。他受良心谴责，要马上写关于监禁期间的事。下一期的《世界舞台》一个星期后出版，他应该能写完。马上回去工作？奥西茨基不知道还能做什么，就直接从监狱去了编辑部。

/ 12月22日，星期四 /

可是他不应该先看看他的太太吗？他在监狱给太太莫德写了很多信，她病了，而且病得很重。嗜酒成瘾。奥西茨基一直都非常害怕她终有一天崩溃掉。在监狱里，他拜托朋友图霍夫斯基照顾一下莫德。可是他现在人在苏黎世。现在，奥西茨基当然能自己照顾她了。他虽然是个优秀的记者，却显然不是个体贴的丈夫。

*

德国总工会主席提奥多·莱帕特是个训练有素的车床工人，差不多与社会民主党同龄，65岁。他在广播中发表了圣诞节演讲。当然与危机有关。对于这样有责任感的一个人来说，不可能有别的主题。"女士们先生们，"他说，"对于许多人来说，今年的圣诞节不是什么喜庆的节日。困难迫在眉睫，挤压在全体人民身上，对于广大工人来说尤为困难。"

不，莱帕特并没有修身养性的心情。"许多家庭的幸福已被摧毁，这种情况下，肯定会出现强烈的厌世心理，会在国家中出现一种威胁国家和人民的情绪。但那些激进的口号并不能改变这种情况。"

*

"阿道夫·希特勒的第一张也是唯一一张唱片是一个出色的圣诞礼物，将为国家社会主义党人带来永久的快乐。价格为5马克——书商和音乐商店有售。弗朗茨-伊尔继承人音乐出版社（Musikverlag Frz. Eher Nachf.），慕尼黑。"

《人民观察家报》今天的一则广告。

＊

  一串串的灯在昏暗中亮起。广告牌照亮了购物街。装点节日气氛的橱窗在圣诞节前展示着色彩缤纷的商品世界。亚伯拉罕·普洛特金在城市中散步时，看到整个柏林都沉浸在圣诞节的购物狂潮中。肉铺橱窗中的精美食品，让看的人都流出了口水。红焖鹅是普洛特金的最爱。

/ 12月22日，星期四 /

/ 12月23日，星期五

只投入5亿就业补助资金；
巨大的失望／格瑞克阐释他的计划。
（最初计划是15亿）
《每日评论》

格瑞克的悲喜剧；
雄心勃勃的计划——痛苦的执行；
如果资本家是公益的。
《抨击报》

*

约瑟夫·戈培尔的电话响了，是他的"元首"。阿道夫·希特勒听起来很忧虑。戈特弗里德·费德尔，国家社会主义党的经济理论家及创始成员，据说与施莱谢尔同谋。这就是费德尔为什么圣诞节前来柏林。

这么说，又一个知名的叛徒？

戈培尔让希特勒进行调查，并派了一个心腹去费德尔下榻的埃克塞尔西奥酒店。斯特拉瑟也经常在这个酒店下榻。然后警报解除：费德尔并没有与施莱谢尔谈话，他是因私事来首都的。希特勒应该高兴。

戈培尔夫妇参加了在福斯大街礼堂举办的圣诞派对。戈培尔发表了简短讲话：新的一年一定并且最终会给运动带来胜利。回到帝国总理广场的家，又怀孕了的玛格达抱怨说突感不适。

约瑟夫·戈培尔马上求助于玛格达的妇科医生，瓦尔特·斯托克尔教授。教授马上向伊达－西蒙基金会下达指示，安排她去大学妇科医院的私人病房，玛格达9月份就是在这里生下了女儿海尔加。医生似乎非常担心。玛格达·戈培尔获悉她圣诞节要待在医院时哭了。

最后，她的丈夫一个人回家了。房间中死一般寂静。他沉思着、痛苦着。他们一年前才结的婚，也就是1931年底。

他们经常吵架，也非常爱对方。戈培尔接受玛格达以一种特别的方式崇拜希特勒。有一次他俩旁若无人地眉来眼去。戈培尔记录了他的痛苦："玛格达好像和头儿有一腿，为此我非常痛苦。她不是个真正的贵妇人。彻夜难眠。我一定要做出改变。我担心她并不那么忠诚。如果这是真的那太可怕了。"可是，因此责备希特勒吗？"对头儿我还是应该保持真心并视他为高贵之人，他是多么缺少这两点啊。"

这一刻，戈培尔觉得非常孤独。他没有个可以倾诉的人。他只有向日记倾诉："我在党内除了希特勒，几乎没有朋友。所有人都妒忌我的成功和盛名。"前一段时间，由海因里希·希姆莱指挥的冲锋队甚至在柏林成立了间谍办公室，暗中监视他，直到"元首"干预才算了事。

*

有多少人这些天离开了柏林！亚伯拉罕·普洛特金写道："每个人都回家。"

德国人圣诞节都回到故乡。

*

《芝加哥日报》的记者在思考今年圣诞节的节日市场状况。毕竟，这是大萧条时期的第三个圣诞节，埃德加·莫维尔判断已经没

/ 12月23日，星期五 /

有去年那么糟糕了。就算悲观主义者也得承认，销路还算让人满意。然而，外界看来，德国的贫困比上一年要严重。甚至各个党都在大规模乞讨。成群结队的年轻人举着卐字旗；人们也能在街角看到共产党的红色旗，或民族主义者的黑白红旗帜，要钱的锡罐头盒直接伸到人的脸前。

街头随处可见的是穷光蛋、真假小商贩，他们只能依靠施舍度日，还有街头音乐家和衣衫褴褛的孩子们，他们的手指冻得青紫。莫维尔经历着感伤的时刻。他觉得那些被忽视的孩子们最让人同情。女孩子十一二岁，在街上闲逛。

*

总统兴登堡在假期里前往东普鲁士。他从远离大都市的纽德克庄园（Gut Neudeck）写信给在柏林的施莱谢尔："有这么安静祥和的圣诞节，我任职以来最最安静祥和的一个圣诞节，为此我非常感谢您。"接着又写："我很高兴地向您，我年轻的朋友，表达我对您统治的巨大满意。"

这真是异常温暖的全新的论调。所有的怨恨都被遗忘了吗？还是老先生已被这些日子舒适的氛围所征服？

相反总理在圣诞期间却备受折磨，尽管有胆囊病，却一直在工作。几个月前，他还不是总理。他谈到兴登堡时说："年龄这么大的人，和共事的同志已没什么情谊。只有家庭的影响不会改变。如果老先生不需要我了，他也会像对布吕宁那样毫不犹豫地把我打发掉。"

*

贝拉·弗洛姆得到她的第一份礼物——在圣诞前夜的前一天。

罗特兄弟邀请她和演员吉塔·阿尔帕和古斯塔夫·弗洛里希去参加圣诞展——《卡特琳娜一世》(*Katharina I*)的首演。

阿尔弗里德·罗特和弗里茨·罗特兄弟在柏林拥有九家娱乐场所，其中有西部剧院、喜剧院、莱辛剧院和大都会剧院。他们的"德国演艺企业股份公司"(Deutsche Schauspiel-Betriebs-Aktiengesellschaft)如此复杂，以至于对于财务问题，他们永远不用亲自过问。但是他们的首演，无论是歌剧还是莎士比亚作品，在柏林都是社会重大事件。圣诞展票当然早就卖光了。贝拉·弗洛姆很开心施莱谢尔夫妇就坐在她附近，在邻近包厢里。陪同总理的是一名陆军上尉和一名海军上尉汉斯·朗斯多夫，二人都身着制服。"这是我们对于私人军队的非正式抗议"，朗斯多夫说。

施莱谢尔穿着便装，他吻了贝拉·弗洛姆的手表示问候。"库尔特，您对我说过要一直穿制服的，"弗洛姆说道，"您可是知道您不能便装出门的。"

施莱谢尔的太太伊丽莎白点头表示赞同。"他不听我的"，她说。然后又讲她的丈夫过度工作，每天夜里，在写字桌前坐到2点钟或更晚。今晚在剧院里，是这么长时间以来第一次没有文件和电话的。

首演后，罗特兄弟邀请弗洛姆去他们在格吕内瓦尔德的别墅。也许有点过头了，贝拉·弗洛姆想道，但是她爱这种热闹的派对。大量的香槟，超级大的龙虾，美妙的自助餐。

梅斯纳夫妇当然也来了，尤其是国务秘书的太太非常喜欢这样的活动。他们和贝拉·弗洛姆坐在一张桌子旁，还有法国大使弗朗索瓦-庞赛以及他优雅的太太。今晚正合奥托·梅斯纳心意。他几次迫不及待地去自助餐台拿龙虾，龙虾令他迷醉不已。当然贝拉·弗洛姆听过无数个关于梅斯纳偶尔无节制的故事，可是她还是非常惊讶。安德烈·弗朗索瓦-庞赛偷偷地碰他太太一下，互相笑笑。梅斯纳夫妇不明所以。把一只龙虾拆开可是需要集中注意力的。

/ 12月23日，星期五 /

*

为什么德国国家人民党的领袖这么不受欢迎？如果阿尔弗雷德·胡根贝格不是阿尔弗雷德·胡根贝格就简单多了。莱恩霍尔德·乔治·库阿茨在他的日记中清醒地记载道："他没有性吸引力。"

*

医生的担心是有理由的——玛格达·戈培尔状况非常不好。她会流产吗？晚上戈培尔一个人在家里，沉溺于阴郁的思绪中。

"1932年，"他在日记中写道，"真是流年不利，我们必须粉碎它。"

/ 12月24日,星期六
圣诞前夜

共产党骚乱；
警方进入警戒状态；
1932年灾难圣诞；
我们的目标和任务。
《抨击报》

对希特勒的再次召唤？
1月9日召开国会？ / 解散和重新选举？
《每日观察》

*

圣诞前夜，5度。下着雨。柏林不会有白色的圣诞。

*

冲锋队在屋子里竖起了圣诞树。将近一岁半的海尔加笑着看着圣诞树。约瑟夫·戈培尔羡慕自己女儿的童真。他刚从医院那里得悉他的太太病得很严重——玛格达在为她的生命而战。别的地方，圣诞的宁静缓缓降临。约瑟夫·戈培尔最想自己在某座山里单独待着，什么也不看，什么也不听。

玛莎·卡乐可的一首诗。她的书很迟才问世。这首诗叫《12月24日的单身先生》(*Lediger Herr am 24. Dezember*)，诗是这样开始的：

> 没有哪个房间
> 像我这个房间这样空旷。最后一个小铺子的女售货员
> 回家了
> ——这时圣诞节也来吞噬了我。

*

不是每个人都已回归私人生活。忙碌的库阿茨去探望国务秘书梅斯纳，一场有启发的闲谈总不会有什么害处的。这一天晚些时候，他给党主席胡根贝格写信说："今天，我又一次去了我朋友那里，他圣诞后离开几天，我把您的信朗读给他听。对此，他再次表示希望德国国家人民党人担任政府重要职务。我们也谈到了局势，我暗示了在我们党内反对施莱谢尔的情绪越来越强烈。"

他们连圣诞节也不放过吗？

*

对于犹太人亚伯拉罕·普洛特金来说，基督降生并没有属灵的意义——在房间里摆一棵圣诞树的德国犹太人不在少数，他们用自己的方式来欢庆节日。今年，犹太人光明节的第一天是在12月24日。

普洛特金总归没什么节日的心情。尽管下着毛毛雨，他还是漫步走过工人区。他看到一个5岁的孩子穿着拖鞋在街上玩耍。一个男孩站在一家面包店橱窗旁，他第一次路过时已经注意到了。普洛特金问他："你在这里站这么久做什么？"

男孩儿没有回答，也许他太害怕了，或者不能说话。普洛特金猜测，可能是因为孩子看到了饼干而不说话了。

接下来的时间，普洛特金在威丁一个公共厨房帮忙。为庆祝节日，这里供应双份的食物。当然，普洛特金也四处环顾一下。失业者建了个图书馆，里面有歌德、席勒、陀思妥耶夫斯基、狄更斯、厄普顿和辛克莱的著作。

*

美国作家夫妇多萝西·汤普森和辛克莱·刘易斯也没有在柏林停留。他们在维也纳附近的塞默灵（Semmering）庆祝节日。很多朋友一起跟着，还有莫维尔一家。他们在大自然里待了10天，呼吸新鲜空气，滑雪橇，享受生活。汤普森和刘易斯也想挽救他们摇摇欲坠的婚姻。

但是，并没有冬季运动的喜悦，反倒有许多雾和雨，人们很快就绷紧了神经。圣诞派对主要邀请了美国人和英国人，有乐队奏乐，大家跳舞，喝了许多葡萄酒。对多萝西·汤普森来说这是一段引人深思的时光。她向日记吐露同性恋的经验，以及她对无法实现的爱的渴望。一个快40岁的女人在寻找自我，寻找一点儿运气。

*

主管就业的专员君特·格瑞克有幸做政府圣诞演讲。或者必须要说：被强迫的。他告诉听众，整个内阁都会尽全力在这个冬天使失业率明显降低。

*

共产党的报纸《大众画报》(Allgemeine Illustriete Zeitung)在标题上刊登了一系列蒙太奇照片。一位冲锋队队员手里拿着带铃铛的袋子和牌子，下面写着："给我们元首差旅费。"还印着一首取笑斯特拉瑟休假的诗：

> 小冲锋队队员，然后呢？
> 可怜的希特勒的人，
> 渺小的希特勒的人，
> 你也想去"度假"，
> 就像那些高高在上的绅士们，
> 那些喜欢争吵的雅利安人，
> 啊，你想起了什么？
> 你只是"平凡"
> 不久你就会得知，
> 领导你的人，诱导了你，
> 大庇天下寒士的地方，
> 在共产党人这里。

*

5点钟，多数店铺都关门了。马路上顿时空旷起来。有轨电车穿过城市，里面只有一个人：列车员。

*

玛格达·戈培尔状态越来越差。妇科领域的专家瓦尔特·斯托克尔教授警告约瑟夫·戈培尔，他妻子的病"比我想象的更严重"——出现心脏痉挛，痉挛性疼痛。

约瑟夫·戈培尔还是在医院安排了一个小型圣诞派对。他和正处于青春期的哈拉尔德，第一桩婚姻中的儿子，一起在玛格达房间前的走廊里点亮了圣诞树上的烛光。

希特勒发了一份电报，祝她早日康复。许多党员送来了礼物、花束、卡片。可是这些并没有提升气氛。"一个悲伤的圣诞节，"戈培尔记录道，"心情沉重，充满忧虑。"

晚上他要与党卫军队员在一起，他们是忠诚的陪伴者，整个这一年，他们从未抛弃过他。约瑟夫·戈培尔渴望工作。

*

就基督教传统而言，德国陷入了静寂，圣诞前夜，神圣的夜晚。天黑了，蜡烛燃起来了。锡铂条挂满了装饰好的冷杉和云杉，熠熠生辉。教堂里满是人。人们都希望得到解脱。一点点和平降临到能感受到和平的人心中。

是的，德国的圣诞节。关于从前的轻声的谈话，关于那些不再存在的想法，古老的家庭传统，西里西亚餐桌上的香肠和酸菜。这些仪式会出现在许多小屋中，在君主制时期，孩子们从小都要学习这些仪式。那个时候还不是所有的东西都这么糟糕。

在东普鲁士的纽德克农庄，白发苍苍的总统汲取了力量，他很高兴政治家歇斯底里的喧嚣已经枯竭。也许他想到了在流亡中的皇帝；

/ 12月24日，星期六 /

他当然可以与上帝对话。

弗朗茨·冯·帕彭去了在萨尔的瓦莱尔凡根（Wallerfangen an der Saar）家人那里。但是他心中只有柏林，柏林！他打算报仇，他要除掉这个施莱谢尔。接下来的几天就可以好好打算。

阿道夫·希特勒在上萨尔茨堡（Obersalzberg）。当他看着圣诞蜡烛的火焰时，眼睛是否也会亮起来呢？

为修身养性，他是否听瓦格纳呢？还是他在聆听自己的声音？戈培尔将希特勒的一个或几个演讲录成唱片，现在希特勒也可以随时陶醉于他自己的演讲艺术了。

*

"圣诞节是个俗气的东西——可是人们想做什么呢？"

这句话来自阿尔弗雷德·克尔。明天是这个《柏林日报》剧评家的生日。65岁了。但还谈不到退休。

/ 12月25日，星期日
圣诞节第一天

生活用品极大丰富。成千上万的人和机器还等着生产更多的产品。与此同时，饥饿和贫困却无处不在。
《周日报》

没有国家社会主义就没有圣诞节！
我们为德国而战挽救了对于光明的信仰；
这个痛苦的夜晚必将产生德国的胜利。
《人民观察家报》

*

家庭日。很多柏林人去了教堂，去做圣诞弥撒，看宗教剧，听管风琴音乐会。首都中让人冥想的一天。

*

"地球上的和平——从国防政治角度来看"——威廉·格勒纳作为特约嘉宾为《福斯日报》撰写文章。最近，在日内瓦缔结的"五国协议"（Fünf-Mächte-Abkommen）① 将前国防部部长描述成"给人民的礼物"。协议中赞扬新政府的外交技巧，说是紧承海因里

---

① 也称"五国声明"（Fünf-Mächte-Erklärung），指日内瓦裁军会议1932年12月的大会上，英国、美国、法国、意大利和德国五国代表达成协议，承认德国在各国同样安全体系范围内享有平等权利。此前拒绝继续参与谈判的德国由此重返谈判桌。协议也对一直有争议的"战争"概念做出明确定义。——编者注

希·布吕宁的衣钵。毕竟对施莱谢尔也有一半的恭维。

*

圣诞节第一天对于约瑟夫·戈培尔来说太过安静了。他在准备即将于德国最小的自由邦利珀（Lippe）举行的选举，还要治疗他的圣诞抑郁症。医院传来一个让他充满希望的消息：他的太太玛格达的状态越来越好了。

/ 12月26日，星期一
圣诞第二天

今天没有报纸。

*

成千上万柏林人漫步穿过这座城市，展示他们的圣诞礼物：首饰、新大衣、新帽子、时髦的靴子。餐馆和咖啡店也有很多人，是的，这是危机时期，是的，人们想要生活。

*

赫塔BSC和柏林体育协会之间的足球决赛吸引了20000名观众。受人欢迎的赫塔以3:1战胜了柏林，赫塔球员开始时很紧张，但是很快又掌握了主动权。

*

人民剧场有个圣诞小型歌舞场，有许多大人物登台表演。当中包括维尔纳·芬克。

芬克也许是这个城市最受欢迎的小型歌舞演员。几年前，他在贝拉维大街3号创立了"地下墓穴"（Katakombe），在那里，他主持了整个节目。他并不是一个辛辣的政治评论者，但是这个秋天他却在舞台上表演了下面这一段：

今夜怎么下这么大的雨，

我立即想到了：啊哈！
夏天结束了。
噢，我的预感！
今天早上这一带
真的非常冷，秋天的感觉。
太阳仍在照耀，
可是小心：这只是看上去
这只是它的余光
不，不，夏天已经过去，
为了我们的军事联盟
田野和田地都清空。
时光如梭！是呀，大自然！
不相信，独裁者会这么快消失。

*

库尔特·冯·施莱谢尔放慢了节奏，但是这并不意味着他更多地投入家庭生活。他和太太并没有共同的孩子。但是伊丽莎白第一段婚姻的女儿露尼和他们生活在一起。施莱谢尔执行人们所说的"幕后指挥"：维护他的关系网；发消息。比如他与美联社（AP）办公室负责人路易斯·保罗·洛赫纳一起进餐，洛赫纳是个德国通，他从1921年开始在德国做记者。他们谈论国内情况，施莱谢尔说，现在已经进入了一个新阶段——"安宁，安宁，安宁"。他接着说："正如您所见，我成功了。德国很久没有像现在这么安宁了。就连共产党和国家社会主义党也都安静了。这种安宁持续越久，那么就越能确定的是，目前政府必将重建内部和平。"

洛赫纳被施莱谢尔说的话搞糊涂了。施莱谢尔真的相信圣诞节的安静意味着更美好时光的来临吗?

*

不,社民党的库尔特·舒马赫并不认为好时光要来了。在圣诞节和新年这段时间,他和他的未婚妻玛丽娅·塞博特(他昵称她为米加)谈了很多。她谈起婚事,现在不是该结婚了吗?舒马赫严肃起来。"我现在不能将别人的生命系在我身上,"这个政治家说,"纳粹现在必须上台或者滚蛋。我不知道他们要做什么;如果他们抓到我,会对我做些什么,我已经完了,但我不想他们对你做什么。"

*

今年8月到底发生了什么?阿道夫·希特勒臆想着得到权力,兴登堡却断然拒绝了他。那时幕后到底发生了什么?

那些为希特勒获取权力铺路的、雄心勃勃的人也想知道那时究竟发生了什么。国家社会主义党的经济专家威廉·凯普勒就此给在科隆的银行家施罗德写了信——施罗德不久前刚刚在绅士俱乐部内部与帕彭搭上话——是关于希特勒和帕彭之间的会面:"我希望这次会谈能够对近几个月的政治事件做进一步阐明;我估计,在8月13日的遭遇也要归因于冯·施莱谢尔先生;从这种意义上说,这样的阐明格外重要。"

1932年8月13日,希特勒从兴登堡那里获悉他没有当选为总理。这对希特勒来说,至今都是个重创。党内也弥漫着极大的愤怒、失望和厌世情绪。难道是施莱谢尔在后面躲着,而当时的总理冯·帕彭先生其实是无辜的?这当然是希特勒感兴趣的新消息——这将为即将到来的谈话缓和气氛。那些日子里，希特勒对帕彭的行为总是勃然大怒。凯普勒继续给施罗德写道：

> 鉴于元首总是将8月13日当成个人的失败日，他对冯·帕彭先生很久以来都没有好心情。我和他在一起时，一直是支持冯·帕彭，而反对冯·施莱谢尔的；他的心情倒是随着时间而有所改变，现在所表达的愿望他应该能满足；我希望您的技巧能为会谈消除最后的障碍。

*

圣诞第二天，柏林当然并且一定要上演戏剧。哈利·凯斯勒伯爵观看《利力姆》，因为汉斯·阿尔伯斯扮演主角，整个柏林都在谈论这部剧。阿尔伯斯是个身材强壮的电影演员，但并不是凯斯勒的菜，根本不是："一部愚蠢无聊、多愁善感的拙劣的作品，阿尔伯斯的粗暴又为之雪上加霜。"

/ 12月27日，星期二

通过紧急法令本来是要拖垮国家社会主义党，这一法令却被取消了

关于内部和平的维护。

《人民观察家报》

揭开同志之间的谋杀；

一名冲锋队队员的尸体在蓄水坝中被发现；

德累斯顿国家社会主义党人的政治谋杀。

《福斯日报》

柏林人在原始的希望中度过了这一年的最后几天，希望好时光很快来临。孩子们和父亲们玩耍，母亲们非常开心，亲戚们都走了。纳税申报表已填好，书已取出来了，终于可以读书了。

柏林人思考着艰难的1932年，他们约朋友，出城游玩，不读报纸了，他们还处在那种圣诞节的特别气氛里，这种气氛，每到圣诞节就深入德国人的灵魂。忧伤的，内心温暖的。这是些和平的日子，他们都生活在一个国家，尽管有各种敌意，却也15年，即差不多有一代人没有经历过战争，他们应该会熬过这场危机的。

*

卡尔·冯·奥西茨基又回《世界舞台》杂志工作了，无须再从监狱里发指令，他释放后的第一期已送到了订阅者手中。出版商没有将他视为新闻自由的英雄来欢迎，也没有把他看作言论自由的殉道者。关于他的监禁，他只写了17行字，其中"我"这个词只使用

了两次。短文上方写着"返回"。"入狱是一次伟大的体验,没有哪个政治人物能幸免,"奥西茨基写道,"我并没有认识到监狱是个特别残酷的地方,一个传统上让人备受折磨的地方,但监狱一直是个痛苦的地方,在这里,每扇铁门后面,都有一个悲伤的星球在转动,只不过是命运造化而到了这一轨道。罪过吗?这里没有这个词,这里只有牺牲者。"

*

格里高·斯特拉瑟又离开了罗马!他在回德国的路上!这是从施莱谢尔处得到的消息。终于!这时总理要做出决定性的尝试,把著名的国家社会主义党人纳入自己的政府。

*

弗朗茨·冯·霍尔奥夫,曾在国家社会主义党服役的前少将,再次向皇储威廉泄露冲锋队内部消息。他从慕尼黑写的一封信中说:"在柏林,史图尔普纳格—帕彭—希特勒阵线(Stülpnagel-Papen-Hitler)似乎正在建立,目的是越过总统摧毁总理,而且要在新选举前。"

约阿希姆·冯·史图尔普纳格,步兵上将,自己要求退役——他实际上是施莱谢尔的对手。

霍尔奥夫继续写道:"我也无法判断会发生怎样的事。有一件事,即使冒着有损殿下的威严的风险我也要说:将君主制问题推到前面,目前来看是不合时宜的。"

那么希特勒的强大竞争对手呢?霍尔奥夫非常了解他。他写道:"我今天与斯特拉瑟谈了很久。我发现他状态很好,对事物的判断冷静清晰。这个人还有好牌没出呢。"

*

《福斯日报》报道了希特勒与斯特拉瑟约定的会面。晚刊的标题是："斯特拉瑟的要求，希特勒会让步吗？"文章中写道："斯特拉瑟回来，不是作为向'元首'忏悔屈服的臣服者，而是作为决定性的因素。"文章中说，格里高·斯特拉瑟想成为国家社会主义党的总书记，拥有广泛的权力。问题是希特勒愿意吗？他们的关系还可以修复吗？如果彻底决裂，谁会失去更多？

*

西部剧院在播放雅洛斯拉夫·哈谢克的喜剧《好兵帅克》。通常很严格的批评家阿尔弗雷德·克尔认为这个剧令人喜悦。"这个晚上补偿了最近所有的痛苦，"他在《柏林日报》的评论中写道，"一切都乱七八糟，这种情况下却放映这么好的电影。"

他的新书最近发行。《一个叫科西嘉的岛》(*Eine Insel heißt Korsika*)，一篇游记。

*

/ 12月27日，星期二 /

/ 12月28日,星期三

冲锋队的消耗;
德国中部地区部队不再参与其中;
国家社会主义党内的危机和蜕变比看起来还要严重。
《福斯日报》

为夺回被掠夺的薪水而战斗!
人造黄油价格上涨规定——全体员工都整装待发——把多出来的东西给失业者。
《红旗报》

*

年终岁末,对一些人来说,是一年中最美好的时光。因为一切都在沉睡,一切都可以等待。有些人努力在新的一年取得先机。

*

约瑟夫·戈培尔先去医院探望他太太玛格达,然后告辞去山里。希特勒邀请他过节,连同他的小"旅伴",玛格达11岁的儿子哈拉尔德。戈培尔在家里很快打包好了行李,然后登上了开往慕尼黑的列车。他在那里见到了萨克森大区领袖马丁·穆切曼。穆切曼告诉他:斯特拉瑟与施莱谢尔在谈判关于斯特拉瑟进入内阁的事情。这将是最后的背叛!

戈培尔、哈拉尔德、穆切曼和他的太太一起前往贝希特斯加登(Berchtesgaden),坐雪橇上到上萨尔茨堡山(Obersalzberg),阿道夫·希特勒在那里等他们。一个银色的世界，远离尘世的田园风光。

真是考验人的神经。

*

胡根贝格写信给希特勒，他对于"整个民族运动的最终胜利"深表担忧。"这一运动我也有责任，"他接着写道，"如果不起眼的中央党再起决定作用，幸运就不会降临到这场运动上，实质上被挫败的马克思主义就会死灰复燃。"胡根贝格想要一场民族运动，他非常害怕希特勒会与中央党串通一气，于是让他的国家人民党也参与进来。他建议"再次就是否能达成一致进行谈判"。

*

格里高·斯特拉瑟的计划目前并不那么卑鄙。旅行前，萨克森大区领袖兼国会议员马丁·穆切曼答应去阿道夫·希特勒那里帮他。但现在穆切曼却在谈话中说出他的条件：只有斯特拉瑟与施莱谢尔断绝关系他才会去帮希特勒。因为穆切曼去贝格霍夫① 见希特勒时，手里需要有些具体的东西。他们分手时却无任何结果。斯特拉瑟继续前往柏林，穆切曼和太太一起去南方。

到了柏林，斯特拉瑟在埃克塞尔西奥酒店下车。几分钟后他房间里的电话就响起来。

是总理府，施莱谢尔要和他谈话，马上！

斯特拉瑟拒绝了。但是他说，可以晚些时候见面。

---

① Berghof，希特勒在上萨尔茨堡山的别墅。——编者注

/ 12月28日，星期三 /

*

阿道夫·希特勒晚上与马丁·穆切曼会谈。当穆切曼要谈从前的支持者斯特拉瑟时，他发现希特勒对斯特拉瑟事件根本不感兴趣了。时过境迁。

*

总理库尔特·冯·施莱谢尔邀请大家共进晚餐。一个私密的小圈子，只有12位客人。有施莱谢尔的"老同志"贝拉·弗洛姆，他一直这么称呼她。

这位女记者很为朋友担心。毕竟柏林政治圈里的每个人都知道，帕彭与"绅士俱乐部"努力要使国家社会主义党人获取权力。现在她终于可以不受干扰地与施莱谢尔谈话了。她告诉施莱谢尔她与卡尔·冯·威甘德的谈话。威甘德是美国记者，研究国家社会主义党的专家，他认为希特勒不久就会取得政权。如果施莱谢尔不把她的想法当回事，那一定要听听"老预言家"的话！

施莱谢尔只是笑："你们媒体人都一样。你们是靠着职业的悲观主义来谋生的。"

弗洛姆坚持认为帕彭会与希特勒合作，想再次当总理。"我想我能阻止这一切"，施莱谢尔说。"只要老家伙还和你站在一边"，弗洛姆回答道。

后来，弗洛姆还可以更坦诚地说话，在施莱谢尔的工作室，她与施莱谢尔单独在一起。

"要有信心，贝拉，我认为格里高·斯特拉瑟很有价值，"施莱谢尔说，"他是国家社会主义党人，是党的左翼。也许，如果我把他弄进内阁……"

　　这个主意并没有让弗洛姆愉快起来。"怎样看待宗教，如何看待纳粹党内对犹太人的迫害？"她问道。

　　施莱谢尔试图安抚这个女记者。"您应该更了解我，贝拉，"他说道，"所有这一切都会过去。我也想要您的朋友布吕宁或迟或早回来。"

　　斯特拉瑟在政府里？布吕宁回来？施莱谢尔真的以为这些计划有实现的机会吗？——还是他说这些只是为了适合自己的角色？斯特拉瑟在国家社会主义党内根本得不到权力，这已经不能再清楚了，布吕宁最近在疗养院的时间比在政治幕后的时间要多。

*

　　电话通了，科隆银行家施罗德打给弗朗茨·冯·帕彭。帕彭圣诞节住在萨尔兰地区的瓦莱尔凡根。对于即将到来的会谈，希特勒愿意遵循前总理的意愿来安排。他们约定了1月4日。

/ 12月28日，星期三 /

/ 12月29日，星期四

逃往意大利；

德累斯顿凶手的避难所；

德累斯顿冲锋队队长海尔伯特·汉驰被谋杀，他的尸体于圣诞节第二天在埃尔茨山脉马尔特水坝被打捞起来，掀起轩然大波。

《福斯日报》

物价上涨运动；

施莱谢尔新的紧急法令——他使重要的食物变得昂贵——社民党宣传"福利"将军——争取更高薪水和支持！

《红旗报》

*

在贝希特斯加登，阿道夫·希特勒在口授他的新年号召。他呼吁国家社会主义党团结一致，任何妥协都会使毁灭的种子植入党内，同时也植入德国的未来。

"我们了解我们的对手和他们的想法。'让我们的党参与到政府中，让它负责任，但是阻止它真正参与决策……'如果我们的对手邀请我们以这种方式参与到政府中去，那么他们并不是让我们慢慢地、逐渐得到权力，而一定是要永远摆脱我们。"

希特勒正处于一场巨大的防守战中——他自己也这样表述。斯特拉瑟的诡计使每个人都清楚，希特勒的策略有可能被替代。同时也表明希特勒本人也可以被替代。

*

戈培尔从柏林得到令人担忧的消息。玛格达情况并不好。流产。他要马上回去。不过有个心腹打来电话:病人又好起来了。戈培尔决定留在希特勒这里,没有回去见太太,他留在上萨尔茨堡山。

*

租户会议在柏林威丁区阿卡大街132号召开。臭名昭著的"迈耶庭院"(Meyer's Hof)的6个内院都参加了会议。居民决定,从1933年1月1日起,如果不满足下列要求就不支付房租:1.整个建筑群全面翻新;2.要有纯净的饮用水;3.撤销要求强制迁出的起诉;4.免除拖欠的租金;5.租金降低25%。

230个租户中有227个签署了申请,只有3个国家社会主义党人没有一起跟着干。

今天首都很冷,几个星期以来第一次降到零度以下。

*

又是玛莎·卡乐可:

致逝去的一年

这一年逝去了。这一年也无任何起色。
它早就到了生命的暮年。
——几乎不值得为它悲伤。

/ 12月29日,星期四 /

因为我们配得上，拥有新的一年。

*

晚上希特勒和戈培尔谈话。他们关心一个话题：斯特拉瑟带来的危险。穆切曼的感觉完全错误，希特勒的冷静是伪装的。希特勒没有忘记穆切曼曾是斯特拉瑟最近的心腹——他甚至将其总部命名为"格里高·斯特拉瑟之家"，而不是像其他人的"阿道夫·希特勒之家"。

但是还有一线慰藉。几天后，可能是1月4日，希特勒要与弗朗茨·冯·帕彭会面，帕彭一直都与总统关系最好。希特勒和帕彭双方的谈判代表写信并秘密会面。维尔纳·冯·阿尔文斯雷本，右翼阵营中一个声名狼藉的幕后操纵者，从前反动的"绅士俱乐部"成员，他也参与此事。他是施莱谢尔的人，但却与国家社会主义党的重要人物有紧密接触。年初，他曾经安排施莱谢尔和希特勒手下人进行重要会谈，这次会谈导致布吕宁下台，也创造了一个新的机遇。

/ 12月30日，星期五

一位母亲的控诉：
"保护你们的孩子，防着国家社会主义党。"
《福斯日报》

威斯特法伦地区的农民组织对抗施莱谢尔的斗争。
《抨击报》

*

本周五，德国人民为1932年最后一个节日采购。喜欢汉凯①可以买汉凯的干红——里宾特洛甫家族会开心的——不管怎么说，如果能买得起，还是享受一瓶香槟吧。

汉凯公司，香槟酒企业集团在报纸上为他们的珍珠红酒②做广告。

*

戈培尔在贝希特斯加登感觉不错。从柏林医院传来了令人愉快的消息，玛格达正在康复。戈培尔与斯托克尔教授通了电话，教授使他平静下来。玛格达的儿子哈拉尔德跟着戈培尔一起来到贝格霍夫，希特勒与哈拉尔德一起给玛格达写了一封信。柏林的政治局势没有改变。戈培尔躺在冬日暖阳下，享受着阿尔卑斯山的迷人景色，享受

---

① 位于威斯巴登的香槟、葡萄酒和烈酒的德国生产商。
② 一种半起泡的葡萄酒。

着在"元首"身旁的轻松时刻。晚上，希特勒给他看了写好的给党内的新年号召。号召中，他严词反对所有的悲观论者，拒绝与斯特拉瑟进行任何方式的和解，并宣布战斗到底。

戈培尔认为，仅仅是这种激进主义，就将使我们取得最后的胜利。"希特勒太了不起了"，他在日记中写道。语气听起来像恋爱中的中学生。

*

共产党准备1月4日在卢斯特花园（Lustgarten）举行大型集会。"给施莱谢尔看看你们的力量！"《红旗报》这样鼓动道。

*

如果约瑟夫·戈培尔读了慕尼黑政治警察对于国家社会主义党的分析，那么阿尔卑斯山迷人的景色对他来说就不重要了："党员不仅没有新增，反而越来越软弱无力，这是很显然的；日程单上数不清的离职，经费不断缩水，由于经费不足而活动取消也越来越频繁。"党、冲锋队和党卫军给人留下精疲力竭的印象。一些高官的消息是从国家社会主义党密探那里得到的，这些高官认定："高潮已过去，也许最有利的前景也已错过，很多国家社会主义党人都这样认为。"

*

"政治警察"：共和国绝不是没有防御能力的。国家应通过有关部门受到保护，免受激进分子侵害，据说这些部门有上千名工作人员，其中很多都是特工。这些特工还挑唆、诱捕，并向上级报告非法游行的情况。有些反过来被共产党和国家社会主义党的情报部门揭穿。

自去年以来,柏林警察总局政治部接管了"在普鲁士和全国监控和打击分化防卫军及警察的势力"的任务。从那以后,共和国臆想的敌人被大范围抓捕。这些日子,由此产生的资料显示,普鲁士就有超过50万人被记录在册。

/ 12月31日，星期六
新年前夜

　　他们鼓动迫害共产党人！
　　无产阶级群众组织受到瓦解的威胁——驱逐是加强镇压共产党的前奏。
　　《红旗报》

　　戈林奚落兴登堡。
　　总统府新年接待。
　　《福斯日报》

*

　　一层薄薄的、缓慢融化的冰覆盖着马路和路边，路上非常滑。冰层使柏林陷入瘫痪状态。汽车和公交车缓慢爬行，却还是有无数交通事故。到中午，急救人员要处理30多起事故。骨折、扭伤，还有脑震荡。

*

　　阿道夫·希特勒请客，当然差不多所有人都一拥而上。国家社会主义党的领导层聚集在贝希特斯加登辞旧迎新。希特勒的贝格霍夫装饰一新。

赫尔曼·戈林并没来。他是给希特勒提供消息的人，除了戈林以外，在运动中希特勒没有如此相信过任何人——这一年，戈林去了瑞典，要与朋友在罗克尔斯塔德城堡（Schloss Rockelstad）欢度新年前夜。戈林的第一位太太卡琳来自瑞典，1931年不幸去世。

戈林的新欢爱米送他一个收音机作为圣诞节礼物，他带着收音机去了瑞典。戈林写信给他的女朋友："你送的收音机里播放的是瑞典电台的节目。你带给我怎样的喜悦啊。我要表达对你真诚的谢意，感谢你的爱，感谢你的牺牲，感谢你为我做的一切。祝我们在即将到来的一年有好运。"

*

最近，亚伯拉罕·普洛特金在星期六都与他工会的伙伴马丁·普雷托去森林。他们乘火车离开柏林。普雷特是下巴伐利亚人，是个热爱大自然的人。然后两人随便投宿到某处，边喝边热烈地讨论。

*

德国总工会的提奥多·莱帕特在《工会报》（Gewerkschafts-Zeitung）上为自己与施莱谢尔的接触进行辩护。文章的标题是"反对背叛的谴责——致德国工人阶级"。他对大量诽谤表示不满。"有人指责我们与总理施莱谢尔有勾当。有人怀疑我们与反动集团合作。有人认为我们已放弃了实现社会主义经济的伟大目标。"

他说，恰恰相反。施莱谢尔政府要满足工会要求中的一部分。

/ 12月31日，星期六 /

虽然这一政府并不会实现社会主义,但是"在这种情况下,我们能拒绝政府让我们创造就业机会吗?"

在莱帕特周围会有许多人回答:绝对不能,否则我们就是背叛自己!

*

柏林的酒店、剧院、歌舞厅、餐厅和酒吧预计今年新年庆典会比两年前的客人多很多。商业研究所确定:"经济危机动摇了经济结构的基础,1932年,德国几乎已度过了这场危机。"为此,人们可以干杯庆祝了。美国记者莫维尔很清楚:"今天德国国民经济学家深信不疑,情况不能也不会变得更糟,这个国家已跌落到谷底,现在正朝着预定坦途前进,德国将会崛起。"

另外,不要忘记:这一年没有发生政治灾难。阿道夫·希特勒没有取得政权,共产党也并没有像预计的那样发展壮大。魏玛共和国还在。莫维尔的结论:1933年应该比1932年还要好。

*

国旗团主要成员提奥多·豪巴赫在团刊上回顾这一年:"这一年有许多失败和屈辱,但国旗团在战场上取得了胜利,并已投入新的战斗列队。我们在怀疑与绝望之间的曙光里又踏上征程了。……我们非常肯定,1932年没被摧毁的军队,1933年也不能被打败。"

社民党和他们的联盟是不会走错路的,这种无可辩驳的确定性使他们感到欣慰。

*

总统冯·兴登堡向士兵发布公告:"新年这一天,我向防卫军和海军成员表达我衷心的祝福。要继续保持老兵的传统美德,忠诚、服从和履行义务。"库尔特·冯·施莱谢尔也签了字——作为国防部部长。

*

英国大使荷瑞斯·胡姆博德爵士向施莱谢尔总理转达了英国总理的问候,并提出一个愿望:拉姆齐·麦克唐纳爵士最大的希望是两国之间为欧洲友谊和睦邻关系而诚挚合作。

*

哈利·凯斯勒伯爵平静地度过年度之交。这个人通常都在寻找兴趣相近的人,在招待会上或晚宴上总是能找到他。新年前夜,他却一个人在魏玛的家中度过。

*

乔治的家在俾斯麦大街34号的万湖旁,这里非常热闹。海因里希·乔治,著名的、受欢迎的、有活力的演员,正与朋友和家人一起庆祝新年。他们是几天前搬到这里的。

外面开始噼啪作响,大丹犬弗洛爬到门厅沙发椅后面。乔治的未婚妻贝尔塔·德鲁兹,也是他们儿子彦的母亲,抚摸着狗,让它振作起来。彦在他带栏杆的小床里啼哭,他想回到庆祝会中,那里

/ 12月31日,星期六 /

大家都很开心。刚过午夜，大家都入迷地看着乔治在花园里表演"烟花特技"。噼啪声过后，他准备了一杯火钳酒，痛快地喝了起来。他后来又化妆成东方美女，戴着黑色卷发和飘荡的面纱，给客人预测了未来。

据他预测，他和他的未婚妻贝尔塔当然是不久后就要结婚了。

*

午夜。1933 年 0 点。

在贝希特斯加登，约瑟夫·戈培尔将手伸向他的"元首"，看着他说："我祝您拥有权力。"

山谷下面是新年的烟花，到了山顶，火光绽放，钟声响起。"粉碎旧的一年！"戈培尔想道。

后来希特勒的其他信徒在庆祝新年，喝酒、聊天，戈培尔拼命把电话压在耳朵上。从柏林打来的电话，玛格达状况突然恶化。她不能自主进食，非常严重，有生命危险。他还想了解更多，可是电话断了。

对于戈培尔来说，他是带着巨大的心理痛苦开始 1933 年的。

*

施莱谢尔给在瓦莱尔凡根的弗朗茨·冯·帕彭发了新年贺电。"祝你1933 年一切顺利，非常感谢过去一年在决定性的战斗中的先驱，我亲爱的小弗朗茨和他的家人。施莱谢尔。"

害怕对手会报复，却会给对手发这样一份电报吗？"我亲爱的小弗朗茨"？

施莱谢尔也许就是这样做的。

/ **1933年1月1日，星期日**

国家社会主义党人对民主国家的大规模进攻被击退。
《法兰克福汇报》

新年——新的战斗？
艰难的一年已经过去。更艰难的一年在我们面前。为了再次度过这一年，必须使德国最强大的工人党的战斗力达到最完美。
《前进报》

这个世界人们到处都在谈论……他叫什么名字来着："阿达尔伯特·希特勒"。还有呢？下落不明！
《柏林日报》

*

新年。酩酊大醉的一天。

*

在乌特列支大街，一个16岁的希特勒青年团成员瓦尔特·瓦格尼茨早上1点钟时下腹被捅了一刀死掉了。据推测，作案人是共产党人。一个叫萨罗夫的人很可疑。瓦格尼茨在一家酒吧与希特勒青年团第3分队庆祝新年。凶杀案就发生在这条大街上。

约瑟夫·戈培尔启程回柏林。他回去时玛格达还能活着吗？这几天戈培尔总是想到上帝。

*

由大使致辞迎接新年是法国使馆的传统，安德烈·弗朗索瓦-庞赛的亲切致辞：我们至少可以满意地认为，"法德关系目前正处于放松而平静的氛围中。"

此外，以往在日内瓦召开的裁军谈判会议——对德国人来说更像是军备升级谈判会议——一方面充满了法国的不信任，另一方面体现着德国的任性。帕彭任职时代表团的态度是不同的，不像以前那么恭顺，至少美国人这么说。

*

报纸上是形形色色的新年祝福。秘密顾问弗里茨·德穆特，柏林工商业协会（Die Industrie-und Handelskammer Zu Berlin）法律顾问，表达着乐观的想法："即使是最谨慎的判断者，在年底也确信德国经济已克服了最艰难的一段。冬天就是一个停滞时期，希望春天能够好转。"

*

当然，按照惯例所有受邀者都要在12点钟去总统那里迎接新年。大家都要去。但是在总理府并没有见到国家社会主义党领导人的影子，如赫尔曼·戈林，毕竟他是国会议长。本已下台但在这期间还继续行使职权的普鲁士社民党政府也只有很少的代表到场。

活动从迎接外交团体开始。很多人做演讲。出席的记者都认为兴登堡和施莱谢尔一致宣传温柔方针。德国要和自己和解。

兴登堡说："确实需要投入最大的力量，采取非常措施，来保证我们国家的公共事务和经济生活免受危险的内部冲击。但是危机尚未度过。"

接下来政府问候到场者。施莱谢尔对兴登堡说："总统先生，您几个星期前安排我就任政府最高职位时曾对我说过：请您创造就业机会，并通过社会补偿来缓解我们德国人民的紧张局势。政府会将这一指导思想作为施政纲领，因为只有这样，才能给德国人民以目标和希望。我们并不是不知道，这条路漫长而艰难。"

最后施莱谢尔感谢了他的前任。目前政府创造就业就是建立在"帕彭政府坚定而宝贵的工作基础上的"。

一句友好的话总不会有什么坏处。

*

传统的新年跳台滑雪比赛在帕滕基兴（Partenkirchen）开始了，年轻的德国人托尼·埃斯格鲁勃获胜。这应该是在这一跳台上的最后一跳——1936年冬奥会要在古底贝格（Gudiberg）建一个新的大型木制跳台。

*

德国、法国、英国、意大利、波兰、比利时、奥地利、捷克斯洛伐克和卢森堡的共产党在埃森秘密会面。是关于可能即将来临的

/ 1933年1月1日，星期日 /

革命吗？可惜议程也是保密的。

不管怎样，德国共产党目前正在胜利与自我毁灭之间徘徊。11月国会选举后，共产党中央委员会宣布："人民群众整个重组过程的重要特征就是共产党人获胜，而社民党和国家社会主义党留不住群众，中产阶级独裁不能持久。"

选举结果完美地证实了党的方针，不是吗？6个星期前，9月17日，中央委员会秘书处宣布策略，"推翻帕彭政府，反对法西斯独裁的兴起，需要一马当先，在工人阶级阵营中反对作为社会支柱的社民党，反对作为金融资本的法西斯恐怖组织和战斗组织的国家社会主义党"。但这场战斗有一个问题：党自身的战斗力值得怀疑。中央委员会认为，"作为各种形式及方法的群众运动的组织者和领导者，我们的党组织还非常不称职"。

魏玛共和国只有在特定情况下才能做好抵御准备。但是，德国共产党领导人却认为，他们的成员只有在特定情况下才能做好进攻准备。

*

对于库尔特·冯·施莱谢尔来说，新年伊始情势可喜。总统看起来无疑很满意，经济看来不久就会有飞跃。经济研究所最新季度报告分析道："经济衰退已结束，并触底反弹，之后可能会出现经济增长。"

从去年年初起，法兰克福证券交易所的股票和抵押债券价值不是增加了超过30%吗？

*

天主教徒路德维希·卡斯，中央党领袖，在他的新年号召中谈及"斗争还是募捐",要求从"领导方面"提供一个解决问题的方法。"德国的救世主从哪来,只有上帝知道",他说道,他的党会"大度而又感激"地献身于这个救世主,"这个真正伟大真正有丰功伟绩的、能让群众愿意追随又渴望的救世主",又说,"谁领导德国真的无所谓,他是谁并不重要,重要的是他能做什么"。

这些出自一个中庸的、天主教领导人的话语完全可以引起不安。似乎德国未来政府领导者不必具备任何态度和价值。一个可以来自任何地方的政治弥赛亚。

*

汉斯·采尔是《每日评论》的主编和所有者,这一刊物是支持施莱谢尔的。1932年8月,一群知识分子收购了该刊物,他们与月刊《行动》(*Die Tat*)也有着紧密的联系。当时有传言说施莱谢尔投了很多钱。《行动》的出版人也是采尔,他在年轻的保守派圈子里赢得了声誉,对当前主题进行非常透彻的剖析——如此说来,采尔其实就是右翼的奥西茨基,却并不是国家社会主义党人。

今天他在《行动》里写道:"施莱谢尔只有决心做出最后改变,才能表现自己,也就是说,他今天将毫无执行力的民意融入国家中。这一点更为重要,因为冯·施莱谢尔将军是一代人中最后一个能带领众人有意义地过渡到新时代的人,今天也找不到可以替代他的人。如果他失败了,我们很可能在经过短暂的轮番尝试后陷入内战,这将大大危及国家的生存。"

正如威廉大街私底下传说的,汉斯·采尔正在施莱谢尔那里谋求一个非常有影响的职位。这些社论当然可以当作求职信,很清楚。但是采尔眼前浮现出一个独裁国家的形象,这个国家和民主没有半点关系。

/ 1933年1月1日,星期日 /

在败于荷兰后,教练奥托·内尔茨领导的国家足球队也输给了意大利。面对博洛尼亚里托利亚勒球场①的30000名观众(只坐了大约一半),奥托·罗尔带领德国队一路领先,但是意大利球星朱塞佩·梅阿查反击——最后主队3∶1逆转取胜。

教练维多利奥·波佐执教的意大利队是当时的一流球队。虽然由于经费问题没有参加1930年乌拉圭世界杯,但是意大利国家队在这一年捧回了欧洲杯的奖杯,位列奥地利的"奇迹队"之后,获得第二名。即将到来的1934年世界杯将在意大利举行,意大利国家队也被认为是种子队之一。10月以来,大家都清楚意大利将是东道主——这要感谢贝尼托·墨索里尼慷慨的经济支持。

说到奥地利。1931年,以维也纳职业球员兼广告明星马蒂亚斯·辛德拉为核心的奥地利队,以6∶0和5∶0的比分两次战胜德国。奥地利国家队出线机会很大。相反,德国还在为拿到世界杯的入场券努力。

*

房屋公司"罗兰"和"普利穆斯"的住宅区的大多数租户进行抗议。2800人生活在这些住宅区。不少居民一半左右的收入用来付了房租。他们之前要求降低10%的房租,但没有成功。

---

① Stadio Littoriale,二战后更名为"市政球场"(Stadio Comunale),1983年更名为"雷纳托达拉拉球场"(Stadio Renato Dall'Ara),可容纳超过50000名观众,最多甚至有大约60000名观众同时挤在球场内观赛。——编者注

/ 掘墓人:魏玛共和国的最后一个冬天 /

据官方统计，柏林各地共有166152栋住宅楼，1357812个公寓登记在册。其中三分之二的公寓只有一两个房间。

1931年人口普查显示，柏林共有4288700人口。

*

慕尼黑"糖果盒"剧院离位于马克思－约瑟夫广场的国家剧院只有400米，晚上卡巴莱小品剧团"胡椒磨"（Die Pfeffermühle）在这里首演。

德国很多知识分子都知道创始人的名字：女演员特蕾泽·吉泽，她的父母都是犹太人；以及"曼家族的双胞胎"爱瑞卡和克劳斯，他们是德国诺贝尔文学奖得主托马斯·曼的孩子。当然他们并不是双胞胎，但是总是一起行动——他们也一起营销、出版有关他们旅行的图书和文章系列。

"糖果盒"与"皇家宫廷啤酒屋"毗邻，早年希特勒很喜欢光顾的啤酒屋。正好，"胡椒磨"在1933年1月登台演出，是针对希特勒，针对法西斯主义的——创始人要奠定"好战的反纳粹的"基调。另外"胡椒磨"这一概念是托马斯·曼发明的。晚餐时，爱瑞卡说她的小品剧还没有合适的名字，她父亲就举起餐桌上的胡椒磨说："这个怎么样？"

爱瑞卡·曼作为节目主持人迎接嘉宾并贯穿节目始终，她称希特勒是一个思想未受过教育、喜怒无常、性格变化非常大的人。单说他的身体：先天不足。国家社会主义党人反正也不喜欢这个思想自由、生活自由的女权主义者。但是表演小型戏剧的女演员吉泽也

／1933年1月1日，星期日／

跟着加入"胡椒磨"。希特勒说过,他觉得"非常棒",认为她是"民族的艺术家,只有在德国才能见到"①。——看起来希特勒并不知道她的犹太出身。

如果特蕾泽·吉泽继续演下去,希特勒就不会这么经常说了。

*

晚上,库尔特·冯·施莱谢尔在柏林看了雅克·奥芬巴赫的轻歌剧《特拉比松公主》(*Die Prinzessin von Trapezunt*),故事的背景设定在东方。之后,在场的人讲述,一位女演员在剧情高潮时问道:"我们现在做什么?"另外一个人回答道:"我们建立一个新政府,解散国会。"

群众大声呼喊。

总理对此应该是冷笑吧。

*

阿道夫·希特勒新年这一天去了慕尼黑国家剧院:瓦格纳的歌剧。理查德·瓦格纳开阔了他的情感,这部《纽伦堡的名歌手》演出时长超过4小时,并且是由巴伐利亚国家歌剧院院长,著名的汉斯·克纳佩茨布什②指挥。希特勒与瓦格纳家族保持着密切的关系。他在拜罗伊特总是受到欢迎。

摄影师海因里希·霍夫曼的金发女秘书也是希特勒的追随者。这位有魄力的年轻女子叫伊娃·布朗。她和希特勒之间正发生着些

---

① 原文使用了"völkisch"(种族的、民族的)一词,为纳粹用语。——编者注
② 德国著名指挥家。

什么，具体是什么，即使身边的人也并不清楚。但是一个女人在希特勒身边，无论付出什么代价都要保密，这事关选票。更准确来说：女选民的选票。恩斯特·汉夫斯坦格连同他的太太海伦也在这场音乐会中，海伦是希特勒在慕尼黑战斗岁月中的一位女性朋友，还有鲁道夫·赫斯和他的太太伊尔赛。

音乐会后，这一群人前往博根豪森①，汉夫斯坦格一家下榻在公爵公园旁比恩泽瑙大街。在壁炉旁喝着咖啡，聆听着留声机里拉赫马尼诺夫的钢琴曲，闲谈着，汉夫斯坦格演奏起瓦格纳，所有人都忘记了时间。希特勒虽然不喜欢克纳佩茨布什的解读，但他心情很不错，几乎是欢快的。到最后访客登记时，旅馆主人感到希特勒都要抑制自己的兴奋。"今年属于我们，""元首"对汉夫斯坦格说，"我向您保证。"

---

① Bogenhausen，慕尼黑市辖区，是该市的上流社区。

/ 1933年1月1日，星期日 /

风口浪尖上

1933年1月2日至1月29日

1月2日，星期一

现在该告别圣诞蛋糕与圣诞树了，德国必经的年终政治低潮已结束。

《福斯日报》

*

共产党在德国许多城市中准备接下来几天将举行的集会。他们画海报，练习喊口号。他们宣布："滚蛋吧，施莱谢尔政府和所有的法西斯军团！"另外还有："抵制掠夺工资、裁员和物价上涨！"当然还有："结束纳粹恐怖谋杀！"

*

库尔特·冯·施莱谢尔跟一个心腹抱怨，为复杂的经济问题伤脑筋，就连细枝末节都要考虑到，真是伤神，有争议的问题中各个阵营互相交错。不管怎么说，经济也不是施莱谢尔的专长，但如果德国经济没有回转，德国将会很艰难——当然他也会很艰难。

*

早上，党卫军的情报部门开始新的一年的工作。党卫军特务们的办公室在慕尼黑上流社区博根豪森一条死胡同的倒数第二幢房子里，离汉夫斯坦格家不远。这是莱因哈德·海德里希和家人的房子。

海德里希的组织和为其提供资助的国家社会主义党都缺乏经费来支付党卫军队员的薪水，1月2日这一天，显然不是所有人都来上班了。他们中很多人都失业，有些人只能寻找其他机会。

  莉娜·海德里希为还在工作的人及其他党员提供膳食。她用干菜做汤，准备一份没有鱼的鲱鱼沙拉。气氛非常沮丧。用勺子搅着汤的人，也在考虑着要走人。

/ 1月3日，星期二

施莱谢尔敦促解释。

政治假期结束。昨天"城内和平"也结束了。明天国会元老委员会将举行会议，将决定国会何时重新开会。

《福斯日报》

"走到街上去！"

反对施莱谢尔独裁和纳粹恐怖谋杀的红色集会游行。

《红旗报》

*

是的，"城内和平"结束了。这个奇怪的、中世纪出现的概念，似乎不太适合用来描述民主过程，可是每个人都理所当然地用这个词。无论如何，今天起，政治集会、游行和政治会议又没有限制了。"城内和平"是11月7日由总统兴登堡通过紧急法令宣布的。

*

像卡尔·冯·奥西茨基这样的人，如果没有任何人和任何事来阻止他，他会做些什么？他会写作，不停地写。在夏洛滕堡区的康德大街152号，《世界舞台》的编辑部发出了这些文字："1932年初，纳粹独裁即将来临，空气中满是血腥。最终，希特勒党被一场严重的危机所动摇，长刀无声地回到鞘中，只有元首在观察时局。德国的发展不是一帆风顺，但是非常迅速。"

施莱谢尔现在是"一个已经达到目的的雄心勃勃的人。如果他能像他的职业生涯那样，为祖国的利益展现出他的强硬，那么我们就迎来了黄金时期。"奥西茨基冷静而又狂热地观察着德国政治家。施莱谢尔这种类型也许并不能打动他。但他成了很多人的希望。这是为什么呢？

"德国今年夏天在反革命上显得无能，正如1918年在革命上一样无能，现在右翼既不是更聪明，也不是更有力，这使左翼在一定程度上有些惊讶困惑。施莱谢尔的新权威在很大程度上归功于这种混乱。

由于缺少重要的市民阶级的平衡力量，即使是顾问、助手或辅助人员频繁更换，施莱谢尔也可能会坚持很久。有一点是确定的：他开了'禁卫军总理'（Prätorianer-Kanzler）的先河。"

这是个多么引人注意、多么强大的概念，"禁卫军总理"。当然这一概念是指罗马帝国时期，禁卫军作为皇帝的贴身保镖。奥西茨基的用词把施莱谢尔简化得只剩军事功能。奥西茨基真的把保罗·冯·兴登堡看作是德国事实上的皇帝吗？

*

在利珀的竞选可以开始了。阿道夫·希特勒几天前阐述了他的"突破性竞选"，所以非常清楚：为了取得好结果，资金匮乏的党将全力以赴。希特勒宣布亲自去利珀，而且晚上真的在慕尼黑上了火车——但是奇怪的是往科隆方向，而不是向汉诺威方向，如果去利珀应该走汉诺威方向。他的新闻主管都不知道是为什么。

*

卡尔·冯·奥西茨基鄙视很多党派政客，国家社会主义党他打心眼里特别鄙视。"纳粹危机首先是资金危机。党内对理论感兴趣的阶层一直都非常薄弱。大部分党员都是笨得不能再笨的人,穿褐色衣服的教官都是靠钱聚集起来的,而不是靠思想。"

格里高·斯特拉瑟的形象也并不突出:"正是因为这个格里高有种使人有好感的气质,人们更倾向于客观地审视他,这种审视,对于像戈培尔这样的歇斯底里的尘螨简直是浪费,但是这种审视除了让事情更扑朔迷离外,别无他用。

一个党几个月前还要求一切,并且以它当时的规模确实可以要求一切,今天却在危机中挣扎,这当然是一场独特的闹剧。不过,这样可以警告我们不要有过度的期望,这似乎对我们来说也是适当的。只有普遍经济形势重新好转才能彻底消灭国家法西斯主义。"

戈培尔读到这些了吗? "歇斯底里的尘螨"——这已经将潜在的恶意又升级了。戈培尔对这些恶意诽谤非常敏感:有一次,他派一位党卫军队员到编辑部,把一位记者暴打一顿,这位记者曾经很不尊重地写了他太太玛格达的事情。或者这只是戈培尔自己吹嘘的许多故事中的一个?

*

晚上,《以色列家庭报》(*Das Israelitische Familienblatt*)的编辑在汉堡遇刺。午夜时分,一个年轻人在哈维斯特胡德路向伊茨里尔·卡乐巴赫多次射击时,这位犹太编辑正要寄一封信。很幸运没有打到他,但是一颗子弹穿透了他的帽子,他倒下了,摔到了头,失去了知觉。

卡乐巴赫夏天时曾惹恼共产党,引来了仇恨,因为他访问苏联后曾写了一系列文章,告诫信仰犹太教的人不要去苏联生活。从此以后,共产党经常伏击他、威胁他。现在他们严肃行动了。

/ 1月3日,星期二 /

/ 1月4日，星期三

国会等待着利珀；
最小的邦级选举应当作为舆论晴雨表。
《福斯日报》

敬爱的同志们！
同志们！不要让敌对组织抢在我们前面，耗尽我们的青春，而是要努力争取吸引那些中立的年轻人。
自由！
《国旗团》

*

国家社会主义党人想出很多主意摆脱"元首"的追踪者。早上，希特勒和国家社会主义党其他代表乘坐夜车从慕尼黑到达波恩。在火车站，希特勒的司机将随行人员接到一辆六座车上，然后在巴德戈德斯贝格（Bad Godesberger）的德累斯顿酒店吃早餐，酒店坐落于莱茵河畔一个美丽的地方。

然后希特勒指示他的新闻官奥托·迪特里希坐第二辆车开往杜塞尔多夫方向，在距离科隆3公里处等候，这辆车的窗帘一直紧紧地闭着。迪特里希坐在希特勒一直坐的位置，也就是司机旁边的副驾，戴着一顶帽子。

希特勒和他的同伴此时却消失在第一辆车中。威廉·凯普勒坐在驾驶位置。那些中型企业家、国家社会主义党员成立了一个顾问圈，将国家社会主义党与财力雄厚的工业家聚集在一起。

＊

早上，亚伯拉罕·普洛特金阅读柏林报纸的头条。头条报道的是国家社会主义党和共产党的群众集会。警察悬赏 500 马克奖励提供谋杀希特勒青年团成员瓦尔特·瓦格尼茨的线索。纳粹认为：这是今年以来的第一起政治谋杀。另外一些人说：这是酗酒者滋事的不幸结果。

＊

2 点钟开始，柏林警察进入警戒状态。下午，共产党在卢斯特花园召集集会——因为从 1931 年 10 月 31 日起实施的示威禁令于 1 月 3 日正式废止。

＊

希特勒的目标是科隆，银行家库尔特·冯·施罗德的别墅，城市森林路 35 号。施罗德有张与众不同的脸：半秃，一道疤痕划过左颊。

阿道夫·希特勒和他的随行人员的车开在前面。下车时他们都很生气。为什么有个摄影师在门前？难道不是说好严格保密的吗？

阿道夫·希特勒和不久前还是德国总理的那个人——弗朗茨·冯·帕彭，兴登堡的顾问——在施罗德的书房里谈了两个多小时。为了准时到科隆，帕彭甚至取消了一次打猎。这时他说，最好形成一个有保守和民族元素的政府，这些支持过他的党派可以和纳粹一起执政。为什么帕彭本人和希特勒不能一起领导这一政府？

希特勒以他特有的方式回答：发表演讲。如果他成为总理，只

/ 1月4日，星期三 /

要帕彭的支持者也支持他,他会将这些帕彭的支持者作为部长纳入政府。

这只是开始。也许是的:开始。

*

由于政府大赦,到今天为止,有6074名政治犯被释放。他们中并不是每个人都可以像卡尔·冯·奥西茨基一样,在未来的日子里,被当成魏玛共和国的筹码。

*

出现了丑闻吗?

东普鲁士纽德克农庄成了话题,这个地方是总统保罗·冯·兴登堡1927年从大地主和工业家那里得到的80岁生日礼物——那块家族旧时的地产埋葬着他的祖先。

埃里希·鲁登道夫在他的周刊《鲁登道夫的人民瞭望》(*Ludendorffs Volkswarte*)中严肃批判了这一馈赠,提出了兴登堡是否通过抵押地产来牟取"东部援助"资金的质疑。所谓"东部援助"是由61个法律法规混合组成的项目,各级政府用以刺激农业发展,阻止农村人口外流。

该农庄转移到了兴登堡的儿子奥斯卡·冯·兴登堡名下。如果老人有一天离世,就省掉了遗产税。这合法吗?对于总统来说,是否符合道德?

施莱谢尔并没有来见总统,兴登堡一家表示很不满。

*

亚伯拉罕·普洛特金看到共产党在卢斯特花园游行时，非常好奇。他看到成千上万人，特别是年轻人涌向广场，他看到许多戒备森严的警察。他是否想到了上次警察的告诫，让他远离人群？那次他差点被德国警察暴打一顿。但普洛特金无法抑制住自己的好奇。

卢斯特花园是施普雷河中一个岛上公园，这个公园的大小让他想到曼哈顿的华盛顿广场公园。这里是大教堂，那里是皇家城堡，那边是宏伟的博物馆。集会开始，共产党人唱起了《国际歌》。合唱嘈杂又粗糙。然后开始演讲。人们总是呼喊三遍"红色战线"，并将拳头向上举起，应该有几十万人前来。

一个寒冷、阴霾又雾气弥漫的冬日。普洛特金四处望去。他意识到这一天的光是多么奇怪。他觉得柏林的灯在雾中看起来跟他所见到的其他城市都不同。

"红色战线！"

他又沉思良久。

一种迷人的光。

"红色战线！"

路灯是明黄色，里面有一点粉色，最后成了一种玫红色的光，这光使每张接近它的脸和每个接近它的身体都分外突出。

"红色战线！"

今天的主讲人是威廉·弗洛林，四年来，他一直是共产党政治局成员，此外还是国会议员。弗洛林是一位有成就的演说家，他所说的，肯定能煽动群众。他号召所有的无产者，"在反对资本主义的斗争中形成统一战线"，他从希特勒和戈培尔的"血腥恐怖"说到他们"反对工人阶级"，还不忘控诉最邪恶的敌人——共和国忠实的社会民主党人,控诉他们"左翼的空话","伪装成工人,这样可以与乡绅联盟以推进社会化"。他的演讲以口号结束:"工人阶级国际战斗联盟万岁!"

大家唱起《马赛曲》,法国人民的自由之歌。

> 一起走吧,祖国的子民,
> 荣耀之日来临了!
> 我们面对着暴政
> 升起血染的旗子

但这些人还是缺少些什么。一种内心的热情,一种全身心的投入,一种信念。普洛特金感到很奇怪,他对自己说,这一过程中,这些人不管怎么说还是像士兵一样有纪律,从他们的街区出来走了好几个小时。

人群开始散开时,普洛特金还在沉思着共产党是如何在整齐的队形中唱着歌行进,当一名警察向他们发出指令时,他们又是怎样服从地在街边停下来。这是真实的德国吗?一个连革命都能仪式化的德国?他问自己。

不,他对自己说,这些人今天手里没有任何与真正权力相符的东西。

并不是权力的展示,而更像个假面舞会。

*

各党派在利珀选举的计划公开了。阿道夫·希特勒在10日内要在16次集会上发言,每天都在不同的地方,城市与乡村。除他之外,戈林、戈培尔和凯尔也参与由150次集会组成的竞选之行。

由恩斯特·台尔曼代表的共产党宣布举办 160 次集会，胡根贝格代表的德国国家人民党宣布举办 100 次活动。从 1918 年开始在这个最袖珍的邦执政的社会民主党计划了 150 次竞选活动。

要大张旗鼓争取的只有大约 117000 名选民。在其他情况下，人们更愿意将之看作是民主政治原则的胜利。

*

在普鲁士邦议会中，国家社会主义党提出申请，主管繁殖纯种马和赛马活动的最高机构在未来应抵制外国人拥有"驯马师及职业赛马骑师许可"。

*

当帕彭得知摄影师在银行家施罗德的别墅前潜伏，他就知道，他们的会面被泄露了！如果他不想跟施莱谢尔搞僵，就要赶快处理。他即刻前往杜塞尔多夫，他母亲住在那里。他写了一封信给总理，为他与希特勒的会谈辩护。

*

元老委员会开会，讨论召集国会的相关事宜。施莱谢尔总理派国务秘书爱尔文·普朗克出席国会，普朗克宣称，政府随时准备出席国会并宣讲政策。经过激烈讨论，大家一致同意 1 月 24 日召开第一次会议——社民党和共产党、中央党、德国国家人民党以及德国人民党投了同意票。国家社会主义党弃权。在此之前，1 月 20 日，元老委员会将再次开会，以确认日期是否合适。

/ 1 月 4 日，星期三 /

奥托·迪特里希，国家社会主义党的媒体负责人，在约定的地点等了几个小时。希特勒的车终于到的时候，天已经又快黑了。希特勒指示，以最快的速度继续向利珀方向前进。马路非常滑。

*

站在门前的这个摄影师是谁派来的？帕彭猜测他是个探子，因为他怀疑施莱谢尔的特工在监听他。还是像之后施莱谢尔所认为的，是斯特拉瑟的特工？

事实上，是柏林一位牙医委托的这位摄影师。这位牙医的诊所在大桥林荫道14号，很久以来，海因里希·布吕宁、格里高·斯特拉瑟还有库尔特·冯·施莱谢尔都是在这个诊所看牙。这个牙医名叫海尔穆特·埃尔布莱希特，兼职做记者，给《行动》和汉斯·采尔的《每日评论》写文章。一战时，他是一名歼击机飞行员，两次从射击中逃生。20年代以来，他与格里高·斯特拉瑟建立了联系，并在后者的圈子里认识了约瑟夫·戈培尔——也很鄙视他。有些人认为他是斯特拉瑟，也是施莱谢尔的顾问，尤其是在经济政治领域。他有时会把自己在莎帕大街29号的公寓让出来，让这两个政治家进行密会。

摄影师是一名退休的陆军上尉，名字叫汉斯·约翰内森，是斯特拉瑟身边的人。他的照片准时到达柏林《每日评论》那里，编辑还来得及改变明天早上的头版——并刊登照片。

真正的独家新闻。

　　同一天晚上，希特勒在利珀做了他的第一场竞选演讲。由于路面很滑，他晚了 2 个小时到达博星菲尔德（Bösingfeld）；可是人们在冰冷的帐篷里坚持到 10 点。他讲了一个多小时，伴随着雷鸣般的欢呼，然后又去了邦首府代特莫尔德（Detmold）。接近午夜时分，他做了第二场演讲。

　　这样的日子结束后，希特勒出透了汗，筋疲力尽，完全被掏空了。试图睡觉前，他会心不在焉地用勺子喝口汤。成功的代价是昂贵的。

　　但是机会不错。这次选举简直是为国家社会主义党量身打造的——用以摆脱危机。利珀位于条顿森林东北侧，是魏玛共和国 17 个邦国中最小的一个，只有德意志国国土面积的 0.25%——人口和面积都是最小的，是典型的农村新教区。在这里，国家社会主义党比在别的地方都更容易找到倾听的人。工业？矿业？几乎没有。相反，却有一些制造家具或海泡石烟斗的小工厂。

　　此外，利珀还被一些人口密集的邦所包围，运动更容易获得援助——还有观众。希特勒发表第一次演讲时，国家社会主义党将支持者运送过来，有 6 辆专车，许多公共汽车，还有货车。上百名冲锋队队员骑着自行车前来。他们的"元首"夜宿在一座历史悠久的水堡里，他们寻找仓库和阁楼，躲避刺骨的寒霜。尽管他们和社民党一样很勤奋地宣传，但他们的集会并不像社民党的那么枯燥。他们引进小型乐队，奏起军乐。谁要是太引人注目，就会被从礼堂中清除。

　　这也符合事实：1929 年邦议会选举中，国家社会主义党人只取得了 21 个席位中的 1 个。

　　在利珀，国家社会主义党只能赢。

/ 1月4日，星期三 /

1月5日，星期四

胜利的工人大军游行反对施莱谢尔独裁；
10000多人在卢斯特花园。
《红旗报》

希特勒和帕彭对抗施莱谢尔。
《每日评论》

*

《每日评论》的报道在政治之城柏林引起轰动。该报描述了帕彭与希特勒在科隆银行家施罗德处的密会，这密会已经不是什么秘密了。这个事件甚至出现在社民党的《前进报》上，这并不是亲施莱谢尔的媒体。在科隆已形成一个反施莱谢尔联盟——不是吗？

弗朗茨·冯·帕彭也即刻获悉了头版内容。他确信：他的对手库尔特·冯·施莱谢尔通过关系动用早间新闻来反对他。

当然，所有的记者对此都立即做出反应。恺撒霍夫酒店的旋转门响个不停。电话中心超负荷运转。

*

据说施莱谢尔和斯特拉瑟昨天见面了！这一谣言也在威廉大街传开了。反希特勒联盟？

施莱谢尔的顾问布雷多在他的日历上记录道："没有从帕彭处听到任何消息。"

在旧金山，一个目标远大的建筑正破土动工，许多人说这是一个世纪项目。一座巨大的桥梁将在几年后跨过城市所在的宽阔海湾。这就是"金门大桥"。

*

昨天的印象让亚伯拉罕·普洛特金不能忘怀。共产党似乎有"铁的纪律"。但是演说家弗洛林并没有激起特别的热情，普洛特金感觉他也并不想激起什么热情。那么社会民主党呢？普洛特金问自己。到目前为止还没有宣布游行。他想："也许他们在等着让别人先开枪。"

对，也许社民党就在等待。等待时机成熟就猛然反击。

*

谣言，谣言满天飞。有人说，《每日评论》的负责人汉斯·采尔用巨款贿赂了希特勒的一名保镖，从而获得了密会的消息。

*

这一年开始得很温和，至今为止，唯一让人不安的就是政治谋杀。新年以来已有 5 人死亡。在布雷斯劳，一名年轻的社民党人被国家社会主义党人刺杀。国家社会主义党的支持者和共产党的支持者在汉堡、埃尔福特和亚琛的争端也时有报道。

/ 1月5日，星期四 /

对于许多德国人来说,共产党是对社会真正的威胁。这个党是由苏联控制的,而苏联是新的超级大国。在武装反对国家政权面前也不退缩——对不少人来说,共产党这一套明显比国家社会主义党的空谈更具威胁性。

一年半前,1931年夏天,共产党人杀害了几名柏林警察——阴险的谋杀,在公众中引起极大不安。1928年1月到1932年10月底,普鲁士警方公布共有11位官员被杀害、1155人受伤。他们将8名死者和870名伤者归责于共产党。另外3起谋杀还未调查清楚。虽然共产党官方一直在与这些罪行保持距离,但总理府一直都有禁止该党的具体打算。这也将大大改变国会中的多数比例。库尔特·冯·施莱谢尔与他的智囊团在讨论近期的选择。唯一的问题是,这会不会是在玩火自焚?如果共产党的雄辩真的起了作用会怎样,总罢工?甚至是爆发革命?

*

晚上,亚伯拉罕来到体育馆,这一次,他真想听一听约瑟夫·戈培尔的演讲。今天,柏林的气氛从一开始就有所不同。不是那么……散漫。很幸运,他在楼上找到了一个位置。国家社会主义党人的活动还是以游行开始的,一个全身黑衣的女人由一个男人陪同,她是游行中的一分子。这是瓦尔特·瓦格尼茨的父母!人们窃窃私语,那个被害的希特勒青年团成员的父母。下面的舞台上,一个人站起身问候这个女人。是戈培尔!人们低声说。

这时鼓声慢慢响起。送葬。

/ 掘墓人:魏玛共和国的最后一个冬天 /

虽然普洛特金有看戏剧的望远镜，可是他也没有看清戈培尔的脸。他可以看到深色头发、深色面孔、深色轮廓，一直在动，却不能在脑海中形成这个人清晰的形象。但戈培尔的声音给他留下了深刻的印象，这声音如此有力，使普洛特金想道：这声音要是出现在麦迪逊广场花园①也一点不奇怪。

戈培尔开始了他的演讲：政治休战过去了。"战斗重新开始！"戈培尔说道："施莱谢尔说，他既不是社会主义者，也不是资本主义者，既不是天主教徒，也不是新教徒。这个人什么都不是。他没有原则，他用武力来统治，只是用武力。"

普洛特金注意到掌声越来越热烈。人们走近舞台。"每个运动都会落实到每个个体，而每个个体又体现整个运动，如果离开希特勒，就会摧毁整个运动。"

戈培尔情绪激昂起来，普洛特金所感受到的，他也一定感受到了。礼堂里的人群情激愤，一直在喊"希特勒万岁"。

"我们会接着努力，就算是需要一个世纪，我们也会接着努力。我们拥有古罗马的力量，他们年复一年地与迦太基人作战，直到迦太基灭亡。我们会不舍昼夜地工作，直到我们的斗争取得胜利。我们将用生命实现这一目标。"

"希特勒万岁"的呼喊声犹如风暴。普洛特金看到男男女女都在呼喊，形成一片波涛汹涌的海洋。他们的手都向上举着，他注意到，因过度激动，灯光都在眼前乱跳。

这时戈培尔又说，瓦尔特·瓦格尼茨！谁为年轻的瓦格尼茨的死负责呢？他问道，"谁？谁来负责？除了犹太人，别无他人，只有犹太人。读读他们的报纸吧。没有任何关于谋杀的内容。为什么？

---

① 是美国纽约市的一座著名体育场馆，是许多大型体育比赛、演唱会和政治活动的举办地。——编者注

/ 1月5日，星期四 /

如果什么也不想说，必有隐情。"

普洛特金感到人群像是被充了电。男男女女都嘶哑地喊着。另外一些人诅咒着犹太人。

有那么一刻，普洛特金以为戈培尔失控了，人群会因激动而议论纷纷。但是戈培尔突然又掌控了一切。这时他的声音又响起来，他又叫喊起来。"犹太人主宰了我们民族的生活，"普洛特金听到这样的话，"还有我们的经济、报纸和我们的政治，直到再没有德国人。我们是一群由少数犹太人统治的奴隶。为了从犹太人手中拯救德国，才掀起国家社会主义运动，在这一运动完成之前，我们都是奴隶。"

普洛特金震惊了。他几乎不能相信，戈培尔肆无忌惮地利用希特勒青年团成员的死，使群众陷入极度兴奋。他竟然将犹太人刻画为肇事者。普洛特金明白了，这就是国家社会主义党集会的真实气氛。他确信，这种纯粹的情感强化，这种仇恨的基石，迫使国家社会主义党人的运动有这样的本性：没有耐心，没有持久性。这一运动如果不能迅速取得政权，就会不可避免地瓦解。或者，它真的会取得政权。

那必将是仇恨统治。

1月6日，星期五

会谈是为了让帕彭先生与总统及总统的儿子恢复良好的关系，再次向总统建议希特勒当选总理，冯·帕彭先生可能以某种形式进入内阁。

《每日评论》

*

普洛特金也读了报纸，他读完后四处打听了一下。左翼方面对此都兴高采烈。工会会员及社民党成员已经开始嘲笑希特勒和帕彭之间联盟的前景了。帕彭做总理时，难道国家社会主义党人不是很清楚他们对这个人的看法吗？

另外，人们也告诉普洛特金，重工业行业非常不满意施莱谢尔的亲工人方针。

*

臆测越来越不着边际，压力越来越大。帕彭和还在利珀旅途中的希特勒发表联合声明：针对媒体中广泛传播的关于阿道夫·希特勒及前总理冯·帕彭会面的不实推论，我们声明，我们会谈的主题仅仅致力于建立伟大的、民族的政治统一战线，此次会谈丝毫未触及对现任内阁的看法。

有人会相信吗？

*

威廉大街的花园正处于冬眠状态，树早就秃了，但偶尔也会显现出生机。库尔特·冯·施莱谢尔带着一位访客到总理府后门：格里高·斯特拉瑟。国务秘书奥托·梅斯纳正在休短暂的冬假而没有在柏林。兴登堡随后表达了对这位国家社会主义党人的赞赏。

然而希特勒方面也获悉了这次密会。

*

非正式会面：德国总理下午晚些时候去法国大使安德烈·弗朗索瓦－庞赛处品茶。他们并不只是互相尊重，还彼此喜欢。他们共同描绘了一幅未来和平世界的宏伟蓝图：由"德国和法国共同逐步"实现的"欧洲经济需求的满足和经济的一体化"。尽管几天前，两国刚刚解除贸易和工业政策的争端，但在这样一个围绕《凡尔赛条约》而充满争执的时代，在农场主要求征收关税的时代，在国家社会主义党人游行示威的时代，这不失为一个大胆的想法。

当然，二人也谈起这两天的事件。施莱谢尔说，对于帕彭和希特勒之间的会晤，兴登堡"非常震惊"。很显然，帕彭犯了严重的错误，但他的意图并不坏。"他太草率了，"施莱谢尔接着说，"他只是想做一件大好事，想把希特勒绑缚起来摆到我们面前。希特勒难道不是已经多次证明了人们不可以信任他吗！现在帕彭很尴尬。他怕我们责备他。我也不会责备他。我只是对他说：'我的小弗朗茨，你又出了洋相了。'"

*

社会民主党有动静了，体现在实际上被剥夺职权的普鲁士邦总理奥托·布朗身上，他给库尔特·冯·施莱谢尔个人提出一项建议。如果施莱谢尔能说服兴登堡在普鲁士再次任命他的内阁，作为响应，他将致力于解散国会和普鲁士众议院（Preußisches Abgeordnetenhaus）。然后，施莱谢尔就可以以紧急全权来统治——有他在社民党的支持与影响，就可以一起对抗国家社会主义。

这是个非常吸引人的建议，这也许是唯一一次与社民党结盟的机会。但是那里还有国家社会主义党的斯特拉瑟，施莱谢尔是坚信他的影响力的。

施莱谢尔回避了布朗的提议。

*

几乎同时，其他富有影响力的社民党人也突然活跃起来：鲁道夫·布莱特沙伊德，社民党在国会中的党团主席，邀请德国总工会主席提奥多·莱帕特在党派主席团中做报告。莱帕特准备与施莱谢尔合作的慌乱信号，无论如何也逃不过社民党的眼睛，不用说，他们已经戒备了。现在他们劝说莱帕特，几个小时地劝。他怎能这样，他到底在想什么，这可是关系到团结一致——等等……

最后工会领导就随他去了。从此以后他和施莱谢尔的内阁只能尴尬地保持距离。

*

是的，如果左翼能合作该多好。但在共产党领导人恩斯特·台尔曼这儿想都别想。上次总统竞选中，也就是1932年春天，他与兴登堡和希特勒出场竞选。他当时说："选兴登堡的人就选择了希特勒，选择希特勒的人，就选择了战争！"这是有先见之明的话吗？还是斯大林主义者的煽动？

恩斯特·台尔曼是汉堡人；上一次在柏林，他住在夏洛滕堡区

／ 1月6日，星期五 ／

的科瓦尔斯基家,在俾斯麦大街24号,他以这个地址落了户。这些天,他搬到克鲁君斯基家,吕茨欧威尔大街9号,也在夏洛滕堡区。这里并不是秘密栖身之处,他也经常在此出入。

台尔曼是德国共产党的领导人。许多德国人很害怕共产党人,甚至是生理上的厌恶。比方说弗朗茨·冯·帕彭就是这样。

这种害怕有理由吗?共产党在国会选举中的选票一年年增加。1930年至1932年之间,选票从450万增至690万。每6个德国人中就有1人最后选择了共产党。

共产党宣扬革命,每天都在他们的传单上、集会上和《红旗报》上宣传革命。或者在议会中。在巴登邦议会中,共产党议员波宁不久前曾说过,"我们共产党知道,这个国家只能被武装力量推翻。工人们可以放心,工人阶级在必要的情况下会使用武器来进行这些战斗"。

共产党的政治家就是这样说的。恩斯特·台尔曼也这样说,他是极左派(Ultralinker)。10岁时,他经历了汉堡港口1896~1897年工人大罢工。在学校,他读了席勒的《威廉·退尔》(*Wilhelm Tell*)。他曾经写道:"所有的疑惑一下子"被撕碎,"让我的思想更自由、更自信地向社会主义发展,甚至并不知道社会主义实际意味着什么,又是什么"。

后来,早在战前,台尔曼在科隆第九炮兵团服役,却背上"没有祖国的人"[①]的骂名并被开除。他在"美国号"轮船上做装炭工,跑了3次汉堡—纽约航线。他于1915年1月13日结婚——那时他已经半秃顶了,招风耳倒是一直都有——1月14日又应征入伍。

他的太太罗莎在一家洗衣公司做熨衣女工,他给这家公司开车。

---

① Vaterlandsloser Geselle,约在19世纪末、20世纪初尤其被用作针对共产党人、社会主义者和社会民主党人的咒骂语。——编者注

/ 掘墓人:魏玛共和国的最后一个冬天 /

他是个总爱辩论的人。罗莎所认识的他就是这个样子：恩斯特，罢工，为他的东西斗争，为工人利益想改变世界，从不放弃他的原则。现在，在魏玛共和国阶段，一方面，他反抗资本主义，反抗法西斯主义；另一方面，因为台尔曼是个训练有素的马克思主义者，他知道辩证唯物主义，所以他知道资本主义要发展到危机四伏的时候，才能被共产主义战胜。所以国家社会主义党取得权力也不错，这样就能发展到下一个阶段了。这样共产党人首先自己就是个靶子。

台尔曼意识到了这一点。1931年7月，当社民党和国旗团干部问他，共产党关于工人阶级统一战线的提议是不是认真的，他回答道："希特勒式的军官和贵族子弟这些流氓们已经宣称，要把共产党运动扼杀掉，要使上百万的男男女女死于非命；鉴于这一事实，鉴于德国要成为死亡之国这种迫在眉睫的危险，难道我们共产党对于反法西斯的无产阶级统一战线不是认真的吗？"

/ 1月6日，星期五 /

/ 1月7日，星期六

被发现了！
希特勒和帕彭狼狈为奸！
《前进报》

我们得到可靠消息，这一会晤试图停止国家社会主义党与帕彭身后力量之间的战火。为在新的更广阔的基础上重建从前"哈尔茨堡阵线"①而努力。
《每日评论》

*

1点半，太平间中正举行追悼会，悼念被谋杀的希特勒青年团成员瓦尔特·瓦格尼茨。约瑟夫·戈培尔和青年团头目巴尔杜尔·冯·席拉赫也出席了。守灵人是希特勒青年团第3分队。

短暂祈祷后，送葬队伍前往路易森城市公墓。成千上万人排队跟在灵车后面，路上走了两个多小时。在墓地，人们唱起了《霍斯特·威塞尔之歌》②的第一节。演讲，献花束和花环。然后人群在渐渐降临的日暮中继续向卢斯特花园进发。

下午，当亚伯拉罕·普洛特金看到国家社会党人身穿制服，一队一队地从身边走过，他也跟着混进了人群。普洛特金的一个同伴

---

① Harzburger Front，德国魏玛的一个短命的激进右翼反民主政治联盟，成立于1931年，旨在向总理海因里希·布吕宁政府提出统一的反对意见。
② Horst-Wessel-Lied，根据首句歌词又称为《旗帜高扬》(Die Fahne Hoch)，是1930~1945年纳粹党党歌，也是1933~1945年在《德意志高于一切》(Deutschland Über Alles)之外的另一首国歌。

/ 掘墓人：魏玛共和国的最后一个冬天 /

问旁边一个女人，这些人唱的是什么。

"我不跟犹太人讲话的"，女人回答。

天早就黑了，7点半，这时候已经有十几万人来到了卢斯特花园。又是演讲。普洛特金站在纪念碑的台阶上，放眼望去，一片帽子的海洋。葬礼进行曲响起，接着约瑟夫·戈培尔讲话。

"我们知道杀人犯的名字"，戈培尔喊道。

这对普洛特金来说简直是"炮弹一样的效应"。之后他便确定了这样的印象："卢斯特花园的各个角落都疯狂地喊道：快说！快说！戈培尔站了起来并沉默着。当他重新开始发声，便是用洪亮的声音，用缓慢的语速，用和在体育馆一样的伎俩，重复一个词或一种表达方式，直至在人的心灵里留下不可磨灭的烙印。"

《抨击报》报道，戈培尔高高地站在城堡坡道上继续演讲：

我们献出心灵，举起双手呼喊：到此为止，不要再继续了。我们的耐心到头了。是犹太人的错，这是我们的控诉。

他们亵渎了我们的荣誉，他们夺走了我们的工作和面包，他们煽动起内战，他们弄得德国不得安宁，现在，他们注意到有一支1200万人的队伍向他们挺进，现在他们开始颤抖，现在恐惧已植根于他们的体内。他们知道阿道夫·希特勒就站在门前。他们胡说着分裂、瓦解和叛乱。对他们来说，这些都是幻想。

他们知道我们团结一致，如果我们分崩离析，犹大就会取得统治。

最后几十万人唱起了《霍斯特·威塞尔之歌》。

为褐衫军清道

/ 1月7日，星期六 /

为冲锋队员清道!
百万人已充满希冀望着卐字旗
自由与面包的日子渐渐来临

普洛特金记录道:这些纳粹完全不需要说出事实和真相,就使群众陷入极度兴奋中,随心所欲地控制他们的情绪。群众是多么容易被诱骗,他们心胸多么狭窄。

号角最后一次吹响,
我们都准备好去战斗!
希特勒的旗帜已到处飘扬,
我们被奴役的日子已经不再漫长!

后来,集会过后,普洛特金看到年轻的冲锋队员在待命,"像一群中学男生一样待命,而当卖香肠的开始分散在他们中间,他们也像一群中学男生一样买香肠"。

*

由于缺少杀害瓦尔特·瓦格尼茨的证据,有作案嫌疑的共产党人萨罗夫又被释放了。

*

由于对政治犯实行普遍大赦,针对约瑟夫·戈培尔的叛国罪诉讼终止了。去年4月,由于这位国家社会主义党干部在多个演讲及多篇文章中呼吁暴力颠覆国家政权,最高检察官曾努力起诉戈培尔。

/ 1月8日，星期日

这场围绕权力的少数人的游戏越来越呈现出奇特的形式。越来越有必要最后进行谈判。

《每日评论》，汉斯·采尔

你们无产阶级的家庭主妇，你们还记得黄油的味道多么美吗？你们已经有多久无法把它拿到餐桌上了？

《大众画报》

*

12月，一名共产党人在莫阿比特街区将冲锋队队员埃里希·萨迦瑟砍伤，他身上现在还有刀伤。正如约瑟夫·戈培尔常说的那样，又一个国家社会主义运动的"牺牲者"。

*

年轻的女诗人玛莎·卡乐可开心不起来，其实如果她在威廉皇帝纪念教堂旁边的罗曼斯咖啡馆里和艺术家们聊天，她会是个开心的人，时不时也会卖弄风情。但在她诗意的忧郁中，可以为那寻找信心的人找到一些东西，这些东西可以使阅读不那么忧伤。

苍白的日子

我们所有的苍白的日子
堆叠在寂静的夜里

堆叠成一座灰色的墙。
石头挨着石头。
所有空虚时刻的忧伤
都锁进灵魂。

梦像幽灵一样来了又流散
这是白天
我们总是犹豫不决地去捕捉彩色的碎片
在苍白日子的阴影里,
我们活着,因为我们没有死。

*

《大众画报》头版刊登了一张照片:冲锋队队员决斗。照片下面写着:"冲锋队练习突袭。穿褐色衬衫的队员带着左轮手枪、橡皮棍和匕首在柏林市郊进行'清新欢快的野外侦察游戏'。"

*

英国作家克里斯朵夫·伊舍伍德自1929年以来生活在柏林,近来他住在诺伦朵夫大街17号,那里离"舒适角"(Cosy Corner)及其他同性恋酒吧不远,这些地方都是他和他的朋友喜欢去的。11月他搬到公寓前厅睡觉——这里在黑暗的季节里至少还有些光进来,而且更容易取暖。伊舍伍德虽然只有32岁,但这里的冬天还是让他很虚弱。"在柏林多待一天,我就凋零,而且变得更加丑陋。我的头发有头皮屑,头发掉光了,牙齿很糟,我闻到自己嘴里的气味。但我知道,我决不能离开这里。现在不能。如果要让我的小说更符合事实,小说的结尾部分还需要再做研究。"

和许多优秀的作家一样,伊舍伍德也是这样:现实激发他形成最可靠的虚假图像。他常常在这个城市游逛,其实他认为这个城市是个"梦",因为警察是宽容的,因为这里的人们很开放,因为国际派对的场景使夜生活变得无比轻浮。

伊舍伍德写道:"柏林真正的核心,蒂尔加滕——一个小而潮湿的黑暗的森林。这个季节,寒冷驱使农民的孩子从没有防护的小村庄进城,他们期待在城里找到食物和工作。城市的夜空如此明亮,如此诱人,在大地上闪着光,可是它却是冰冷的、残酷的、死亡的。城市的温暖只是幻象,是冬季沙漠中的海市蜃楼。城市不会欢迎这些孩子。它没什么东西可馈赠。寒冷驱使孩子们从街上进入森林里,进入这个城市的残酷之心。在森林里,他们蜷缩在长椅上,饥寒交迫,梦想着火炉和他们遥远的家中的小屋。"

柏林是多变的。每个人都看到这个城市他所想看到的样子,或者他们害怕看见的样子。所有这一切都可能是真实的。

*

约瑟夫·戈培尔最近很难入睡。他的太太玛格达状况起伏不定。"这种可怕的痛苦和恐惧,"他在日记中写道,"真是让人绝望。"希特勒也打来电话,他也担心玛格达。明天他要和戈培尔一起从利珀去柏林,去医院看望玛格达。戈培尔写道:"我非常感激他。"

/ 1月8日,星期日 /

/ 1月9日，星期一

帕彭在施莱谢尔处；
几个小时的谈话。
《福斯日报》

弗朗茨·冯·帕彭又到了柏林。他认为自己是作为败露的罪人去拜访——还是去赔礼？反正他去探访了库尔特·冯·施莱谢尔，他们聊了很久。他说，与希特勒的会面只是要探探国家社会主义党"元首"在何种情况下才会支持施莱谢尔政府。施莱谢尔很专心地听着。他在怀疑吗？并不是像平常那样怀疑。他认识他的"小弗朗茨"已经很久了。他永远不敢欺骗他。

他告诉施莱谢尔一些他非常感兴趣的东西。阿道夫·希特勒本人也不再相信自己能成为总理了，而是想担任国防部部长和内政部部长。即身兼二职。

真是个好消息。虽然让国家社会主义党的"元首"有支配军队和警察的权力是个绝对荒谬的建议。

但这是个充满希望的消息，因为希特勒似乎终于失去了耐心。

*

约瑟夫·戈培尔却听到另外一个版本。阿道夫·希特勒告诉他，帕彭向希特勒提出一项建议。如果希特勒能让帕彭再当选总理，希特勒就可以担任最重要的两个部长——国防部部长或内政部部长。

希特勒还说帕彭"强烈"反对施莱谢尔。他可以在兴登堡耳边吹风，而且他住在兴登堡那里。戈培尔很高兴，施莱谢尔在走下坡路。最好的消息是：总理没有解散指令，不能随意解散国会。帕彭确定了这一点。

*

拜访总理后，帕彭从总理府走了几步去总统那里。他知道这里的路，熟悉这里所有的工作人员。兴登堡脸上满是皱纹，眼神里露出疲惫，不过还是能感觉到紧张的期待。正如库尔特·冯·施莱谢尔告知法国大使弗朗索瓦－庞赛的一样，当总统获悉这一会晤时，难道不是"深深地震惊"吗？

帕彭没有受到严厉的斥责。大家都在听他讲，至少他自己是这么觉得的。

兴登堡说，施莱谢尔要求他不要单独接待帕彭。但是他，身为总统，从一开始就相信施莱谢尔对帕彭的看法是错误的。

帕彭说，阿道夫·希特勒已经不再致力于在内阁中做总理。国家社会主义党"元首"现在同意让他的党参与到有保守势力的联合政府中。

好啊，好啊。

国务秘书梅斯纳自然在场，保罗·冯·兴登堡转向他说，那么就需要一个新的总理。新总理只能又是弗朗茨·冯·帕彭。

至少在此次对话后已很清楚：总统与前总理结盟反对现任总理。一个密谋。然后呢？接下来怎样呢？

首先，帕彭想保持与希特勒的联系，私人的，严格保密的。

兴登堡同意了。

他对梅斯纳说：不要告诉施莱谢尔，他同意与希特勒继续保持联系！

*

从西班牙传来戏剧性的消息，无政府主义者在巴塞罗那和加泰

/ 1月9日，星期一 /

罗尼亚企图政变，特别是在城市的一个火车站进行了激烈交战，死伤人数尚不可知。

*

女演员伊丽莎白·伯格纳和导演保罗·锡纳在伦敦结婚。两人都来自奥匈帝国，刚刚一起拍了电影《做梦的唇》(*Der träumende Mund*)。他们是被公众和批评家赞赏的艺术家。人们知道，伯格纳最近住在柏林达勒姆区法拉达路15号。

但德国的政治局势对他们来说太危险了。他们想在别的地方重新开始，希望在那里他们是不是犹太人这件事并不重要。

/ 1月10日,星期二

星期一,在帕彭的要求下,冯·施莱谢尔将军和冯·帕彭之间进行了1个半小时的谈话。

谈话中,帕彭着重证明了他的忠实。

《每日评论》

全世界无产阶级领导者发表讲话;

斯大林同志对布尔什维克的总指挥部说:"整个资本主义世界孕育着无产阶级革命——没有任何困难能吓倒列宁的党!"

《红旗报》

*

斯特拉瑟在汉堡的广告攻势传到利珀。这一消息让在利珀的一些人紧张。希特勒已经不在那里了。他要去柏林。他乘夜车从比勒菲尔德(Bielefeld)出发,于清晨抵达柏林腓特烈大街火车站——他今年第一次在首都停留。

*

施莱谢尔总理占上风。他和乌尔施坦出版社的约瑟夫·莱纳进行过一次谈话,当时《福斯日报》记者也在场,施莱谢尔说:希特勒"几乎绝望,因为他觉得党已快分崩离析,而自己却从未能将党放在决定性位置上"。希特勒永远无法靠近总统,对总统来说,国家社会主义党"元首""几乎和共产党一样糟糕"。

这是信念,还是伪装的乐观主义,还是自我激励?总理没有太多的时间来找到一条路将国家社会主义党拉进来。但这却是他的任务。很快国会将再次召开，一定会有人表达不信任的。在此之前，他必须去兴登堡那里请求解散指令。这之后的关键是，总统是否支持他的总理。

希特勒到目前为止固然保持了镇定，但如果施莱谢尔现在击中他要害怎么办？

像平时一样，总理有个计划。他明天要通过媒体负责人向记者发送信息，他将提名3位新部长来"支撑"他的内阁。一位是亚当·施特格瓦尔德，中央党议员兼基督教工会领袖。第二位——这个政治上比较敏感——阿尔弗雷德·胡根贝格，德国国家人民党主席，作为农业部部长和经济部部长进入内阁。

施莱谢尔将渐渐透露出第三位的名字，他就是副总理和内政部部长，也是普鲁士邦的新总理——格里高·斯特拉瑟。

*

这是虚张声势的恫吓。

施莱谢尔和胡根贝格至今未达成任何协议，和施特格瓦尔德也没有——和斯特拉瑟的事情更是已经长久地郁积在他心中，迟迟没有结果。每一次的虚张声势是否成功，都与对手有关。这次的虚张声势直指一个人：阿道夫·希特勒。

施莱谢尔对外宣称，他的大门一直为国家社会主义党"元首"敞开。

阿道夫·希特勒如何反应呢？他将如何面对施莱谢尔呢？

答案是：根本不作反应。

不打电话，不去拜访，一封信也不写。

"元首"沉默着。

*

总理府召开记者招待会。总统和总理的关系如何？兴登堡与施莱谢尔的关系不同于他与帕彭的关系。没有与帕彭那么密切，是真的吗？

当然是这样，一位新闻发言人说，不过也很清楚，"施莱谢尔绝对能得到解散指令"。

很明显：总理并没有得到总统指令来对抗不信任提案。

还没有？这是个问题。

*

一周还没过去，在科隆的密会就已不再是秘密。现在帕彭和希特勒将进行下一次密会——在非常保密的情况下。这次是在柏林的环境雅致的达勒姆区，正是伊丽莎白·伯格纳和保罗·锡纳刚刚离开的那个区。从法拉达路到兰茨林荫大道7-9号的直线距离有3公里。

这天晚上，约阿希姆和安娜莉泽·冯·里宾特洛甫夫妇在等他们的客人。9点钟，司机先是接了弗朗茨·冯·帕彭一家。除两名心腹外，其他工作人员都被打发走。10点钟，一辆车在侧门前停了下来——和以前一样，希特勒穿过花园到了主人的别墅。在香槟酒商人约阿希姆·冯·里宾特洛甫的书房里，帕彭和希特勒谈到了深夜。

/ 1月10日，星期二 /

/ 1月11日，星期三

前进，红色自由军队；
世界在聆听！
斯大林宣布社会主义的胜利。
《红旗报》

希特勒绕道去柏林；
没有遇到总理。
《福斯日报》

国家专员格瑞克在国会社会政策委员会中解释了他的"即时就业计划"。5亿马克供公共部门的基础建设工作使用。这些任务首先要委托给私人企业。"目前已探讨了许多要求，超出了即时就业计划中应该满足的。"

如果在施莱谢尔内阁中有个可以寄托希望的人，那么这个人就是法学家君特·格瑞克。格瑞克与右翼及工会的联系现在非常有帮助。如果他成功了，如果失业率降低，如果德国人又有更多的钱、更多的食物，如果他们更加满意，那么这将是库尔特·冯·施莱谢尔的胜利。只是这些必须尽快进行。

格瑞克知道这些，他只能尽他所能。圣诞节前，格瑞克起草了一份内阁法案，施莱谢尔已批准这一法案，兴登堡也就默认了。节后，这一计划开始运行。大量申请的项目未经重大审查就获得批准——涉及道路建设、桥梁修复、运河工程。全国范围内开始施工。失业人员也开始按协定的工资工作。

自12月初以来，格瑞克有些日子每天工作16、17个小时，因为他必须从无到有建立一个完整的机构。毕竟他可以从各部中挑选能干的人员，总理特批这些人员迅速到岗。每天早上 7 点，格瑞克让人来接他到威廉大街，时常过了午夜才回家。

这种工作量不可能苛求别人。施莱谢尔有一次会心地对他说："这点我很赞赏：您同时给两个司机、两个私人保镖和双倍人数的打字员团队带来了工作和食物。"

总理需要这样的人。

*

1932 年 7 月 20 日，"普鲁士政变"，通过国家剥夺了邦政府的权力，使社民党和左翼工会陷入困境。普鲁士邦总理奥托·布朗提的建议还在施莱谢尔的桌上放着。总理对格瑞克说，他自己会取消当时的紧急法令，然后就能把莱帕特拉到自己这一边，同时也把工会拉到自己这一边。但是施莱谢尔说，总统先生绝不会配合的。

*

5 点半时，天早就黑了。在总统兴登堡的主持下，会议在总理府紧张进行：有施莱谢尔，还有食品部部长、经济部部长，以及农业协会的代表。

农业协会。在魏玛共和国，人们需要很长时间四处寻找，才能找到有影响力的说客。农业协会主席甚至两年前迫于兴登堡的压力，被布吕宁政府任命为食品部部长。部长作为利益代表者，立即无耻地向国外竞争产品征收关税。农业协会里聚集的都是些大地主、农业企业家和东部的容克，他们对民主优越性的理解非常有限。上一次总统竞选，人们表示支持阿道夫·希特勒，因为保罗·冯·兴登堡与社民党为伍。在此期间，国家社会主义党人占据了农业协会中的关键位置。出席会议的爱伯哈特·冯·卡克奥特伯爵就是农业协会的关键人物：51岁，庄园主，11月作为向总统请愿书上的签字人，要求希特勒成为总理。实际上兴登堡很欣赏这个伯爵。

总统对农业协会的人绝没有公开的怨恨。上帝保佑，他的家庭本身就是大地主，他当然会以个人身份站在这一边。

官员们怨声载道。施莱谢尔难道不是答应继续帕彭的政策吗？难道不是该用关税、贸易壁垒，采取各种措施来给廉价食品的进口设置障碍吗？那些破产的农场主怎么办？帕彭在职期间，这些政策的强制执行被推迟，因此施莱谢尔必须继续执行！

施莱谢尔说，是的，措施还在讨论中，但是债权人也需要得到保护。

最后，总统干预此事：施莱谢尔要立即与相关负责的部长会面。总统希望第二天能有解决问题的方案。

这是一种侮辱，也与宪法背道而驰。毫无疑问，兴登堡越权了。国家宪法第56条说："总理决定政治方针。"

农业协会一个代表将一张纸塞到施莱谢尔手中，然后他们站了起来。纸上的内容是已经转给媒体的一项决议。谴责声十分锐利：施莱谢尔实际上在经营着农业布尔什维克主义。

大家在争吵中分开了。施莱谢尔有些震惊。

很快，他从自己这方面发表声明。由于农业协会"以蛊惑人心的形式，进行客观上毫无根据的攻击"和采取了"背信弃义的行为方式"，政府从现在开始拒绝与之进行协商。

保罗·冯·兴登堡事先批准了施莱谢尔的声明，他对这些农场主阴险的行为也非常愤怒。

1月12日，星期四

失业率持续增长；

12月，新增失业人数超过40万——尽管如此，政府依然进行不负责任的煽动和施行"有一线希望的政治"。

《人民观察家报》

苏联改变了地球的面貌；

第一个"五年计划"结束时斯大林的讲话。

《红旗报》

*

里宾特洛甫的别墅里又充满了激动人心的气氛。采取谨慎措施，最大程度保密。阿道夫·希特勒和弗朗茨·冯·帕彭说好要来吃午饭。在这里，他们所在的达勒姆，很可能会决定德国的政治方向——这对于别墅主人的职业生涯绝不是什么坏事。

帕彭果然来了，他是个靠谱的人，里宾特洛甫在战争岁月里作为军官的时候就有这样的印象。二人共同在奥斯曼帝国一个军事顾问处服役。但突然来了一个消息：希特勒不能前来。"元首"在利珀脱不开身。

尽管如此，大家还都坐在桌旁。里宾特洛甫和帕彭吃着饭谈论着即将举行的选举，但这并不是前总理到这里来想谈的话题。雄心勃勃的主人提供了汤，帕彭却无所事事地坐在那儿，用勺子搅着汤。别墅外的人都在利用时间争取对自己有利的东西，执行他们的计划。

*

在城市的工人住宅区，越来越多的租户进行抗议。确切人数还不清楚，但这期间在整个柏林大概有几千名租户提出抗议。

阿卡大街132号的居民也决定于1月1日不缴纳租金。亚伯拉罕·普洛特金并不知道，但这一天他去了柏林最臭名昭著的出租区——威丁的"迈耶庭院"，许多社会报道的事发地。记者经常光顾这些房子，描述庭院石板地面上的洞，人们经常会被这些洞绊倒，导致腿骨折。其中一个光秃秃的墙上写着："我们要像人一样生活！"窗台上的海绵，漏水的马桶，不能防雨的屋顶。"出生在阿卡大街就是被诅咒"，《世界舞台》杂志的作者库尔特·图霍夫斯基不久前刚刚写道。

阿卡大街132号的住宅区包括前楼和5幢后楼。多达2100人一起住在这么拥挤的空间中。该建筑群建于19世纪70年代，还没等建完，就已经有很多寻找栖身之处的绝望的人占据了这里。后来有很多小作坊巢居在院子里：印刷工、水管工、鞋匠。1929年，据《柏林晨报》(Berliner Morgenpost)统计，1000对新人在这里结婚，500个孩子出生，150人死亡。进入"迈耶庭院"要经过一个拱形门。为罢工者把风的人今天还是让普洛特金进去了，因为普洛特金知道暗号："吐马金"(Turmarkin)。

吐马金是这里的人所仇恨的人的姓，这个人名字叫亚历山大。他是俄罗斯人，是这里的新业主，不愿在居住质量上投资，一点儿都不投资。

普洛特金出示了证件。美国人？人们让他进去了。这一排排的房子像山谷，阴暗寒冷。每个窗子上都挂着共产党的红旗。这些房子建的时候，城市还没有现代供水系统。从水管中流出的混浊的液

/ 掘墓人：魏玛共和国的最后一个冬天 /

体也解释了这一切。二楼的一个租户给普洛特金看了一个瓶子,里面装着水龙头里的水。"这就是水管里的脏东西,"他说,"红棕色的液体,锈水。"

今天,335个家庭生活在这里,一共1301个人。

你为什么知道得这么清楚?普洛特金问道。

我们必须知道。他回答道。警察时不时地带走一个,我们每天都数一数,看是不是少一个。

普洛特金又下到地下室,这里也住着人。他遇到一个女人,叫玛塔。她住处的墙上还闪着新鲜油漆的颜色,潮气在绿色墙上形成白色斑痕。她可能只有40岁,但是脸庞浮肿。她的双手长满老茧且肌肉发达。普洛特金被吸引住了,他问女人做什么工作。

"我不工作,"她说,"没有工作可做。"

不久前,玛塔每月付18马克的租金,她把这个住处称为"洞"。说这一切时,她几乎哭了。还要付12马克的取暖费和电费。她每月从福利局那里领到36马克。

每月还剩下6马克来生活。

普洛特金抓住她的手,翻转过来。他抱住她时,感受到她在颤抖,但他惊讶地意识到自己的手也是那么坚硬,普洛特金想:似乎这个女人的苦痛散发着命运的光。

*

意大利罗马足球俱乐部为亚历杭德罗·斯科佩里付了8万马克的转会费,亚历杭德罗·斯科佩里是阿根廷前锋,有丰富的世界杯经验。他之前是为拉普拉塔大学队效力。这种情况也会在德国出现吗?多年来,德国足协一直反对运动专业化。1930年,14名沙尔克04足球俱乐部的球员被关押,理由是他们每场比赛收取了10马克的差旅费,而实际上只允许收取 5 马克。但几周前,10 月份,德国足球协会决定组织"国家联赛",职业选手可进入其中,这关乎顶尖俱乐部在国际赛事中的竞争力。

*

国家社会主义党在利珀的总部接到一个消息,总统兴登堡不久前与格里高·斯特拉瑟见了面。施莱谢尔的确是认真的。约瑟夫·戈培尔在日记中写道:"斯特拉瑟绞尽脑汁,他在兴登堡那里……!这就是我想象中的叛徒。我看得很清楚。希特勒很震惊。"

星期日要选举。从现在起到星期日,要为利珀而战。这将非常困难。这期间,希特勒捐出了《我的奋斗》(*Mein Kampf*)的版税——这根本不是他一贯的风格,但这却是迫在眉睫的。在选举活动中,其中一个组织者请求媒体负责人奥托·迪特里希借钱给他,因为他没钱付礼堂租金。在某个地方,一个执法人员没收了他全部的收入。

*

农业协会主席又一次反对总理。据说人们对施莱谢尔总理非常不满,"因为政府对农业的疾苦完全视而不见"。在一封公开信中,一位协会代表向保罗·冯·兴登堡求助,说人们无论如何都不会背信弃义,相反,协会有义务支持贫困的农民。在总统周围的人说兴登堡也持同样的看法。

也许库尔特·冯·施莱谢尔正在挑衅一个他根本不能驯服的力量。

*

德国国家人民党议员莱恩霍尔德·库阿茨一直都喜欢八卦。他从前内政部部长盖尔那里听说不应该加速施莱谢尔下台——仿佛他的下台早已被决定了。施莱谢尔和兴登堡之间已"破裂",盖尔告诉库阿茨,的确是这样。库阿茨不无满意地写道,忠诚于共和国的政党看起来非常紧张。其实盖尔并不特别喜欢施莱谢尔——几个星期前,总理将他赶出内阁,取而代之的是弗朗茨·布拉赫特。

*

利珀一家当地的报纸刊登了一位医生的辞职声明,这位医生长期以来担任国家社会主义党的区域领导人。他称最高领导人是"政治骗子、卡里斯欧特罗魔法师①、魔法学徒②、哗众取宠的人",他批判"不断加剧的拜占庭主义",因为地方小组都在互相争夺成员。他辞职信最高潮的一句是:"不能以奴性进行自由的战斗。"

*

还有奥斯卡·冯·兴登堡,总统的儿子、副官、顾问和同一屋檐下居住的人。专员格瑞克最晚在去年选举时就与奥斯卡相识并攀谈起来,他得知:施莱谢尔不仅没有得到国会的解散指令,根本没有,而且他绝不可能从总统那里得到。

也就是说:他对于政敌的打击毫无抵抗力,他的政敌可以随意甩掉他。

奥斯卡·冯·兴登堡补充说,是的,库尔特·冯·施莱谢尔以前也曾是他的朋友。但现在,他深深地鄙视施莱谢尔。

---

① Cagliostros,一位意大利冒险家和自封的魔术师。
② Zauberlehrlinge,歌德写的一首诗,魔法师走了,学徒却学了一些不该学的东西。

/ 1月12日,星期四 /

这两个人之间发生了什么？奥斯卡·冯·兴登堡对此没说过一句话。

*

晚上，在舒曼大街13a的小型剧场中，"失业演员组合"（Ensemble erwerbsloser Schauspieler）表演了德国幽默剧作家约阿希姆·林格纳茨的一部喜剧。这个令人振奋的喜剧的标题是："瓶子和带着瓶子旅行"（*Die Flasche und mit ihr auf Reisen*）。

1月13日，星期五

食品部长应该走人；
农业协会的要求。
《福斯日报》

对"冯·烟囱"和"冯·秸秆"先生的褐色恐怖谋杀；
统一战线，反法西斯独裁及其走狗的抢掠活动。
《红旗报》

*

华盛顿发出明确公告，要求各驻外使馆向总部发送更多的分析。因此，在此期间，在柏林的外交官可能会变得更为活跃；在圣诞期间，使馆也变得非常太平。政治的平静有助于年轻的力量加入其中。每个人都可以休几天假。弗里德里克·萨克特还在为布吕宁不再是总理而感到难过。在他的家乡，自从胡佛输掉大选以后，他就致力于准备在日内瓦召开的世界经济会议。今天他要抵达日内瓦——如果不是美国新总统罗斯福有意推迟，这个会议在4月或5月就应该举行了，用以帮助世界贸易的重新振兴。

德国的内政政策？在德国，目前几乎什么都没有发生，这是外交官的看法。对了，还有报纸报道的前总理和阿道夫·希特勒之间于1月4日的会面。在美国使馆，大家都认为首先要考虑的是国家社会主义党萎缩的财政状况。该党的债务迅速增加——据美国人的资料显示，其债务已为1200万马克——国家社会主义党的赞助者可能会向"元首"施加压力，让他一定要进入政府。该消息可能已传到帕彭那里。

不是太令人兴奋。二者会面9天后的今天，星期五，萨克特的高级参赞乔治·乔丹才将会面的消息转发到华盛顿。如果白宫的人想看到工作成绩，我们就给他们一点儿。

*

利珀风口浪尖上的国家社会主义党领导人从弗兰肯地区得到令人不安的消息，在那里，党内掀起了轩然大波。国会议员威廉·费迪南德·施戴格曼要放弃他的席位——希特勒亲自免去了他在冲锋队的职务。几个星期以来，冲锋队的中弗兰肯分队的负责人与大区领袖尤利乌斯·施特莱谢尔一直都在争吵，按照施戴格曼的意见，尤利乌斯·施特莱谢尔没有把钱给冲锋队。

施特莱谢尔的律师对于这一事件却有另外的解读，这是很明显的。施戴格曼至今没有任何证据来证明他收到的6000马克像他所声称的那样，是按照规定用在了冲锋队那里。

据施戴格曼说，1500马克给了冲锋队下弗兰肯分队的队员，但是那里并没有收到这笔钱。此外，众所周知，施戴格曼因租用地产负债很高。

所有这一切都是不愉快的事件。

*

亚伯拉罕·普洛特金收集了许多数据，他想知道一切，理解一切，他把一切都记录下来。也许回国后可以将报道卖给媒体。柏林劳动局负责人哈尔特博士接待了普洛特金，哈尔特博士向他讲述了沉重的失业保险话题——普洛特金不理解这一原则，与此相关的专业文献对于他来说"阴暗晦涩得像密西西比河"一样。

哈尔特博士说，近年来，保险金额和紧急救助已降低好几倍。有紧急需求的人得到的救助比1927年少三分之一，因为有更多的人加入了这一队伍，因此，他和同事必须用更多的工作时间来将这些诉求合理化。

他似乎很担心，却绝没有批判。典型的德国公务员。分别时，他将一堆空白表格塞到普洛特金手中，说在美国对抗当地失业时可以作为参考。

*

不久前，美国记者埃德加·安塞尔·莫维尔出版了他的集子《德国使时光倒流》（*Germany puts the clock back*）。他现在是普利策奖的候选人，今年1月，他成为柏林外国媒体协会的会长。多年来，他和太太莉莉安·汤姆森以及他们的女儿戴安娜在这个城市中生活。

亚尔马·沙赫特与莫维尔见面后三个星期，他们又在路上碰到了。

莫维尔问，希特勒在慕尼黑怎样？

"非常棒，"沙赫特回答道，"我对这个人很有信心。"

莫维尔犹豫地不再问。后来回忆这一刻时，他终于意识到，德国要考虑到最糟糕的情况。莫维尔非常了解这个国家。正如莉莉安所说，莫维尔有时会跟着柏林警察的装甲车"去前线"。他报道了冲锋队对犹太人和外国人的袭击。他去咖啡馆和啤酒屋，冲锋队队员在里面摇着卍字旗。"你们为什么反对犹太人呢？"莫维尔问这些人。

"犹太人跟其他人根本不是一类人"，他听到这样的回答。

莫维尔又追问："这是你们自己的想法还是你们党的想法？"

其中一人说："我们厌倦了思考，思考又不能带你去哪里。元首自己说，真正的纳粹用鲜血来思考。"

/ 1月13日，星期五 /

不久前的一天，莫维尔的女儿放学回家问她的母亲："妈咪，我是犹太人还是基督徒？"她们在学校里说起过这些事。母亲想解释信仰是每个人自己的事。

"做犹太人不好"，小女儿说。

*

媒体企业家阿尔弗雷德·胡根贝格和他的德国国家人民党支持大力加强总统强权，因此他们秋天时支持总理帕彭，这导致国家社会主义党人在上一次竞选中，针对德国国家人民党组织了一次野蛮激烈的煽动活动，德国右翼打成一团。将政府责任交给这些无赖，让他们来指挥警察和士兵？对于德国国家人民党来说，这是不可想象的。

胡根贝格一开始在总统兴登堡那里，然后又重新去施莱谢尔那里。在与胡根贝格的谈话中一直贯穿着这样的思想，将内阁中的农业部部长和经济部部长提供给这个德国国家人民党领导人。这个出价并非毫无吸引力。就胡根贝格看来，在德国只有一个人可以胜任这两个职位——阿尔弗雷德·胡根贝格。但是他说，只有选取一个新的政府方针——极端专制，一年时间内无视国会——他才会进入内阁。

这个代价太大了，施莱谢尔拒绝了。胡根贝格的亲工业之路最终将使他陷入政治孤立，因为斯特拉瑟在国家社会主义党中的羽翼、社民党和工会都将会是愤怒的反对者。

不行，他不能跟德国国家人民党继续下去。

*

晚上，媒体负责人埃里希·马克斯邀请记者在总理府会议室举行非正式晚宴。总理施莱谢尔穿着便装很早就来了，这样不会让出席的人觉得惊讶——施莱谢尔最近几乎没怎么穿过将军制服。他看起来苍白，比刚刚上任时消瘦些，面颊更瘦。晚餐后，大家又去相邻的房间里闲谈。乌尔施坦出版社的约瑟夫·莱纳也在，他一会儿要为上司做个记录。

在这些非正式谈话中，施莱谢尔可以施展他的魅力，他保持着一种同志式的语调——并保证亲密性。施莱谢尔在这个晚上展现了非同寻常的乐观主义。他们从一个话题转到另一个话题，施莱谢尔也很乐意跟着他们转换话题。

怎么跟国家社会主义党周旋呢？他说："不久我就会让他们屈服，他们会听命于我的。"施莱谢尔微笑着，他做了一个蔑视的手势，他会使国家社会主义党人放弃"言过其实的弥赛亚信仰"。就这样一直继续下去。他说，"希特勒害怕自己的政府责任"。国家社会主义党"元首"将"国家的"（national）这一词语与党派名称"国家社会主义的"（nationalsozialistisch）并列，如果他成为国防部部长，他就想将"现在独立的国家防卫军变为一个国家社会主义党人的军队"。

施莱谢尔说啊说，他很少允许记者这样了解自己的思想。希特勒曾向帕彭宣布，他作为国防部部长将访问全国，参观所有的地方，并与军官、士官和全体士兵分别交谈。施莱谢尔说，希特勒这样想证明了他对军人思想根本一无所知，接二连三的演讲和这种施加影响的方式只能令人反感。

为什么帕彭不再是总理？施莱谢尔以他"浪漫的演讲方式"热血沸腾地概述了 11 月底的"危险局势"：当时局势简直已发展为"反对帕彭的精神的极度不安"，如果他"不及时发现，并接管总理府，那么三天后，防卫军就带着机关枪站在街上了"。

这真是些激烈的话。对，施莱谢尔今晚不设防。

但他当然想在记者面前放话。重要话题是军事训练。这个星期，

/ 1月13日，星期五 /

他在总理府接待了大学生,举行"啤酒之夜",当中唯独缺少社会主义的大学生。一个愉快的夜晚。施莱谢尔确定,年轻人对"普遍义务兵役、青年军事训练和军营的热情非常高"。

说到军营(Wehrlager)——在公开场合是不可以称为军营的——这个词太敏感了。但是很快,记者就能在"青少年营地"(Jugendlager)观看训练了。从国旗团到国家社会主义党,年轻人成群来到这里。施莱谢尔继续说道:这将是一个基础。如果裁军谈判会议确定能带来军事平等的结果,他们将要尽快建立起一个忠于共和国的民兵组织。然后,可能在1934年引入普遍服役制度。

然后是关于施莱谢尔如何进行长久统治?国会再次开会会发生什么?总理说,原则上政府工作不应被国会阻碍。现在国会只是一个阻碍。

今晚是政治运作中一个普通的宣传之夜。可是今天发生的事情很罕见,也非常奇怪。不知从什么时候起,总理的两个心腹之间产生了彻底的分歧,而且是在很重要的一点上意见不合。

专员君特·格瑞克在一次座谈会上说,六个星期之内,施莱谢尔就完蛋了。因为德国铁路、邮政以及银行和国家社会主义党都尽其所能,反对任何创造就业机会的举措,并对之进行破坏。工会也并不支持施莱谢尔。此外,奥斯卡·冯·兴登堡非常痛恨施莱谢尔。没有奥斯卡,老家伙不能做任何决定。简而言之:施莱谢尔绝不会得到解散指令的。

格瑞克是不是喝多了?还是他感到沮丧,没有希望?或者这只是现实?不管怎样:施莱谢尔最重要的内阁成员怎能这样与记者讲话?

记者们糊涂了。

另一方面,媒体负责人马克斯恰恰强调:总统刚刚答应施莱谢尔给他指令。

到底哪个才是真的?

/ 1月14日，星期六

正在澄清；
农业协会的突进及带来的冲突将施莱谢尔的内阁重组推到台前。
《每日评论》

施莱谢尔进行协商；
三人执政小组斯特拉瑟—胡根贝格—施特格瓦尔德？
《福斯日报》

*

公共关系是这样运行的：施莱谢尔宣布即将到来的内阁重组，这一消息已按计划出现在报纸上。问题是希特勒拒绝施莱谢尔及其权力的方针还能坚持多久。施莱谢尔受到来自各方面的压力。

*

1月的前几天异常温暖，即使夜里，温度也没有降到零度以下。这对柏林那些无家可归的人和那些没钱取暖的人来说真是福音。但是从前天开始，一股冷空气从东部过来，霜冻越来越严重。

*

希特勒让冲锋队头目威廉·施戴格曼从弗兰肯来见他，在利珀汇报工作。

施戴格曼差不多有 2 米高，身强力壮，从前是自由军团的队员（Freikorps-kämpfer），是个爱挑事儿的人，不喜欢希特勒的处事方法。他于 1925 年加入国家社会主义党，他把一切希望都寄托在运动上，渐渐失去了耐心。他想看到冲锋队在街上取得胜利，暴力对他来说是一种合法手段。半年前，他还被监禁——他与其他两位国家社会主义党议员在国会餐厅里将一个时事评论员打倒，这个时事评论员曾将冲锋队领导恩斯特·罗姆同性恋的事公之于众。在弗兰肯地区有多少冲锋队队员支持他呢？肯定有上千人，简直就是弗兰肯地区的地方首领。

施戴格曼比希特勒高一头，可是他也只能听元首的长篇大论。这种异类是不能容忍的。紧接着就是演戏似的和解——施戴格曼公开说："今天我和元首在一起，我认识到，他对我行为的指责完全合理，我便自愿向他提供在国会所占的席位，并承诺他，作为党员忠诚地履行自己的义务。"

然后施戴格曼带着羞辱与愤慨立刻启程，并决心反抗。

*

柏林的事让英国作家克里斯朵夫·伊舍伍德觉得非常无聊。他写信给一个朋友："这里的政治形势似乎非常疲软。我想，幕后一定发生了很多事情。帕彭去拜访兴登堡，希特勒去拜访施莱谢尔，胡根贝格去拜访兴登堡，出乎意料的是，兴登堡居然不在……这种乞丐面对电车售票员时产生的'危机感'已消失殆尽。"

*

《红旗报》报道了普伦茨劳贝格（Prenzlauer Berg）福利局惊

天动地的突发事件,该事件其实星期四已发生,但当局并未公开披露。威廉·戴米沁被发现吊死在厕所里,他是个失业家庭的父亲,从前是电车工作人员。如《红旗报》一位记者所调查,戴米沁已婚,是两个儿子的父亲,一个17岁,一个19岁。每14天,他和全家得到12.6马克的补助。债主还紧逼他,他付不起电费了。衣物和特殊补助的要求都被拒绝;不过他收到了肉和煤的打折卡。在其中一张打折卡上,他写给一个儿子:

"亲爱的海尼!乖一点,就和你平常那样,记住我吧。要永远记着我对你的好,不要把我想得太坏。爸爸。"

在另外一张打折卡上写道:"亲爱的海尼!劝劝你母亲,让她也不要把我想得太坏。你们保重!"

威廉·戴米沁在他44岁生日时自杀了。

/ 1月14日,星期六 /

/ 1月15日，星期日

胡根贝格在总统那里；
昨天，总统冯·兴登堡接见了德国国家人民党领袖胡根贝格。毫无疑问，这次会谈旨在拓展施莱谢尔内阁的基础。
《福斯日报》

今天，利珀从11月的阴影中解放出来；
元首发出最后一次呼吁／施莱谢尔以新的媒体紧急法令和恐怖紧急法令进行威胁。
《人民观察家报》

总理的强烈警告；
反对日益加剧的煽动——恐怖浪潮在崛起。
《每日评论》

*

克里斯朵夫·伊舍伍德坐在家里，瑟瑟发抖。他写道："天气特别冷，下雪了。我用厚厚的毛毯裹着膝盖写东西。"

*

又是在体育馆。中午，基弗霍伊泽协会[①]举行传统的国庆庆典，

[①] Kyffhäuserbund，德国退伍军人和预备役协会的保护伞组织，位于莱茵河畔吕德斯海姆（Rüdesheim am Rhein）。

当日正好是德皇在凡尔赛镜厅发表声明62周年纪念日。对于中立的观察者来说，这个活动看起来非常"君主制"。这次保罗·冯·兴登堡出席，并没有派他忠诚的国务秘书梅斯纳作为代表出席。这是他罕见的一次公开露面。总统是国家战士协会（Reichskriegerbund）的荣誉主席，他对待这一荣誉非常认真。

几位部长也是客人。钢盔团负责人杜伊斯特贝格和赛尔德特也来了，还有弗朗茨·冯·帕彭。当然还有库尔特·冯·施莱谢尔，他作为国防部部长出席。

在前军官和士兵的圈子里，施莱谢尔虽然知道自己周围都是志同道合的人，但这次讲话将现场直播。他称针对德国的军备限制为"降级"，但也算承认了军事平等权，对德国人民来说这是"主权的决定性特征"。普遍兵役制是值得追求的目标，不过他最先想到的是引入民兵。

庆祝活动结束后，人们在体育馆里唱起了霍夫曼·冯·法勒斯雷本[①]写的德国国歌。大家把第四节[②]也唱了，这是几年来基弗霍伊泽协会及其他一些极端右翼协会的习俗——《凡尔赛条约》后，这一节被写成了歌词，但还并未成为正式的。

> 德意志，德意志，高于一切
> 尤在祖国多难之时
> 唯经厄运，方见深情
> 热爱之心坚定真实；
> 同将此曲，世代传颂，

---

① Hoffmann von Fallersleben，德国诗人。他最著名的作品是《德意志之歌》（*Das Lied der Deutschen*），它的第三节现在是德国的国歌。他创作的一些受欢迎的儿童歌曲，被认为是 Young Germany 运动的一部分。

② 第四段不属于原作，而是1921年德国另一位诗人阿尔伯特·马泰（Albert Matthai）续写的，为一战失败后的祖国和人民打气。

/ 1月15日，星期日 /

从母至女，自父至子；
德意志，德意志，高于一切
尤在祖国多难之时。

*

在这个寒冷落雪的星期日，施莱谢尔与奥地利司法部部长库尔特·冯·许士尼格进行秘密会谈。施莱谢尔轻松地说，他要通过工会运动建立一种横向联系（Querverbindung），并希望建立一个可持续的政治平台。

"那么希特勒先生呢？"许士尼格先生问道，他对德国内政非常熟悉。

"希特勒先生不再是个问题了"，施莱谢尔回答道。

施莱谢尔的乐观主义真是出乎许士尼格的意料。

*

这几天，施莱谢尔有什么事发生吗？他是个目光犀利的人，会用前所未闻的手段，行为方式暧昧。他的批评者认为他首先考虑的是自己的利益，而不是像他本人所声称的，首先考虑祖国的利益。在漫长的职业生涯中，没人会认为这个将军是单纯并且政治上是盲目的。

他将希望寄托在谁身上呢？他的王牌是什么？他还有一张王牌，这张王牌应该是有保障的。如果不是迫不得已，哪个聪明人不得给自己留一手，谁会毫无保留呢？

*

利珀的投票站终于关闭了。

国家社会主义党得票率达到39.5%，21个邦议会席位中占到了9个。当然，这比上一次1929年邦议会选举时多了8个席位。但在10万张提交的选票中，也只比11月那次灾难性选举多出5000张；社民党也比那个时候多了3000张。为了这么一点点，费这么大劲值得吗？

阿道夫·希特勒这一天在魏玛度过，他让全国的党干部都到了那里。选举结果还没有正式公布，他就向同志们宣布：我们的党正在崛起！

国家社会主义党国会议员汉斯·弗朗克也来了。当选举结果渐渐传出，他看到希特勒像个男孩儿一样，满脸生辉。后来他到"大象"酒店（Hotel Elephant）去拜访"元首"。

利珀激发了他的想象力。希特勒说："这是德国历史上最大的内政斗争中的决战。"他马上就会胜利进军柏林。

在首都，《柏林日报》的主编提奥多·沃尔夫马上就要在一则评论中做出判断："事实上，希特勒在利珀的英勇斗争中，只是带回来一只穿在刀尖上的苍蝇。"

/ 1月15日，星期日 /

/ 1月16日，星期一

利珀的预言；
希特勒——戈培尔组合在百分百权力诉求中得到加强。
《福斯日报》

*

内阁会议11时15分在总理府举行。部长们谈论着"政治局势"。利珀的选举结果出来了，国家社会主义党的颓势停止了。但施莱谢尔对于选举没有做出反应。他透露了他的"支柱"计划：内阁应由国家社会主义党、中央党、工会和其他团体来支持。

施莱谢尔继续说，实际上，这涉及两个问题。是赢得国家社会主义党的合作，还是希望国家社会主义党反对内阁？在做出决定之前，他还要重新与希特勒谈判。施莱谢尔说："我坚信希特勒并不想掌握政权。最近他想成为国防部部长。这清楚地证明了他并不想取得政权，因为他肯定知道，总统先生决不会将国家的军事权交付给他的。"

施莱谢尔真的相信帕彭所说的一切吗？

斯特拉瑟呢，他会退出这一轮吗？他想负责吗？"是的"，施莱谢尔说，斯特拉瑟很想进入内阁，但他能否带来大批支持者还是很值得怀疑的。我们还必须赢得胡根贝格，还有跟随他的德国国家人民党。

这时，劳务专员格瑞克发言：他很担心通过内阁重组达不到多数支持。

施莱谢尔以他特有的方式做出回答。自信，满怀信心，也许有人会说：鲁莽。他清楚，只有和希特勒联手才能达到议会的多数。

我们必须寄希望于人民的情绪慢慢改变。只有通过内阁实质工作的成功才能实现这种根本改变。

当然，这首先意味着格瑞克的任务：大规模创造就业。但格瑞克再次提出质疑："到1933年秋天也无法取得这么巨大的成功。"

施莱谢尔却在执行另一个计划。他说，如果国会想开会，他就要利用总统的解散指令了。经济状况不允许有不久后重新选举的想法。这种情绪在工人阶级中也传播开来。那么，我们将重新选举推迟到秋天。

正是针对这一问题，施莱谢尔有个固定模式——他做了关于"反对国会行为"的报告，探讨无须过分考虑宪法的"积极的政府政策"。当然，奥尔根·奥特一直致力于这一模式，他是施莱谢尔的法律专家，魏玛宪法的行家，了解魏玛宪法的一切空子和可引起争论的突破口。

奥特的理念可以为施莱谢尔赢得时间，以便让公民来相信他的政策。计划要解散国会，却没有为重新选举确定时间。就这样继续统治，不与麻烦的议员协商。宪法定的最长期限是两个月。这分明是违反宪法。这种在将军领导下的政府形式不会被称为军事独裁吗？施莱谢尔在广播政府声明中不是明确将军事独裁排除掉了吗？他当时不是说，坐在刺刀尖上不能长久吗？

所以只剩下两条路：要么"支柱"成功，要么总统保障施莱谢尔的自由。这就是总理的计划。他这一计划是以现实为基础吗？

奥托·梅斯纳突然发言，他是这个会议中总统的传声筒。他这时说，这对于部长们来说是一个警告。"支柱"（大联合政府）的理念破坏了总统指定内阁这一政体特征。

是什么驱使着总统最重要的顾问？他想阻止左翼（比如通过亲社民党的工会）再次获得影响力吗？兴登堡已迫使布吕宁放弃追求社民党的接受并由此赢得多数席位。但另一方面，如果施莱谢尔拥

/ 1月16日，星期一 /

有多数,他就不再需要兴登堡的庇护了。总理保持了冷静。他说他已与总统探讨过他的计划。可是为什么梅斯纳没有注意到这件事?兴登堡身边的任何事情可是从来都没能逃过梅斯纳的眼睛的。

*

国家社会主义党在魏玛召开大区领袖大会。斯特拉瑟事件已进入会议议程。像戈培尔这样的纳粹大区领袖有很大程度的自主权,他们是国家社会主义党组织的脊梁。格里高·斯特拉瑟在被解雇前是这个党的领袖,但阿道夫·希特勒则一直是党的"元首"。

12月,为了激怒斯特拉瑟的支持者,希特勒更换了大区领袖,重建了党内势力结构。这时希特勒足足演说了3个小时。戈培尔称这种风格为"完全不妥协"。希特勒先是祝贺国家社会主义党在利珀的胜利,然后再与斯特拉瑟及其支持者算账。希特勒要求忠诚。如果国家社会主义党人只能做一件事,那么这件事就是忠诚。斯特拉瑟的支持者都跟旧主划清界限。

"斯特拉瑟事件已经结束",戈培尔事后确定。

*

亚当·施特格瓦尔德在基督教工会报纸《德国人》(*Der Deutsche*)上宣称,他不会与德国国家人民党的阿尔弗雷德·胡根贝格进入同一内阁的。施莱谢尔失去了保守的工会羽翼了吗?并且也由此失去了中央党吗?

不久前施特格瓦尔德还是布吕宁手下的劳动部部长,现在是基督教工会联合创始人。他在内阁中是代表这一派系的,是"交叉阵线"不可缺少的组成部分。

但在《德国人》中，他却强烈抨击德国国家人民党领袖——也间接激烈抨击施莱谢尔将许多政治潮流结合在一起的理念："如胡根贝格所愿，一个有胡根贝格的战斗内阁，会将施莱谢尔政府打上第二个帕彭内阁的烙印，变成独裁的战斗内阁，而整个国会，除胡根贝格的党外，都会一起对抗这一战斗内阁。"

施莱谢尔的策略崩溃了吗？很多人都这么说。他得不到国家社会主义党人的支持，左翼工会也忸怩作态，现在又出现了基督教工会的广泛联盟。

上午，中央党领袖、高级教士卡斯拜访总理。他向施莱谢尔转达了施特格瓦尔德的消息。两人讨论了几个小时。

*

即使是像莱恩霍尔德·库阿茨这样久经考验、惯于幕后谈话的政治专家，德国国家人民党议员，也要努力不让自己失去全局观。"局势混乱，"他写道，"施莱谢尔声称，他现在要逆议会而行。"

内阁会议的细节怎么又泄露出来了？

*

希特勒动身去卡塞尔，他的身边是赫尔曼·戈林。在这个黑森人民邦的城市，冲锋队队员中发生了骚乱。结果是大规模退队。希特勒和戈林与党员们交流时，街上发生了暴乱。国家社会主义党与共产党互相殴打，冲锋队队员们拿起铁锹袭击对手。

街头的压力，不仅柏林有。

/ 1月16日，星期一 /

1月17日，星期二

施莱谢尔！下台！

《红旗报》

施莱谢尔正经历利益斗争最激烈的混乱。工业家与大地主正陷入争执，国家经济政策显示了国家的脆弱。

将军亲切地和所有人握手，想进行和解，从各地得到战争声明。

《世界舞台》，卡尔·冯·奥西茨基

国家社会主义党在利珀的胜利；

尽管有恐怖和谎言，前进却势不可挡。

《人民观察家报》

*

回到柏林，阿道夫·希特勒在戈林的官邸会见了德国国家人民党领袖阿尔弗雷德·胡根贝格。但二人之间却没发生什么特别的事情。

对希特勒来说，胡根贝格是个无可救药的反动派。

而对胡根贝格来说，希特勒就是个下等公民，他的想法太极端，国家社会主义党人对持不同政见的人的威胁十分危险。1931年底，希特勒粉碎了"哈尔茨堡阵线"。就这件事，德国国家人民党领袖没有原谅希特勒。这一战线是由德国国家人民党、国家社会主义党、钢盔团及其他极端组织组成的右翼反民主联盟，是由胡根贝格打造的。

*

近期，施莱谢尔晚上在信任的人面前所声称的事情，记者们终于可以写了：根据宪法规定，新选举在国会选举60天后再进行，无论是政党还是选民，还是经济界或工会都不会反对。

后果就是猜疑，还有解读。有人说施莱谢尔要剥夺选民的权利。不少评论这样判断：嗅出了独裁的味道。

总理马上让他的媒体团队辟谣：总理府会拒绝施莱谢尔任何违反宪法的意图。

*

财政部部长鲁茨·施未林·冯·科洛希克伯爵刚生了一个男孩儿。这个家庭已经有三个儿子和三个女儿了。小家伙受洗的名字是戴多·保罗。他中间的名字是按照卓有声望的教父起的：是科洛希克所钦佩的保罗·冯·兴登堡——兴登堡是每个家庭第七个孩子的教父，无论是工人家庭还是贵族家庭。

*

保罗·冯·兴登堡给农业协会领导人写了一封很真诚的信——从某种意义上说是朋友之间的信，是一个大地主写给另一个大地主的信。丝毫看不出意见不一致的痕迹。兴登堡难道是要暗算施莱谢尔吗？还是要摆平局势？

/ 1月17日，星期二 /

*

但是，柏林也有很敏感的人。在阿勒曼大街瓦德萨乌姆的波罗广场上，诗人奥斯卡·罗伊克和作家赫尔曼·卡萨克一起散步。他们漫步穿过白雪覆盖的地方。罗伊克家的房间里，玻璃花瓶中的连翘枝已开花，它在圣诞节开始就已经开了花，越开越满。"枝头已发出嫩叶，它们是我们花园里的美好的东西，"罗伊克写道，"我们几乎每天都演奏一点音乐。莫扎特的几个小型音乐会。"

*

对于施莱谢尔来说，与德国国家人民党的对话非常重要。比起盛气凌人又自恋的胡根贝格，有许多更令人愉快的人值得交谈。胡根贝格的同事库阿茨一定不会"与施莱谢尔取得一致"，"在我看来，他比帕彭更没有耐心"。

库阿茨从胡根贝格那里获悉前不久和希特勒之间的谈话。据说这位国家社会主义党人宣布："我必须成为总理，但是却不想建立党政府。如果施莱谢尔给我让路，那么我可以容忍他。必须要打压马克思主义，但却不是由国家机构来打压。"据说希特勒对总统发表了极为不尊重的看法：兴登堡并不是能独立表达意见的人。他的政治词汇可以组成 80 个句子，他只不过是个留声机而已。

希特勒的出场似乎给胡根贝格留下了非常深刻的印象。库阿茨被惊动了。他警告自己的上司，他认为会有来自国家社会主义党的危险。

除了施莱谢尔，毕竟德国国家人民党还有另外的选择，这毕竟还不错。当然，库阿茨确定：希特勒一旦上台，就会给胡根贝格颜色看的。

*

  动物园旁的乌法宫正在放映乌法电影《反抗者》(Der Rebell)，导演是路易斯·特伦克。首映于 18:30 开始。乌法交响乐团为其现场配乐。

  电影制作公司"乌法"(Ufa)是阿尔弗雷德·胡根贝格的。

*

  康斯坦丁·冯·牛赖特在弗里德里希·利奥波德皇宫（Palais Friedrich Leopold）接待了 500 多位受邀客人——位于威廉大街的外交部不为这种聚会提供场所。贝拉·弗洛姆也出现在外长身边。

  总理并没有出现在客人中，施莱谢尔没有时间来参加这些活动。弗洛姆觉得这是个令人担忧的迹象。至少冯·布雷多还来了，他说总理有很多安排。布雷多谈到他上司的近乎超人的工作负荷。

/ 1月17日，星期二 /

/ 1月18日，星期三

> 希特勒—胡根贝格座谈；
> 就新的共同行动交换意见。
> 《福斯日报》

> 疯狂的希特勒的挑衅！
> 冲锋队计划周日在卡尔－李卜克内西之家前游行；
> 红色柏林！出来！
> 《红旗报》

> 共产主义大学生在大学袭击国家社会主义党人。
> 《人民观察家报》

*

国会预算委员会开会——会议议程上有个非常爆炸性的议题："东部援助"。就在不久前，布吕宁总理因这一议题失去了总统的支持。国家支持东部因经营不善而破产的农庄。兴登堡的密友、熟人以及爱戴他的邻居也都从中受益。这个圈子里，有许多赞助者送给他大农庄，并帮助他还清了翻修债务。在政治的柏林，大家都知道，为帮助地主，兴登堡多次干涉政府事务。

现在国会预算委员会的中央党议员对容克提出严重指控，认为他们都是中饱私囊，要在东部援助中扣除上百万马克。根据来历不明的详细财务报表，中央党党员抨击一些有名望的地主，说他们非法挪用资金。他们还指责总统的朋友及亲戚。他们宁愿用补贴购买更多的土地，买赛马、豪车或到法国里维埃拉度假，而不是偿还贷款、进行企业运营投资。在这样紧急关头！

中央党的人是从哪里得知这些信息的？报纸马上将此事件称为"东部援助丑闻"。谁能从"东部援助丑闻"中得益？谁想给兴登堡施加压力？施莱谢尔开始揭发隐私了吗？

和往常一样，当德国政治中出现丑剧时，兴登堡的名字就会浮出水面。但是这样总理不会伤害到自己吗？或者国家社会主义党才是详细信息的来源？他们难道想要敲诈兴登堡，使希特勒成为总理吗？"东部援助"事件使柏林谣言满天飞。

*

中午12点，希特勒与帕彭再次在达勒姆里宾特洛甫的别墅见面。党卫军首领海因里希·希姆莱，冲锋队参谋长恩斯特·罗姆也参加了。他们一起用餐。探讨的问题是大家怎样才能共同掌权。

希特勒说，他必须要当总理，特别是在利珀取得胜利之后。

帕彭回答说，他在总统那里没有足够的影响力，不能使总统消除对一个国家社会主义党人的抗拒。最近帕彭建议国家社会主义党应该支持他成为总理。

这将不会有任何结果。

主人约阿希姆·冯·里宾特洛甫参与讨论，说要把兴登堡的儿子和希特勒召集到一起。如果说服奥斯卡，也许就能说服老家伙。在柏林，传言他与前战友施莱谢尔的关系明显降温。

*

希特勒在与帕彭艰难的谈判后要放松一下。他去了电影院。《反抗者》是部合他口味的电影：大学生与拿破仑做斗争，反对他攻占

/ 1月18日，星期三 /

蒂罗尔。路易斯·特伦克是自由斗士。这部电影展示了生命力量的大规模场面。戈培尔写道：他的"元首"就是"火与火焰"。对他来说，很明确，这是电影艺术的"顶级表演"。

*

希特勒与帕彭在里宾特洛甫那里会面的事随后就在记者圈子里流传开了。研究人员在总理府新闻办公室询问这件事。这些谣言有多少是真的？施莱谢尔的媒体人士给大家造成这样的印象，即总理已经事先批准了二者会面。对，帕彭甚至是按照施莱谢尔的命令行事的，他要消除希特勒与内阁之间的分歧。

事实上，施莱谢尔对他们的会面一无所知。他的线人究竟在做什么？不久前，他不是还在吹牛，说在德国发生的事，没有他不知道的吗？现在，在他眼皮底下就有个阴谋——他却根本没有注意到？

/ 1月19日，星期四

红色"国际"野蛮登场。他们不知道一个叫德国的祖国。
《人民观察家报》

希特勒避开施莱谢尔；
帕彭的调解失败了。
《福斯日报》

*

戈培尔与希特勒一起探望了在大学妇科医院住院的玛格达，玛格达分外开心。国家社会主义党领袖跟几个教授进行了一次"政治授课"。

几个小时后，玛格达退烧了。一位教授说："希特勒先生，假如您对于德国的作用像对这位病人的作用一样，那么德国不久也会健康起来了！"

*

《警报》(Der Alarm)是通过"德国市民犹太信仰中心协会"(Centralverein deutscher Staatsbürger jüdischen Glaubens)出版的，这一协会有上万名会员。这一周刊的文章如同国家社会主义党的煽动文章——只是编辑立场刚好相反，对国家社会主义党人极尽挖苦嘲弄之能事。这份报纸经常在"铁锋"的集会上散发。亚伯拉罕·普洛特金也曾得到一期。上面写着：据称，希特勒承认有500万马克债务。

普洛特金没想到《警报》正将讽刺作为工具使用。

但这份报纸有一点没说错,希特勒确实有债务——德意志国的债务。根据他的报税表,他在1932年有65000马克的收入。他的书《我的奋斗》已售出了几十万本,直到今天还在出售。他的这项收入却没有干干净净地上税,由此积累了不少债务。如果他很快上台,再卖出更多的书,他就得注意,不久就必须向国家缴纳6位数的税了。

但是一旦获得政权,也许可以改变这一切。

*

第一艘装甲舰"德国号"在基尔离港。它由德国船厂(Deutsche Werft)所建,很快,2月末,将要交付给海军。军备升级开始了。

*

国家社会主义党内矛盾一直在发酵。弗兰肯冲锋队首领威廉·施戴格曼立即辞去党内职务。本来党因"叛乱"要开除他,但是他在党把他开除之前退了党。他昨天刚刚成立"弗兰肯自由军团"(Freikorps Franken),据说实际上有上千人加入自由军团,其中许多都是前冲锋队成员。

*

《柏林晨报》在德国日发行560000份,是德国最大的报纸,由自由派的乌尔施坦出版社发行。报纸上刊登了一篇文章,批评路易斯·特伦克的电影《反抗者》——是希特勒那么喜欢的一部电影。

一部"宏伟艳丽的风景画册",批评家虽然这样写,却又评论道:"用木刻的方式平庸、生硬地讲故事;一个深陷政治斗争漩涡的年轻大学生的命运,英勇地与拿破仑斗争,最后与其他同志们一起依照紧急状态法被枪杀。"

庄严的布景中一个狂热的信仰者,英雄姿态,死去的法国人。

*

如果国家社会主义党在目前情况下出现内乱会怎样——这一后果对共和国来说会不会很可怕?伯恩哈德·威廉·冯·比洛,外交部的国务秘书,给在华盛顿的德国大使写信:"国家社会主义党境况不怎么好,党的组织结构受到严重动摇,财政状况令人绝望。有些人甚至担心这一党派的崩溃是否来得太快,选民无法被吸收,他们中的很多人都跑到共产党那边去了。"

*

债权人针对罗特兄弟(阿尔弗雷德和弗朗茨·罗特)的剧院集团提出破产申请。不久前,兄弟俩还邀请贝拉·弗洛姆参加他们的毫无节制的欢庆活动。他们在柏林拥有庞杂的大型文化企业,即大大小小的歌剧院和剧场。他们用借来的钱建立了自己的帝国——现在这个帝国瓦解了。罗特兄弟本人并没有破产。他们安排了一个替罪羊放在公司。他们宣称所有的一切都是合法的。

国家社会主义党人强烈抨击了这两位企业家。拥有复杂公司结构的罗特兄弟正适合国家社会主义党的宣传。阿尔弗雷德·罗特在1月8日或9日仓皇逃离柏林,他早就买到了列支敦士登的身份,为的就是逃到那里。那些煽动性的报纸非常享受地把这些事拿出来

/ 1月19日,星期四 /

深刻剖析。

罗特兄弟是犹太人。

*

第一夫人邀请大家喝茶：伊丽莎白·冯·施莱谢尔以支持医院发展为主题发起了茶话会邀请。贝拉·弗洛姆看到了很多熟悉的面孔，如她所称，国家的"老精英们"齐聚一堂：官员、军人和政客。弗洛姆与她的朋友罗尔夫谈起帕彭上个星期二在哈雷做的报告。罗尔夫说："两面派就是帕彭的性格，一方面，他在'基弗霍伊泽协会'中赞扬施莱谢尔关于建议普及兵役的讲话，另一方面，他却只是在等待出其不意地袭击施莱谢尔。"

众所周知，胡根贝格、沙赫特与希特勒会面了。"绅士俱乐部"的成员也公开探讨希特勒是否该赢得一次机会。弗洛姆说："必须眼睁睁地看着这么多人瞎眼睛，这可真叫人抓狂。"

至少国家社会主义党内部纷争不断，这还是个小小的安慰。

*

巴黎不懂德国人。为什么国家总理这么不受人欢迎？弗朗索瓦-庞赛大使在一份电报中给政府阐述了政治局势：右翼希望施莱谢尔建立一个军事独裁政府。但总理却脱下军装，显得很软弱，而且毫无军事行为。他并未采取措施反对左翼，而是任由工会施压而做出妥协。

现在，施莱谢尔与斯特拉瑟结盟，以此向希特勒"公然宣战"。"在目前德国此消彼长的各种潮流中，将军无法做出任何决定；而且大家都感觉他在观望，看这些潮流中哪一个被大家普遍接受，然后再跟这个或那个潮流为伍。"

外交邮件都是加密的,并且不会被截获,这对大使来说无疑是幸运的——施莱谢尔可能不会喜欢法国大使所写的东西。然而在电报的最后,大使还是展示了对于施莱谢尔的善意:"目前我们只能确定,将军迅速失去光芒,而这些人是多么轻率,他们已经准备好要牺牲德国最有天赋、最聪明的人——却并不知道谁应该是他的继任者。"

*

安娜莉泽·冯·里宾特洛甫在她个人记录中写道:"约阿希姆和帕彭单独谈了很久。"她的丈夫约阿希姆是希特勒最新的忠诚追随者,难道他要直接说服他的熟人帕彭将总理之位让给国家社会主义党人吗?

*

共产党人来拜访施莱谢尔——这并不是个寻常事件。毕竟共产党激烈地与总理做斗争,如果后果可以控制,施莱谢尔恨不得禁止这个党派。

1924 年以来,恩斯特·托格勒一直是国会议员,3 年前成为共产党议会党团主席。他与威廉·卡斯帕同志一起出现,威廉·卡斯帕是普鲁士邦议会中的党团领导。他们请求施莱谢尔禁止冲锋队游行,这一游行将直接经过共产党的总部。这应该是个挑衅。今年夏天,汉堡类似的情况导致了"流血星期日"。

托格勒和卡斯帕是著名人物。几个月前,他们与普鲁士社民党政府高级官员见面,谈论在防御国家社会主义党中如何结盟。

/ 1月19日,星期四 /

秘密会见被媒体公开之后，当时的总理帕彭利用这一事件来说明他罢免社民党主席奥托·布朗的理由。现在他的继承人与国家敌人交谈！

*

希特勒要留在柏林，目前首都发生了太多的事。斯特拉瑟请求与他面谈。戈培尔写道：他肯定不会因此恢复声誉的。不过，国家社会主义党最有权力的人和党的前任二把手目前不应该会面。戈林要与斯特拉瑟见面，并讨论从前的首席组织领导现在应怎样继续下去。即使戈培尔不愿意承认，但希特勒并没有与斯特拉瑟公开决裂。他经常把最终决定推到不能再拖延。

*

在沃尔夫斯堡市（Wolfsburg）法勒斯莱本区，120名冲锋队队员前往电影院。但他们并不是想看电影，他们是去阻止一部电影的上映。这里要上映《西线无战事》（*Im Westen Nichts Neues*），一部反战电影，由埃里希·玛利亚·雷马克的小说改编。电影快要放映的时候，冲锋队冲进礼堂。国家社会主义党人以铁锹做武器——士兵们曾用这样的武器在西线战壕里互相打斗。冲锋队队员威胁观众。国旗团成员阻止了事件升级，并叫来警察。12个乡警出现了，可是要面对10倍人数的对手？警察干脆制止了电影上映。

// 1月20日，星期五

大地主对人民的袭击——国会严厉谴责"东部援助牟利者"——部长沉默。
《柏林晨报》

国家社会主义党在汉诺威新的胜利；
乡村民众反对施莱谢尔政府的战线不断壮大。
《人民观察家报》

布洛广场开放；
施莱谢尔—布拉赫特独裁要法西斯战线在"卡尔－李卜克内西之家"前列队 / 应该镇压共产党游行 / 德国工人动员起来，反对法西斯！武装起来反对希特勒的挑衅！
《红旗报》

对施莱谢尔狂轰滥炸；
帕彭的调解失败了——局势依然如此。
《每日评论》

*

元老委员会是由经验丰富的议员组成的委员会，负责监督国会议事秩序。来自国家社会主义党的党团主席威廉·弗瑞克在座谈小组中要求，委员会要政府尽快公布1933年的预算。只有这样，国会才能开会。这可能还会拖延几周，共产党和社民党断然拒绝了这一建议。

国务秘书普朗克以总理名义说，政府迫切要求迅速理清当前政治局势。形势如此混乱，我们自己都不能看得清楚。施莱谢尔仍然不知道国家社会主义党对他的支持力度，以及德国国家人民党想怎样行事。

施莱谢尔茫然不知所措。

元老委员会最终下令，国会不按原有计划1月24日召开全体会议，而是1月31日召开。1月27日，大家将再次就此商榷。

一个星期的宽限期，也许是决定性的一个星期。

*

柏林人私下打听，星期日纳粹在共产党总部前游行时发生了什么。上千名冲锋队队员在卡尔－李卜克内西之家前，并没有枪响！到底发生了什么？

所有人都等待着的会发生"流血"的传闻使亚伯拉罕·普洛特金长久地感到不安。在他看来，一夜之间，局势似乎已剑拔弩张，这是前所未有的并使人警觉的。特别是他听说，共产党说他们绝不接受这样的侮辱。

普洛特金拜访了库尔特·茨伦茨格，茨伦茨格是柏林新闻办公室负责人，来自柏林最古老的犹太家庭，长着薄薄的胡须，头发一丝不苟地往后梳好。他的叔叔是柏林证券交易所负责人。他与亚伯拉罕·普洛特金谈到了社会中犹太人的处境。只有特别有影响力的犹太人在德国社会中才拥有一定的安全感。他说："但大部分犹太人没有这种安全感。上千名犹太人必须放弃他们经营的小本生意，成千上万的犹太雇员也失去了工作。他们能去找谁？"反犹主义随着希特勒的上升得到鼓动，日益增长，茨伦茨格对此深感不满。分别时，茨伦茨格深思着说："在德国的犹太人，未来尚不清晰。"

*

德国部分地区，流感疫情蔓延。不伦瑞克和哥廷根的学校都关闭了。在汉堡，每天都有上百名患者被送往医院。只有柏林奇迹般地幸免于难。

*

阿道夫·希特勒晚上在体育馆演讲。在震耳的欢呼声中，他昂首阔步走入礼堂。他身穿褐色上衣，褐色马裤，黑色靴子。"你们可以伤害我们，但从未战胜我们！"他向热情的群众呼吁。"我们将一次又一次地重新战斗，永远不离开旗帜。我的任务就是作为运动的旗手，不停歇地走在前面。只要我还活着，我就会一直高举着旗子，永远不放弃，永远不收起。"

诸如此类。

*

帕彭没法再独自继续下去，他不得不离开他的"掩体"，走到日光之下寻求帮助。现在帕彭正向奥斯卡·冯·兴登堡和奥托·梅斯纳——兴登堡最亲近的顾问——透露他的计划。二人似乎根本不反对更换总理，即使这意味着让希特勒参与到政权中。

晚上，帕彭将过程告诉了约阿希姆·冯·里宾特洛甫。二人都同意与希特勒见面，可以在本周日进行。事情就这样发展着。

/ 1月20日，星期五 /

*

夜里 3 点钟，戈培尔与他的"元首"以及恩斯特·汉夫斯坦格在家里。汉夫斯坦格带来了两位女士。戈培尔觉得很"糟糕"，他是不是想到他的玛格达还在医院里？玛格达今天不错，在逐渐康复中。戈培尔可以将精力完全集中到后天冲锋队的大规模游行上，这已经策划很久了，就在共产党总部的门前。

1月21日，星期六

明天布洛广场！
人们还是想一决雌雄。
《福斯日报》

工厂和打卡处的愤怒的风暴；
反对希特勒的挑衅！反对施莱谢尔—布拉赫特独裁！
《红旗报》

农民反对施莱谢尔的新公告："到目前为止所发生的一切，我们只能当作镇静剂！"
《人民观察家报》

现在很清楚的是，国家社会主义党最终得到了许可，可以在卡尔－李卜克内西之家前游行。据说，共产党已经呼吁进行反示威游行。普洛特金在日记中写道："双方碰头地点在工人区的中心，血流满地是确凿无疑的。"警方代表宣称，游行许可早就下发了，但普洛特金真是不明白那些负责人要达到什么样的目的。"在我看来，施莱谢尔并不清楚这次相互接触能导致什么。"总理能接受摩擦升级吗？

谣言满天飞，说施莱谢尔就是要让纳粹和共产党碰撞，直到敌对双方都两败俱伤再出面干预。咖啡馆人满为患，人们所谈的都是即将到来的游行，几乎没人谈论别的话题。城市中弥漫的都是紧张情绪。他们从各个区排队前往布洛广场。

普洛特金写道："从前我乐于看到骚乱，现在我必须承认，肯定会有骚乱的。"

他坐在柏林最大的餐厅之一"英白拉多"（Imperator），一楼有几个沙龙。四个乐队正在演奏约翰·施特劳斯的华尔兹，人们懒洋洋地蜷缩在柔软的沙发上，喝着啤酒或咖啡。这个星期天，这座房子里拥挤不堪。坐在这个美国人旁边的又是马丁·普雷托。

"施莱谢尔的动机是什么呢？"普洛特金问道。二人都认为总理确切地知道这里要发生什么。社民党成员普雷托讲述了几年前一个类似的情况，当时共产党在社民党总部前游行。"我们一直很被动，只是要求警察保护我们。"普雷托的理论是这样的：施莱谢尔知道希特勒会在党内斗争中失败。"他也许将希特勒当作工具。希特勒正在走下坡路，但同时他也为施莱谢尔提供了挑衅手段来消灭共产党，所以对施莱谢尔来说，即将举行的选举将是坦途。"

一个聪明的理论。

普雷托继续说："我认为，分裂希特勒主义，消灭共产主义，自己却躲开这些纷争，没什么能伤害到他，这就是施莱谢尔的把戏。唯一有效的阻力来自我们党，可是很难说我们何时发生冲突。在所有党派中，我们是唯一一个头脑清醒的党。让施莱谢尔主义、希特勒主义和共产主义分个高下吧。前路将会清晰起来。"

*

门前雪花漫天飞舞。花园中满是冬天的气息。奥斯卡·罗伊克这些天正在写诗。这天夜里，他读了很久的书。散步去斯托尔普[①]让他头脑又清晰起来。起初阳光明媚，"然后云朵聚拢，小雪时飘时降"。罗伊克的句子多么轻巧。

---

① Stolpe，柏林西郊一个历史悠久的村庄。

*

　　戈培尔和其他国家社会主义党人一整天都在策划明天的游行。在这次游行中,他们要公开表彰霍斯特·威塞尔,这位来自柏林的冲锋队领导人被共产党人杀害。党歌就是以他来命名的——霍斯特·威塞尔自己谱写了《霍斯特·威塞尔之歌》。事实上,国家社会主义党是想展示党的力量,让总理丢脸。只有一个担忧折磨着戈培尔:警察也有可能禁止冲锋队的游行——毕竟是媒体要求禁止的,而他认为媒体是由犹太人主宰的。

　　还有一个问题让他神经紧张。他从一位女访客那里听说,党内有关于他的一个传闻。他,柏林大区领袖,在走私外汇,用下流的伎俩中饱私囊。这是国家社会主义党人通常喜欢针对犹太人的谴责。对于国家社会主义党一个区领袖来说,这些指控可能是很危险的。这些诽谤是从哪里来的?戈培尔想,人不能太敏感。他心里满是苦涩。

*

　　慕尼黑警方在一份报告中写到,当地冲锋队现在迅速萎缩。据称1932年12月被开除的冲锋队队员不少于35人,今年1月又有15人被开除,因为他们没有履行自己的义务。

*

　　玛格达·戈培尔几个星期以来第一次下了床。"多么开心啊!"约瑟夫·戈培尔写道。但是他很担心他的"老板"。阿道夫·希特

/ 1月21日,星期六 /

勒觉睡得很少，吃东西也很少。

*

约阿希姆·冯·里宾特洛甫向希特勒透露了最新情况。就在明天晚上，小兴登堡和梅斯纳将秘密来到达勒姆。希特勒同意见面，他要带着戈林，还有另外一个心腹。但是希特勒叮嘱，无论如何都不能邀请施莱谢尔，以防万一有人会想到这个主意。看起来，希特勒完全不相信他的盟友帕彭。

*

下午，总理与内政部部长弗朗茨·布拉赫特进行商讨。施莱谢尔受到来自左右两派的压力：经典的政治困境。如果他禁止希特勒的追随者游行，就会惊吓到一个潜在的重要伙伴。如果禁止共产党的游行，他就会被批评反民主。他这个国家总理是多么频繁地处于一种棘手的困境中。全德国都眼睁睁地看着他将怎么做。

*

斯特拉瑟去戈林的公寓拜访他。斯特拉瑟态度谦卑，姿态非常低。至少戈林事后这样讲给他的党内朋友戈培尔听。

*

《新苏黎世报》(Neue Zürcher Zeitung)赞扬了爱瑞卡·曼和特蕾泽·吉泽的卡巴莱小品《胡椒磨》："太有魅力了，这才是人们应该赋予年轻的慕尼黑歌舞剧的特性。"

　　每天晚上慕尼黑的演出票都被售光。不久，人们就觉得"糖果盒"太小了，"胡椒磨"的策划者已经开始考虑搬到一个大些的地方去上演。有时，国家社会主义党人甚至也坐在观众中。他们偷偷地嘲笑"元首"吗？还是记下每一个恶意的表现？

/ 1月21日，星期六 /

/ 1月22日，星期日

反法西斯者捍卫红色柏林！
《红旗报》

穿过布洛广场；
在全部封锁的情况下迅速列队通过。
《福斯日报》

*

柏林异常寒冷，天空乌云密布。星期日临近中午的时候，身着制服的警察控制了共产党的卡尔-李卜克内西之家。警察将员工都赶到街上去，甚至用枪对着《红旗报》的一位编辑。然后他们搜查了整个建筑。更多警察来到这里，分散在冰雪覆盖的广场上。为清空道路，他们封锁了该区域。装甲警车开到十字路口。警察持枪在街上巡逻，枪的保险已打开；他们也在屋顶上用望远镜监视周围，对居民们发出指示：窗和门关上，任何人不许去阳台上。他们等着，直到国家社会主义党的队伍接近。

*

柏林企业委员会会议。提奥多·莱帕特致开幕词。普洛特金也来旁听，但他更多是出于责任感，而不是兴趣。莱帕特指责工会容忍施莱谢尔。德国总工会主席辩解说，工会不是政党。"我们有社民党。作为工会，我们不能越权，也根本不可能推翻政府，因此更谈不上容忍了。"

普洛特金觉得很无聊。他想出去，走到寒冷的外面，布洛广场方向。

*

13 点钟，第一批冲锋队在警察的护卫下游行到布洛广场。"滚蛋吧自由！"他们喊道，"滚蛋吧犹太共和国！"到最后有将近 16000 名冲锋队队员参加了游行，大约有相同数量的警察为游行做安保。

什么都没有发生。

事后，国家社会主义党媒体欢呼雀跃。约瑟夫·戈培尔发出胜利的呼喊："共产党在小巷里喧哗。到处都是装甲车和机枪，警察确保着我们的安全，以防我们被从窗子里出来的子弹射中。"他的结论是："我们赢了一场战役！"

*

奥斯卡·罗伊克去柏林新威斯滕德参加朋友的生日派对。"精选的饮品，周到的接待，各种殷勤恳切。演奏的音乐是莫扎特作品、《生日奏鸣曲》（降 E 大调）、《赞美主》（ *Gelobt sei der Herr* ）、亨德尔作品、《D 大调奏鸣曲》。"罗伊克还注意到，过生日的孩子有一把新的小提琴，还没有上漆。

*

刚过中午，国家社会主义党的宣传活动仍在继续。希特勒在普伦茨劳贝格区的尼古拉教堂墓园为霍斯特·威塞尔纪念碑揭幕。数

/ 1月22日，星期日 /

千名运动支持者参加了追悼会,还有从布洛广场出发前来的16000名冲锋队队员。

*

约瑟夫·戈培尔去医院看他的太太,希特勒陪着他一同前往。医生们曾经给她宣判死刑,现在戈培尔要感谢上帝重新把玛格达还给了他。他很"感动"希特勒的用心与周到。

尤其是因为这一天对希特勒来说还没有结束。他再次在体育馆讲话,再次提醒国家社会主义党记住霍斯特·威塞尔。党的"元首"颂扬每个狂热者,"他们在时代中担负伟大使命,与他们的使命共存亡"。

*

晚上,两名全城闻名的先生与他们的太太们一起去柏林国家歌剧院,他们在一个包厢里坐了下来。今天要上演的是理查德·瓦格纳根据莎士比亚的《一报还一报》改编的《禁恋》(*Das Liebesverbot*)。中场休息,两人混在其他客人中间,与熟人碰头、闲聊,又在下半场打铃时准时回到包厢里。当灯光暗下来,音乐响起,他们悄悄地站起来,并溜了出去。他们从后门到了外面,外面正下暴风雪,他们叫了一辆出租车,告诉司机去达勒姆,但是并未给出详细地址。司机不会知道他们要去哪里。最后一段路他们步行前往。已经有人在里宾特洛甫的别墅里等着奥斯卡·冯·兴登堡和奥托·梅斯纳。他们是帕彭、戈林和希特勒。

帕彭9点钟已经到了,希特勒到得晚一些。10点钟,兴登堡的心腹到了。

/ 掘墓人:魏玛共和国的最后一个冬天 /

有汉凯集团的香槟酒——希特勒其实只喝水——他们相互说些乏味的话。但过了一会儿，希特勒请求与奥斯卡·冯·兴登堡单独谈话。这可不是简单的谈话。奥斯卡·冯·兴登堡这会儿并不是国家社会主义党的朋友，他曾警告他的父亲不能任命希特勒。几个星期前，他曾对总统说："如果让希特勒掌权，就别想看到一份组阁时的部长名单，也别想着他会遵从什么协议，他会形成一党独裁。"奥斯卡·冯·兴登堡坚持要求奥托·梅斯纳这一晚也在场。

　　希特勒与他进了茶室。

　　他们谈了2个多小时，然后又回来继续谈。他们对谈话内容保持沉默，但是共同的目标已经很清晰：施莱谢尔应该下台。他们又吃了一顿便餐，由身着制服、戴着白手套的仆人服务，他们还喝了些香槟。最后，梅斯纳与小兴登堡又乘出租车回去了。

　　此后，希特勒和帕彭又单独会谈。帕彭说，他现在决定要为希特勒当选总理而努力。但是如果希特勒不信任他，那他就立刻停止。

　　当然，总统之前已得知了这次会面。对所有人来说，他的默许就是信号：会认真考虑帕彭的提议。

*

　　国家剧院掀起了首演热。20多年来，《浮士德Ⅱ》第一次在柏林大剧院上演，古斯塔夫·格伦德根斯饰演魔鬼梅菲斯托费勒斯。剧评家阿尔弗雷德·克尔为他的魔鬼诱骗者的表演所吸引，他在这个角色中感受到"最强烈的灵魂的力量，精神的力量"，把这个角色看成是"丰满的兽性的哲学家创造物——却带着忧郁的阴影"。

　　阿尔弗雷德·克尔是文艺专栏的巨匠，他为《柏林日报》和《法兰克福报》写文章。自1931年秋以来，他去广播电台为他的广播评论录音时，都会有警察保护。然后，1932年，新的政治广播专

/ 1月22日，星期日 /

员从节目单上取消了他的广播评论,这位专员也是国家社会主义党的追随者。纳粹开始监视克尔。

克尔是"铁锋"的支持者,并不是个过分敏感的人。他公开剖析了希特勒:"那是个读尼采的暴徒。"1931年,他在《柏林日报》中发表了下面这首诗:

> 你看到纳粹毫无阻碍地
> 带来大屠杀
> 带来大屠杀
> 还有合法性

就在不久前,共产党的一份报纸在知识分子中进行了一次民意调查:"我们如何与第三帝国做斗争?"克尔异常尖锐地做出了回答。他期待着第三帝国"下等兵和无职业的神秘主义者让已获得的智识倒退;伦理道德的破坏"。他表达了"运动计划"的想法:"尽可能迅速培训左翼军官——他们不发动内战,但是如果开始,他们应该在场。"

1932年8月,《人民观察家报》印制了一份作家名单,这些作家将在纳粹取得权力后被禁,克尔就在这份名单上,还有斯蒂芬·茨威格、卡尔·楚克玛雅、贝托尔特·布莱希特、弗朗茨·韦弗尔、克劳斯·曼。戈培尔在国家社会主义党报《抨击报》宣布:"将写作的乌合之众枪毙。"

如果国家社会主义党真的接管政府,会发生什么呢?阿尔弗雷德·克尔还有他的家庭还能待在柏林吗?在过去几个月,这个65岁的人有着饱满的创作欲,满是不安,写了一篇又一篇的长篇评论。

好像他的时间不多了。

*

柏林又一次盛会，又是一场重大的社交活动，又是关于慈善，这次是为了冬季援助。赞助者是保罗·冯·兴登堡。当然作为国家元首的他并不在场。贝拉·弗洛姆认为这肯定是一场不同寻常的盛会。但气氛几乎到了冰点。弗洛姆在谈话中获悉，亚尔马·沙赫特与希特勒是一伙的。许多人嘲笑他，说他献身于国家社会主义党的救世主事业中。帕彭呢？他也是被谈论的对象。据称他搞阴谋诡计来对付他的总理府的继承者。故事在威廉大街与恺撒霍夫酒店来回跳跃。

/ 1月22日，星期日 /

/ 1月23日，星期一

党派面临的重要日期；
1月31日将发表政府声明。
《福斯日报》

团结迫在眉睫！团结，而不是统一战线行动！……德国无产阶级，团结起来！
《前进报》特刊

*

8点半，施莱谢尔打电话给梅斯纳。他想知道昨天晚上在里宾特洛甫那里他们说了些什么。他问得很刻薄：昨天的大杂烩味道怎么样？

施莱谢尔的线人网络，还是起作用的！

没有人知道梅斯纳的回答。施莱谢尔11点半在兴登堡那里有约。显然他很紧张。

*

这天早上，帕彭找到总统，向他提出政府的重建计划。他建议将施莱谢尔解职，兴登堡认真聆听。

然后，帕彭建议任命希特勒做继承者。

希特勒？

兴登堡反对。他叫来他的心腹梅斯纳和他的儿子奥斯卡。梅斯纳站在帕彭一边，他认为希特勒应当做总理，帕彭做副总理。国家社会主义党应担负起责任来。不行，兴登堡父子说，帕彭应做总理。

*

冲锋队与党卫军的领导人在恺撒霍夫酒店开会。阿道夫·希特勒做了2个小时的演讲，他认为运动的局势非常有利。国家社会主义党比从前任何时候都强大，都要好。作为"德国人民起义的政治士兵"，摆在冲锋队和党卫军成员面前的是一项伟大的历史任务。

*

约阿希姆·冯·里宾特洛甫去拜访阿道夫·希特勒。他向希特勒汇报了帕彭劝说兴登堡让希特勒做总理碰了壁。里宾特洛甫提出一个新的想法：由亚尔马·沙赫特领导内阁。这个同情国家社会主义党的前银行行长似乎在兴登堡那里更能达到目的。但是，一切不能使希特勒成为总理的选择，都被希特勒拒绝。

*

贝拉·弗洛姆路过总理那里，他们说了几分钟的话。库尔特·冯·施莱谢尔似乎知道在他背后发生了什么：为推翻他，一个阴谋正在进行。他向弗洛姆倾诉，说在兴登堡那里再没有机会了。各种诽谤、荒谬的耳边风使老家伙确信，如果不任命一个强大的人物做总理，国防部就会发生起义。为什么施莱谢尔没有足够的警觉注意到这一切呢？弗洛姆问自己，并找到一个答案：奥托·梅斯纳

/ 1月23日，星期一 /

麻痹了施莱谢尔，梅斯纳总是对施莱谢尔说兴登堡根本不支持希特勒。

*

施莱谢尔快到总统那里时，又看了一眼他的单子，单子上写着他和同僚们准备的各种谈判的可能性。该怎样与国会周旋呢？

第一条路。

先要解散国会，重新选举要在60天之后，就这样继续统治。但这样就违宪了。帕彭在两个月前提出了完全相同的建议，却失败了。此外，施莱谢尔将处于守势。其实他现在就已经是守势了。

第二条路。

另外一个选择，可惜也是违宪的：国会将无限期休会，直到施莱谢尔找到建设性的国会多数席位再重新召开国会。但他怎样才能使各党派不通过元老委员会召开全体大会呢？

第三条路。

这个模式是基于宪法的一个漏洞，卡尔·施密特等有经验的宪法专家早就不止一次提到这个漏洞：宪法之父忽视了一种负面多数的可能性，这些多数虽然能通过不信任提案，推翻政府，自己却并不能组建内阁。如果施莱谢尔完全忽视不信任提案——继续统治，那么会怎样呢？如果这样，就不是强制违宪。也许后果是一场总罢工，大规模抗议，甚至是内战。他的紧急法令也可能被国会取消。但施莱谢尔会因此赢得时间，宝贵的时间。

施莱谢尔在过去这几个小时做了什么？他是否为做决定而饱受折磨？他是否与最优秀的同僚进行了讨论？特别是，他与法律专家奥尔根·奥特进行讨论了吗？还是孤独地辗转反侧，苦思冥想呢？

亚伯拉罕·普洛特金偶然听到,自新总理上任以来,失业人数增加了 25 万人。这个美国人仔细思考,他看清楚了,德国政府首脑正处于困境中。他写道:"施莱谢尔受到工业家的批评,因为他破坏了帕彭的工业计划,也受到了共产党的批评,因为他无法控制失业,同时也受到纳粹的批评,因为他鼓舞工会和犹太人的气焰。"

*

施莱谢尔做出了选择。唯一可行的路是解散国会,然后推迟议会的召开。他并不是有意拖延,也不是在耍什么把戏,他只是把一切都押在这张牌上。

现在总理还要依靠总统。

*

美国使馆的代表阿尔弗雷德·科利福特给美国外交部写信:一个"忠诚的代表"向他提出问题,国家社会主义党是否有向美国借贷的可能性。

国家社会主义党显然已经非常绝望,四处拼命筹钱。这场运动的势头还能持续多久?

*

11 点半。库尔特·冯·施莱谢尔请求保罗·冯·兴登堡同意解散国会和推迟选举，以保障他能自由处理"国家紧急状态"。理由是：国家正处在紧急状态。正如后来梅斯纳所记录的："这一步将被解读为违宪。"后果会是，报纸上将出现强烈呼声，对兴登堡进行大规模批评。如果真要考虑这些情况，必须事先问一问各党派领袖，是否承认国家目前处于紧急状态。

不过兴登堡说，他会考虑是否让施莱谢尔得到解散指令——如果得到，当然不能推迟新选举。他会考虑吗？兴登堡难道违背了他12月的承诺了吗？那时他向施莱谢尔保证，施莱谢尔会随时得到解散指令的。

现在，他显然要让总理陷入绝境。只要国会再次开会，共产党就会提交不信任提案，废除总理。能拒绝这一提案的多数派在哪儿？

除非兴登堡有另外的考量，不管是因为什么。

*

阿道夫·希特勒离开柏林去慕尼黑。作为告别，他说24小时之内要有一枚炸弹爆炸，然后冯·施莱谢尔将军将成为过去式。

他在影射什么？

1月24日，星期二

褐色游行笼罩着柏林；
20000名斗士致敬"霍斯特·威塞尔"；
阿道夫·希特勒："他的精神永远在我们心中！"
《人民观察家报》

国会必须被关停，那些政党也必须被排挤。
《每日评论》

明天我们将向法西斯主义展示我们的力量！
红色柏林，反法西斯活动的风暴周；
所有人，所有人都到布洛广场！
《红旗报》

*

报纸还在讨论布洛广场周日发生的事。对于亚伯拉罕·普洛特金来说，要旨是明确的：国家社会主义党是以胜利者的姿态，作为柏林的主宰者站在那里的。

这时社民党宣布即将在接下来这个周日进行游行——在卢斯特花园。等待这场游行的不仅仅是这个来自美国的工会成员。普洛特金注意到，"比较两场游行的气场和方法，就会发现很有趣"。

*

在纽伦堡的一场集会上，叛变的冲锋队头目威廉·施戴格曼激烈地批评了希特勒的战略。"这一运动的历史时刻已错过,"他说,党会"在今后的每次选举中都以失败告终。"冲锋队不能总是只扮演"消防队"或"禁卫军"的角色了,必须结束"执着于合法性"。夺取权力的战斗必须"更残酷和更革命"地进行。

*

奥斯卡·冯·兴登堡到底有多大的影响力?不仅如此,问题还在于他的才智可以支持他达成什么。希特勒这些天都在跟戈培尔讲,这个上校是个"少有的蠢货"。

*

香槟商人里宾特洛甫的家逐渐发展成为阴谋者的总部。今天,弗朗茨·冯·帕彭在这里与国家社会主义党的弗瑞克先生和戈林先生喝茶,当然,还有主人也在场。

在什么情况下兴登堡会任命希特勒为总理呢?大家得出的结论是一致的:如果德国右翼的主要人士能汇集在一个内阁中。"民族阵线"(Nationale Front)一定要成为现实。但这需要阿尔弗雷德·胡根贝格和钢盔团头目弗朗茨·塞尔特的参与。只有一个问题:二人与希特勒很长时间以来都有龃龉。

但这是可以改变的。

*

阿尔弗雷德·胡根贝格这些天来终于成为夺取权力斗争中的关键人物。这个人68岁,很自负,德国政界中几乎无人对他表示过好感。他在国会的演讲简直就是催眠。在帝国时代,他被授予"枢密顾问"(Geheimrat)的头衔,因为他忠诚地服务于皇权,至今人们还用这一荣誉头衔来称呼胡根贝格。

对法国大使弗朗索瓦-庞赛来说,胡根贝格并不是能马上被看透的:"魁梧,戴着金色眼镜,一簇蓬乱的白色胡子,他看起来很正直,像个乡村医生。事实上,他是个思想狭隘、目光短浅的人,固执到极点,是个激烈的宗派主义者,疯狂的政党人物,是德国最邪恶的灵魂之一。"

今天,胡根贝格的德国国家人民党彻底拒绝与施莱谢尔合作,必须"重新组建一个完整的内阁,来确保政府领导必要的战斗力和统一性,保证经济政策的施行。人民日益恶化的困境和日益增长的怨恨需要一个解释"。

这是最高级别的宣战。现在,总理快窒息了。

*

慕尼黑,希特勒在喝咖啡时跟戈培尔说了当前的情况。戈培尔也不可以亲自参与今年1月在威廉大街的协议,戈培尔的信息常常不完全,支离破碎。而且他的形象太糟糕了,总统和其他党派领导太厌恶他了。戈培尔后来记录道:"施莱谢尔的地位非常危险,他似乎还没有意识到,可怜的傻瓜!"

/ 1月24日,星期二 /

/ 1月25日，星期三

胡根贝格抨击内阁；
先是推翻施莱谢尔政府，然后是"国家紧急状态"——给兴登堡施加压力。
《每日评论》

施莱谢尔被孤立！
全体人民反对他的贫困化政策；
失业灾难性地增长；
总理的立场保持不住了。
《抨击报》

反对失业率的斗争；
就业促进计划生效；
看来1月上半月失业状况的发展还令人满意。
《福斯日报》

*

共产党人现在也在布洛广场游行——是对国家社会主义党三天前胡说八道的反应。恩斯特·台尔曼和其他共产党领导站在自己搭建的台子上，台子就在卡尔-李卜克内西之家前面。栏杆中间悬挂着象征马克思-列宁主义的镰刀锤子旗。

130000人从他们旁边走过，拳头高高地举起。

只有极少数警察跟着游行，因为这次不用担心狙击手会向游行者射击了。在政府的许可下，共产党主宰了这个广场。

在"反法西斯主义战斗联盟"(Kampfbund gegen den Faschismus)[被禁止的"红色阵线战士同盟"(Rotfrontkämpferbund)的后继组织]的一次会议上,晚上他们在德累斯顿与警察发生了枪战。9人死亡,11人受伤,全部都是共产党人。根据官方的说法,警察是被射击而后反击的。当局宣布进行调查。

*

社民党最重要的思想家召开作战会议,随后发表了他们称为"决议"的东西:"针对所谓的国家紧急状态法的颁布计划,德国社民党主席和社民党国会党团主席进行最强烈的抗议。这一计划的实现将导致政变,这一政变将剥夺宪法赋予人民的权利,并使那些不顾全局利益,尤其是罔顾工人阶级利益的小团体受益,他们只维护其特殊利益,并以各种理由回避国会的批判。"

*

里宾特洛甫又请了一位政客来他的别墅喝茶,这次奥斯卡·冯·兴登堡出现了。让希特勒成为"民族阵线"政府总理的想法似乎并不是没有希望的。小兴登堡向里宾特洛甫承诺,在他父亲做出最后决定之前会再与他取得联系。

/ 1月25日,星期三 /

*

库尔特·冯·施莱谢尔的情况如何呢？他的"交叉阵线"的理念是无论如何都无法实现的。工会失败了。格里高·斯特拉瑟被晾在一边。但至少内阁还是支持他的，国防部也支持他。

他准备好战斗了吗？他还在努力快速采取创造就业措施吗？还是会陷入一种情绪中，这种情绪，只有某些强权者才时不时会有。这些强权者处于权力丧失的边缘，被误解，并毫无道理地感觉无能为力：没有我，你们做去吧，走着瞧，你们会得到什么！他可以去滑雪，可以和他的太太一起上山，在平静中恢复一下他的不很稳定的身体状态，等着威廉大街再来找他。因为肯定会有人来找他的，也就是几个星期，不会再长的。

然而，施莱谢尔这些天并没有说起自己。但从他说的话中有一点是清楚的：他特别担心兴登堡会任命一个人做总理，这个人会不可避免地将国防部卷入流血内战中。不，不是阿道夫·希特勒，希特勒对于现任的他来说还是好一点儿的。

库尔特·冯·施莱谢尔害怕弗朗茨·冯·帕彭卷土重来。

*

一次可怕的旅行。戈培尔去上西里西亚的格利维采（Gleiwitz in Oberschlesien）——在敞篷车中，气温在零度以下。冲锋队大张旗鼓地迎接了他。等着他的是一个挤得水泄不通的礼堂，他是今晚的主要发言人。戈培尔在后来的日记中写道："巨大的成功。"然后又继续前往比托姆（Beuthen）。路上车出了故障，他在严寒中待了半个多小时。然后又是一个演讲。竞选，痛苦曲折的斗争。

/ 掘墓人：魏玛共和国的最后一个冬天 /

在社民党人鲁道夫·希法亭家中共进晚餐。晚宴上,哈利·凯斯勒伯爵近距离地观察了海因里希·布吕宁,这个中央党政客,他知道取得权力又失去权力是什么样的体验。

在凯斯勒看来,布吕宁比他想象的更活跃更年轻,几乎是风趣的。他们谈了1918~1919年革命,谈了魏玛共和国诞生的时间。现在才过去了15年,却恍如隔世。

布吕宁先是沉溺于过去,又谈起了近日的政治,认为帕彭内阁会卷土重来。

凯斯勒回答,一想到要再次忍受这么一个蠢货和半疯子,这么一个"堂·吉诃德"作为总理,真是恶心死了。如果帕彭重新被任命为总理,就会有暴力爆发的危险,后果将是左右阵营的极端分子的暴动。

布吕宁表示反对:如果施莱谢尔继续留任,这种危险也存在。在政治上,施莱谢尔和帕彭一样,他只是更加谨慎。无论如何,布吕宁都认为会有一场革命。

/ 1月25日,星期三 /

/ 1月26日，星期四

施莱谢尔最后一次挽救尝试：
新的紧急法令！
《抨击报》

前进大街上满是欢呼的人群；
那是红色柏林！
《红旗报》

胡根贝格扑空了；
没有背景的抨击。
《每日评论》

*

一个强有力的高压带覆盖欧洲，源源不断的冷气团从波罗的海诸国和北俄罗斯来到德国。夜晚晴朗又冰冷。东普鲁士和波美拉尼亚地区（Pommern）冷到零下28度。西部莱茵河上的冰危及航运，不久后就要停运。

在柏林，有些地方的温度降到零下20度，许多公寓的水管被冻破，难民收容所——城市中共有70个——简直拥挤得无法形容。政府说，煤炭储备还充足。在"迈耶庭院"住的人现在怎样呢？

*

谈话、打探、欺骗形成了漩涡。威廉大街发烧了。施莱谢尔就在其中。

他与亲社民党的工会领袖会面，努力想再次取得他对推迟新选举的支持，却徒劳无功。工会与他保持距离。现在社民党也明确地表示了自己的立场。奥托·布朗，已下台的普鲁士邦总理，给施莱谢尔写了一封信，并寄给总统一份副本。信中，他将施莱谢尔的计划称为"叛国要求"。

兴登堡欣赏的社民党人并不多，布朗是其中之一。两人的狩猎区接壤。往日去打猎时，他们偶尔还能见到对方。

*

国务秘书普朗克告诉财政部部长施未林·冯·科洛希克，施莱谢尔后天会请求得到解散指令。普朗克补充道，因为兴登堡同意的可能性很小，内阁将会引退。

*

据说，奥斯卡·冯·兴登堡的突然背弃让施莱谢尔本人很难接受。帕彭所做的，让总理觉得深不可测。

但为什么施莱谢尔如此极端行事，为什么他要去挑动决定，为什么他不干脆等着看事态如何发展？作为总理，他如果被动一些，是不是也许就能度过这次危机？

*

国会专项事务委员会还在开会，好像外面并没有政治动荡一样。单是外交事务委员会今天就开了4个小时的会，讨论"少数民族政

/ 1月26日，星期四 /

策"。不过，当然所有与会者都高度紧张。德国国家人民党人库阿茨记录道，"还在继续踢皮球"。

库阿茨的上司从约阿希姆·冯·里宾特洛甫那里得到一封信。这个香槟商现在也与德国国家人民党人谈判，为希特勒铺平道路。几个月前，他在柏林政治中还没有任何作用。

*

施莱谢尔从来不是个犹豫不决的人，这一天他孤注一掷。他站在总统面前请求他"解散国会，推迟新选举，并无保留地交付给我全部行政权力"。

从不同角度来看，总理的要求或是勇敢，或是无耻：这样兴登堡自己也被剥夺了作为防卫军总指挥的权力。

后来梅斯纳说，施莱谢尔打算禁止共产党和冲锋队。这些措施可能会引起内战，而内战恰恰是他一直想要阻止的。

兴登堡拒绝了他，并少有地温和地补充道："亲爱的年轻的朋友，我不久也该在天国了。在那里我还能看到我是否做对了。"

*

国家社会主义党人的情绪怎样呢？阿道夫·希特勒明天要返回柏林。他仍然不知道这次是否能达到目的。他还必须耐着性子。耐心不是件容易的事。最终决定权还是在总统手中。老家伙让他失望太多次了。如果再次委任帕彭怎么办？但如果希特勒被委任为总理，却不允许他的任何心腹任职重要部门，这该怎么办？

约瑟夫·戈培尔知道，"元首"面临着艰难的抉择。新政府的样子还没有呈现出来。只有一点是清楚的：施莱谢尔完蛋了。"他完全被孤立了,"约瑟夫·戈培尔写道,"他所有伟大的计划都成了泡影。"但他不允许自己对将军的末日欣喜若狂。过去几个月已经有太多的失望了。

*

晚上,哈利·凯斯勒伯爵参加了法国大使弗朗索瓦-庞赛的招待会。那里人山人海。大家都在窃窃私语,说施莱谢尔马上就要下台。越来越多的证据表明,将会有第二个帕彭内阁。凯斯勒简直不敢相信。他认为,"幕后政治自威廉二世以来从未这样放纵过"。

*

今天晚上,由乌尔施坦出版社发行的一份柏林晚报《速度》(*Tempo*)报道了一个"轰动的事件"。亚伯拉罕·普洛特金惊讶地读道:"将建立一个由希特勒、帕彭和胡根贝格组成的新政府!"

普洛特金马上给应该知道这件事的朋友们打电话,他很怀疑地跟朋友们讲了报纸的头条内容。《芝加哥论坛报》(*Chicago Tribune*)的赫伯特·克莱恩回答,他认为一切皆有可能。另外一个朋友警告他,不要相信类似《速度》这样的耸人听闻的报纸。还有一个人笑了起来,"他们再也不敢启用帕彭,帕彭现在是德国最让人憎恨的人"。

/ 1月26日,星期四 /

/ 1月27日，星期五

德累斯顿的流血之夜；

在实现"社会平衡"的名义下，根据官方确认，共有9人死亡，11人受重伤——这是在施莱谢尔统治下不断升级的布尔什维克的谋杀煽动的结果——恐怖—紧急法令声明。

《人民观察家报》

上任！

帕彭、戈林、胡根贝格、弗瑞克和史图尔普纳格的内阁？

加强反法西斯斗争！保卫你们的党！

《红旗报》

*

在国防部的领导层中漫延着各种猜测和解读。库尔特·冯·哈玛施坦因-埃克沃德决定主动一些。早上，他去探访朋友施莱谢尔。他问，兴登堡想再次任命帕彭为总理的谣言到底是怎么回事呢？

施莱谢尔回答道，他不再拥有总统的信任，预计一两天内会被免职。不过他还想留任国防部部长。

他是听天由命吗？还是他了解哈玛施坦因？

防卫军陆军总司令就这件事去找了国务秘书梅斯纳并发出警告：国防部不会支持第二个帕彭内阁！施莱谢尔应继续任总理。

不久之后，哈玛施坦因和陆军人事办公室的领导埃里希·冯·戴姆·布舍-伊彭堡将军参与了和保罗·冯·兴登堡的谈话。将军们这时也亲自警告总统，如果帕彭成为总理，会有内战的威胁——哈玛施坦因反对希特勒当选总理。

总统非常生气。难道军人们要再一次干预政治吗？这并不是他们的工作！

但他保证自己并没打算任命希特勒为总理。

*

安德烈·弗朗索瓦－庞赛无疑是柏林消息最灵通的外交官，但即使是他目前也无法预测势态的发展。他当然听到了前一天晚上的一些传言，说施莱谢尔辞职就在眼前——所以他向巴黎报告了这件事。

*

希特勒又在柏林了。里宾特洛甫在戈林的公寓中拜访了希特勒，向他报告了情况。

希特勒说他要马上动身。

里宾特洛甫回答，事态并非毫无希望。还有一个方案："民族阵线"。希特勒必须与胡根贝格达成一致。里宾特洛甫再次把自己家作为希特勒与帕彭会面的地点。今晚10点，希特勒可与帕彭就所有细节达成一致。

*

戈培尔见到了农业协会的关键人物，就是在施莱谢尔后面施压的那些大地主。他们达成一致：施莱谢尔必须下台，希特勒要成为总理。

后来，希特勒、戈林、弗瑞克和戈培尔一起商量对策。可是他

/ 1月27日，星期五 /

们自己又能做什么呢？没什么可做的。总理现在还叫施莱谢尔，总统提名的候选人则是帕彭。希特勒如此接近权力，但他却一直都没有拥有它。他在等待。如果需要，他从恺撒霍夫 2 分钟就可以走到总理府。

*

有些什么事将要发生。每个有第六感的人都能感觉到。德国国家人民党的胡根贝格对于国家总理的攻势是那么强烈，这让普洛特金感到很惊讶。这意味着什么呢？

普洛特金这个细致的观察者完全被搞糊涂了。"我提出问题，但是答案却如隔云烟。每个人都和我一样：推测。没人知道会发生什么，但每个人都认为整件事是不可能的。"

谜一样的柏林，谜一样的德国政治。

普洛特金写道："一座巴比伦塔。"

*

国会元老委员会确定 1 月 31 日召开国会。政府方面并没有极力推迟这一日期。

*

右翼阵营下午开会。约阿希姆·冯·里宾特洛甫说服希特勒与胡根贝格见面——他说这是成为总理的途径。时机似乎成熟了，现在要协商如何尽快打造民族联盟①。大家在国会议长那里碰面。戈林请求里宾特洛甫也参加。

但这是一种不信任的决斗：希特勒、弗瑞克和戈林是国家社会主义党这边的，而胡根贝格和议会党团主席奥托·史密特－汉诺威是德国国家人民党这一边的。国家社会主义党人吹嘘着，似乎德国国家人民党根本没有退避的可能。戈林强调说，弗朗茨·塞尔特加入了我们，钢盔团也加入了我们，希特勒马上就要掌控国家内政部和普鲁士邦内政部。很难将这一交涉称为谈判。刚一见面就互相攻讦。

胡根贝格说，不行，绝不可以是普鲁士内政部。此外，总理府负责人及内阁通讯社负责人职务都要由德国国家人民党来担任。

政治通常是一种反击游戏——胡根贝格的反击也同样是不屈不挠的。国家社会主义党"元首"立即终止谈判，并解散了这次会议。

*

帕彭获悉了这一不幸。他要与希特勒谈谈，要马上！

不行！希特勒说。不要与帕彭谈！戈林与里宾特洛甫说服了他。最后，"元首"还是顺从了。他留在了柏林。至少是目前。

*

德国国家人民党议员库阿茨记录道："兴登堡不想要希特勒；帕彭很愚蠢地将这一消息告诉了希特勒，却要求胡根贝格在兴登堡那

---

① das nationale Bündnis，即上文所说的"民族阵线"右翼联盟。——编者注

/ 1月27日，星期五 /

里探讨与希特勒合作的可能性。"

真是疯狂把球踢过来踢过去。谁还有全局观?

*

帕彭是柔韧的,帕彭又是坚定的,帕彭如鱼得水。他对里宾特洛甫说:胡根贝格的事并不是主要问题。从现在开始,他力挺希特勒担任国家和普鲁士邦内政部部长。

帕彭想成为普鲁士邦专员,接替普鲁士邦总理的工作,从而实际上成为普鲁士内政部部长的上级。

*

国家专员格瑞克的电话响了,是奥斯卡·冯·兴登堡打来的。奥斯卡说他代表父亲打电话,希望与格瑞克在蒂尔加滕单独面对面密谈,他们相约黄昏时在胜利大道旁假装"邂逅"。格瑞克很不安地在约定的时间出现了。

"你是继续站在兴登堡这边,还是要站在叛徒施莱谢尔那边?"总统的儿子这样问他。

"为什么说是叛徒?"格瑞克问道。奥斯卡说,他有一个可靠的消息,施莱谢尔在波茨坦守备部队(Potsdamer Garnison)的支持下,一心打算以总统年老为由取而代之,自己当选国家总统。为安定民心,施莱谢尔想将希特勒任命为总理。"叛徒"这个词用得还是很轻的呢。

格瑞克非常愤怒。他说,这一切都是无中生有,是卑鄙的栽赃。他说他几乎每天都与施莱谢尔谈话,施莱谢尔不可能会策动这样一个计划。他立即去拜访总统。他发现老兴登堡很忧伤,一位默默坐在那里的白发老人，好像已经下定了决心。已经没有任何商量的余地了。

格瑞克是施莱谢尔的人。他能怎样做呢？至少要通知施莱谢尔，而且他必须这么做。

"奥斯卡·冯·兴登堡是个狡猾的阴谋家，"总理说，"他使我失去了他父亲对我的信任。如果奥斯卡宣称波茨坦守备部队要发动政变，这完全是谎言。尽管老家伙对帕彭和对纳粹的行为让我感到苦闷，可是我的良心却使我根本不可能有这样的想法。"

/ 1月27日，星期五 /

/ 1月28日，星期六

绝望地试图挽救摇摇欲坠的施莱谢尔政府。
《人民观察家报》

总统危机的游戏？
今天施莱谢尔在兴登堡那里——到处是不断攀升的躁动。
《每日评论》

*

严寒依旧笼罩着德国。西里西亚地区和南部为零下10度，东普鲁士甚至到了零下25度。但是从斯堪的那维亚却来了暖空气。对柏林来说，这意味着接下来这个星期温度会升高，会是融雪天气，不过可能会带来降水。

*

保罗·冯·兴登堡本想早上接见基督教工会和自由工会，但总统办公室在预定见面时间前不久突然取消了这次接见。大型工业协会代表、外交部部长和内政部部长也接到取消接见的通知，态度很友好，并告知了稍后来国家元首这里的时间。

兴登堡是要重新安排国家命运，要集中全部精力。

*

时间接近11点，里宾特洛甫到老同志帕彭那里。"希特勒在哪儿？"帕彭问道。里宾特洛甫答道，他可能已经走了，也许在魏玛还可以联系到他。帕彭说，必须马上把希特勒叫回来，一个转折点出现了，当总理现在是可能的了。里宾特洛甫急忙赶到戈林那里，戈林知道希特勒还在恺撒霍夫酒店。戈林打电话给他的"元首"。希特勒还在柏林。

但希特勒今天不想见帕彭，明天，11点。

*

11点半，内阁在总理府开会。这会是最后一次吗？它的统治时间连两个月都不到。要在劳动力市场上做些什么，两个月时间太短了。

众人的目光穿过窗子游移到外面。高大的树木，被霜冻住了。

施莱谢尔发言，他说，几分钟后，他就要去总统那里请求得到解散指令。不过他预计兴登堡会拒绝他的。然后——他将辞职。他不能让自己和内阁被嘲弄。根据所有预测，最终会出现一个由胡根贝格和德国国家人民党支持的帕彭内阁。

多个部长宣称要警告总统小心这种局势。

施莱谢尔把椅子推回去，站起身来。

*

12点15分。这是决定一切的一次谈话。兴登堡坐在写字桌旁。一个知道自己时日不多的人，将一切希望寄托给了上帝。

总理描述了摆在总统面前的各种选择。

第一种选择是由议会多数支持的希特勒内阁。施莱谢尔指出，这是非常不可能的。

/ 1月28日，星期六 /

第二种选择是希特勒统治下的总统内阁,但是这违背了总统的原则。这不在考虑范围内。

第三种选择是让他,施莱谢尔继续留任。加强他的力量,赋予他紧急全权。

没有其他路可走,帕彭与胡根贝格——这会引起革命的动乱。

*

兴登堡本质上是个军事战略家,他明白冲突中的细微之处,知道如何解读这些信号。他也同样知道,总理与《每日评论》保持着密切联系。

今天早上竟然刊出——《总统危机》这篇厚颜无耻的文章!施莱谢尔真的以为他能以这样愚蠢的手段撼动这个出生入死的元帅吗?

不,希特勒和帕彭使兴登堡可以根据宪法行动,而无须过度使用总统权力。这真是极大的解脱。

施莱谢尔说,我请求解散指令。

"不行,"兴登堡说,"您不可以得到解散指令。"他就是这样回答的。就是这样傲慢。这就是给库尔特·冯·施莱谢尔判的刑。

兴登堡说,他很感谢施莱谢尔,"您竭力要赢得国家社会主义党,想创造国会的多数席位。可惜没有成功,因此,现在必须寻求其他途径"。

总理回答:"我承认您有权力废黜我,但是,我不承认您有权力在总理背后与另一个人串通一气,而这个总理是由您违背他本人的意愿来任命的。这是背信弃义。"

他宣布辞职。整个内阁都跟他一起。

兴登堡预计到会这样,这是当然的。辞职申请已经准备好了。梅斯纳拿了过来。梅斯纳总是面面俱到。施莱谢尔曾与梅斯纳有千丝万缕的关系。梅斯纳，见风使舵的人。

新内阁决定下来之前，施莱谢尔还要留在任上。

近一刻钟之后，总理回到内阁成员身边。沮丧。一切都结束了。在任仅仅 56 天之后。

他对部长们说，他刚刚就像对着一面墙讲话。

*

这些消息在城市里迅速传播开来。施莱谢尔要辞职！

这件事尤其在共产党内造成了警戒气氛，现在是时候迅速采取行动，把自己武装起来应付一切了。党的领导人恩斯特·台尔曼对奥托·弗朗克同志说，中央委员会必须尽快在一个安全的地方召开会议。他问道："你知道一个合适的地方吗？"——"台尔曼同志，有两个地方可选择"，弗朗克回答道。二人认识有些时间了。弗朗克在共产党建党之时已入党，是个资深人士，绝对值得信赖。

台尔曼选择了柏林东南面柯尼希斯武斯特豪森（Königs Wusterhausen）附近的"齐根哈斯体育馆客栈"[①]（Sporthaus Ziegenhals），主人是共产党人威利·莫舍尔。共产党所有领导人要在 2 月 7 日来此集合。

*

弗朗茨·冯·帕彭的这一天刚刚开始。兴登堡正式委托他组建政府，这件事他不用别人多说。他下午与胡根贝格谈话，胡根贝格

[①] 1953 年 2 月 7 日由威廉·皮克（Wilhelm Pieck，东德第一任总统）在此主持恩斯特·台尔曼纪念馆落成典礼。该建筑已于 2010 年被拆除。——编者注

/ 1月28日，星期六 /

有些抱怨，但又非常贪婪。帕彭向他承诺，让他做经济部部长和农业部部长。胡根贝格这时不再那么断然地反对国家社会主义党人担任国家和普鲁士邦内政部长。

　　帕彭与现任部长谈话一直谈到晚上，他们中有些人会跟着他干。中午，帕彭给施未林·冯·科洛希克家里打电话，他说，只有两种选择：希特勒内阁，帕彭做副总理，或是帕彭—胡根贝格内阁。他明天要和希特勒协商，此外还要和中央党主席以及巴伐利亚人民党谈判。帕彭快要达到目的了。

*

　　具有天主教背景的中央党和巴伐利亚人民党的领导人听说帕彭要试探政府的可能性。巴伐利亚人民党主席弗里茨·舍费尔在会谈中向希特勒提出，他可以和得到国会支持的内阁合作，而这一内阁是由希特勒领导的。他也是为了阻止帕彭。

　　但希特勒拒绝了这一提议。他说他并没有被授权组建政府，因此无法参与关于联合执政的谈判。

*

　　局面很棘手。帕彭很清楚，如果兴登堡认真对待，并采纳天主教徒们的建议，那么希特勒就无法不通过国会多数而被任命为总理了。但这是希特勒的条件：他不会领导执政联盟的，他也不会接受需要他证明自己的合法性的情况。

　　一定还有另外的解决办法！

/ 掘墓人：魏玛共和国的最后一个冬天 /

*

　　施莱谢尔下台了。这个可怕的帕彭再次被委任组建政府。花花公子哈利·凯斯勒伯爵惊恐地想到了这一变化——如果真的是这样的话：看到威廉大街的喧嚣，但凡是个有头脑的人，都唯恐避之不及。

　　凯斯勒仔细思考了总理的垮台，在这一刻他认为这件事根本没有必要。很明显，这是东部援助丑闻中的一个阴谋，就是这次东易北河（Ostelbien）①的严重的受贿。"对那些受贿的大人物们来说，要掩盖他们那些肮脏的勾当，施莱谢尔太软弱了；因此老家伙的宠儿必须再次向他展示，他在处理这些事务上更强硬。所有这一切都是行贿受贿、幕后政治和裙带关系的混合物，让人联想到绝对君主制度的最糟糕的时期。"

*

　　柏林的记者们开始了新闻竞赛。谁是第一个获悉下一个新闻的人？时代转折点的热潮向编辑部袭来。贝拉·弗洛姆也被牵扯进来。对她来说，这并不只是抢独家新闻，而且涉及一个朋友的命运。她所在的乌尔施坦出版社的办公室里弥漫着紧张、激动的气氛，她简直无法再忍受。她跳到车上，直奔去找施莱谢尔。她想知道到底发生了什么。"别那么在意这些事，亲爱的贝拉，"施莱谢尔说。他想安慰她。"我今晚会在新闻界舞会上见到您。我会去乌尔施坦包厢，

---

① 第二次世界大战前，此概念泛指易北河东岸延伸到原东普鲁士地区的广阔平原，该地区农业经济发达，由容克地主掌握大部土地和产业。——编者注

/ 1月28日，星期六 /

跟您跳第二支舞。"现在是中午2点。

*

第一次世界大战的老兵赫尔曼·戈林是兴登堡唯一可以信任的国家社会主义党人。这个从前的王牌飞行员这时向总统传递了一个消息：国家社会主义党人一旦掌权，将永远尊重兴登堡的权威，无意违反宪法或对国防部施加影响。

这给兴登堡留下了深刻印象：这无疑是一位正直的人的承诺。

*

在造船工人大街剧场（Komödienhaus am Schiffbauerdamm），今晚《油漆未干！》（*Achtung! Frisch gestrichen!*）首演。一向严厉的剧评家阿尔弗雷德·克尔非常愉快，他认为这部法国人勒内·福舒瓦的喜剧非常吸引人，散发着魅力。演出结束后，他回到家中，他的家在格吕内瓦尔德区道格拉斯大街10号，在红白网球俱乐部的拐角。如果他还有幸没有感染蔓延全国的流感，那么明天一大早他就要马上写评论。也许他会坐在他和妻子一起写的戏剧《编年计划》（*Der Chronoplan*）前。尤莉娅非常爱谱曲，两年前他们开始写这一作品。

目前政治上发生的事，克尔并不那么担心，他并不是随时准备走人的。他在国外没有钱，他所有珍贵的收藏——第一版的海因里希·海涅作品、原版版画、油画、乐谱——在家里堆得到处都是。如果纳粹真的夺取了政权，肯定还会有时间看看他们是否像自己声称的那样进行统治，最终妥善地处理一切。

/ 掘墓人：魏玛共和国的最后一个冬天 /

8点：布洛广场。上百名共产党人涌了进来，他们唱着被禁止的左翼阵营的歌。几队警察立即赶了过来。队长确定这是非法游行，并下令解散！警察清理广场，并用橡皮警棍打人。1个小时后，警察们又在卡尔大街疏散了另一个共产党游行。

*

8点，约瑟夫·戈培尔在罗斯托克体育馆给大学生们做报告。之后他也获悉施莱谢尔辞职了。他马上赶回柏林，满是怀疑，因为他根本不相信这个"骗子集团"——他私下里就是这么称总统的智囊团的。因为他认为兴登堡本人，这个满嘴忠义的人，也是不可预测并背信弃义的。

在恺撒霍夫酒店，希特勒跟他说了事态的进展。帕彭探查了局势。一切看起来都很好，但"元首"似乎思绪纷繁。他并不相信这个帕彭，他怀疑帕彭滥用他的指令，最后一刻使自己成为总理。随后，希特勒开始独白，咒骂那些不忠的贵族，他们那些怪念头，骂所有名字带"冯"的人。他的随从早就习惯这一切了，只是默默地听着，他们形成了希特勒所需要的听众。

*

夜里，帕彭再次穿过冰雪覆盖的部长花园，去拜访兴登堡。国家社会主义党的要求很适度，只要求少数部长职位，老部长们会继续留任。谨慎起见，帕彭并没有谈及希特勒和胡根贝格之间的争吵。

/ 1月28日，星期六 /

兴登堡坚持要他的心腹担任两个部的部长，最重要的两个：外交部和国防部。

康斯坦丁·冯·牛赖特会继续担任外交部部长的，帕彭说。

很好。

但施莱谢尔不能继续担任国防部部长。

对。兴登堡确定。

兴登堡说维尔纳·冯·勃洛姆堡可以，勃洛姆堡正代表德国出席日内瓦裁军会议。

帕彭必须向兴登堡承诺作为副总理进入希特勒政府，然后才可以离开。

帕彭说可以。

*

新闻界舞会在威廉皇帝纪念教堂后面动物园旁的礼堂举行，这是社交界的大事件。但库尔特·冯·施莱谢尔和多数部长都没有出席，为政府预订的包厢几乎都空着。有许多文学家、演员和音乐家都参加了，他们没有被政治上的钩心斗角影响情绪：埃利希·克斯特纳、罗达·罗达、卡尔·楚克玛雅、威廉·富特文格勒，还有美国人埃德加·安塞尔·莫维尔。作为外国媒体协会会长的埃德加·安塞尔·莫维尔在庆祝的人群中漫步着。午夜过后，又来了一些新客人，变得拥挤不堪。柏林又回到了老样子。

这种场合自然少不了贝拉·弗洛姆。难道她在乌尔施坦出版社的包厢里等施莱谢尔来请她跳舞吗？可能工作分散了她的注意力，毕竟她首先是为了工作到这里来：谁跟谁调情了，谁穿了什么衣服，谁跟谁坐一张桌子。为了配合这一场合，她面带柔和的微笑，而且微笑与衣服相配：一件淡粉色曳地天鹅绒镶毛丝鼠皮边的连衣裙，是她特意从巴黎买来的。可是总理却看不到她了吗？弗洛姆并不天真，她心中满是阴霾的预感，心情非常沉重。

事后她写道："新闻界舞会中弥漫着焦虑的期待：无总理状态！施莱谢尔满不在乎，希特勒、帕彭和胡根贝格则还没有责任感。"

*

美国人亚伯拉罕·普洛特金星期日凌晨参加了一个化装舞会，是由一个社会主义杂志举办的，许多记者都来到这里。这是与新闻界舞会竞争的活动。这一活动场地组织了三个沙龙，每个沙龙都有乐队演奏，所有房间都满满的。普洛特金觉得这里的人跳爵士和百老汇一样。3马克可以买一大瓶葡萄酒。6个人一桌，客人可以随时换，每桌整个晚上可以喝掉3瓶。没有人觉得今晚是个愉快的夜晚。他们的笑都是勉强的，普洛特金摆脱不了这种感觉。3点，他回家了。舞会进行到5点钟。

不过明天是星期日，没什么事可做的一天。

/ 1月28日，星期六 /

/ 1月29日，星期日

施莱谢尔下台后我们的要求：
希特勒当总理。
《人民观察家报》

警戒！警戒！
反对法西斯总进攻行动的统一战线；
反对红色自由党的恐怖紧急状态；
《红旗报》

与希特勒协商；
国会星期二会议取消；
禁止所有共产党游行。
《福斯日报》

工会动员起来；
反对帕彭的浪潮——兴登堡会怎样决定？
《每日观察》

*

威廉大街的人晚上是怎样睡着的？在这个星期日又是怎样醒来的？

德国的未来将要在一个冬日被决定，在这个不怎么晴朗的冬日。虽然并不怎么冷，但今天的温度却并没有升到零度以上。德国至少不再是严寒。温度在零度左右，降水量不大，偶有降雨或降雪——或者是雨夹雪。这就是今后的天气。

*

上午 10 点钟，兴登堡出现在他的办公室。这个星期日，他没有多少时间献给亲爱的家人，也几乎没有自己的思考空间。他把梅斯纳叫来，传达他的决定：立即解除施莱谢尔国防部部长的职务。

一封电报发到日内瓦：中将勃洛姆堡立即回柏林。勃洛姆堡作为东普鲁士军界的指挥官经常拜访兴登堡，兴登堡很欣赏这个个子高高的人，这个人总是跟他说不赞成施莱谢尔的政治主张。

这些事根本没有通知帕彭。

*

这封电报的副本也马上到了施莱谢尔的办公桌上。他的线人还在打探着、活动着。勃洛姆堡到柏林？施莱谢尔拿起电话，从勃洛姆堡指挥部那里获悉，由于天气恶劣，将军将乘火车出行。

明天一早，勃洛姆堡将到柏林。一个热爱军事史的人。训练有素、温和，却没有自己的想法。如果不是现在，他根本不是一个重量级的竞争对手。

*

希特勒推迟了一切出行计划。他留在柏林，现在必须在这儿。他提前考虑一切。汉斯·海因里希·兰马斯多年来一直在内政部宪法部门工作，希特勒请求他过来跟着自己。兰马斯曾经是个坚定的君主主义者，一年前成为国家社会主义党人。兰马斯会当国务秘书

/ 1月29日，星期日 /

吗?"我是政治家,"希特勒说,"我不懂管理,而且也不想为此费心,但我也不想出洋相。我需要一个专业人员,您准备好担任这一职务了吗?"

兰马斯回答,准备好了。他已经准备好了。

*

又是一场在卢斯特花园的游行,这次是社民党召集的。"铁锋"聚集在一起——这是共和国捍卫者联盟:国旗团黑—红—金、德国总工会、工人体育联合会和全体职员联合会。按他们自己给出的数据,仅国旗团就有 300 万成员。

从前的霍亨索伦城堡上悬挂着一幅标语,"柏林是红色的"。约 20000 名身着制服的人列队,他们中许多人一大早走了 15 公里,还有些人走了 20 公里。另外还有 80000 人涌入卢斯特花园,马路两边还有 100000 人。

亚伯拉罕·普洛特金当然也在观众里,这是他第一次见到"铁锋"。他觉得他们走起来和纳粹一样强有力。他们的红色旗子高高飘在空中,对这个美国人来说这真是"动人的一幕"。共和国的捍卫者似乎非常坚定。柏林社民党领导人、国会议员弗朗茨·昆斯特勒对群众发表讲话。"柏林属于红色,"普洛特金听到他这样讲,"铁锋两次挽救了共和国,也许还有必要挽救第三次。我们既不允许纳粹,也不允许君主主义者摧毁我们用心血筑成的共和国。"

普洛特金能看出来,这是个使人振奋的演讲。大家都全神贯注,对普洛特金这个工会成员来说,这是他听过的令人印象最深刻的 15 分钟演讲。

人民，请倾听信号！
到了最后一战！
国际社会
正在争取人权。

然后"铁锋"就散开了。

*

哈利·凯斯勒伯爵也参与了游行。他期待看到共产党人，但是却一个都没有发现。国旗团所有部门在星期三参加一个共产党的游行时，共产党明明是宣称要一起游行的。不过凯斯勒很高兴，尽管天气湿冷，却来了这么多人。这还是带来了希望。

*

在帕彭的住处，一大早很热闹。希特勒和戈林到了那里。协商继续进行，一直在讨价还价。心理上的挑战。国家社会主义党中谁应该成为部长？

希特勒发言：弗瑞克要成为国家内政部部长，戈林是普鲁士内政部部长，因为普鲁士警方"最终要落到可靠之人的手里"——帕彭没有反对。相应的，希特勒接受帕彭作为副总理和普鲁士国家专员。

但"元首"又亮出一个新条件：国会应尽快解散，并安排新选举。因为他作为总理要依赖于一部授权法，国会必须以三分之二多数通过这部法律——只有这样他的内阁才能拥有相应的全权。

帕彭也同意。他立即去了兴登堡那里。

/ 1月29日，星期日 /

*

这天上午，施莱谢尔在本德勒大街国防部和几个部长讨论局势。要阻止希特勒或帕彭当总理，但是怎样才能阻止呢？

一个将军说：用暴力。由国防部废黜总统！我们把兴登堡软禁起来，把他带到纽德克农庄。然后国防部警戒，宣布国家进入紧急状态。费尔迪南德·冯·布雷多也赞成。

那就是一场政变了。

不行，施莱谢尔说，绝不可以！

施莱谢尔回家了。他想留任国防部部长，不惜任何代价，而且他还不觉得有任何阻止他留任的因素。

*

现在这个总理也下台了。卡尔·冯·奥西茨基要在下一期《世界舞台》对此加以评论。他写道：

"可真能消耗拯救者啊，又完蛋了。如果专制政权继续这么搞下去，那不久就会：每个德国人都当一次总理！

上一个总理，各方面都被称为堪当国家大任的天才，上台才多久？今天冯·施莱谢尔将军又倒下了，遍体鳞伤，像恺撒的尸体在无人的神殿上。这个'福利将军'，要把所有的重量一下子举起来，结果垮台了，事实证明他只是半瓶醋，甚至败在他个人的强项——阴谋诡计上。"

*

下午，希特勒和戈培尔一起喝茶，突然戈林进来了。他叫道，一切都很完美。明天"元首"就要被任命为总理。很长时间没人说话。然后，希特勒和戈培尔站了起来，向对方伸出了手。即使在小圈子里，他们也喜欢煽情。

*

帕彭的公寓——库尔特·冯·施莱谢尔在上任之初其实是可以住在这儿的——现在成了各种谈判的焦点。下午，兴登堡的代表约了德国国家人民党领袖胡根贝格和两位钢盔团领导人塞尔特和杜伊斯特贝格。他向他们说了事态状况——这意味着：并没有全部说出来。他并未提及希特勒要求不久后的新选举。

相反，他把劳动部给了塞尔特，又对胡根贝格说：总统希望把国家和普鲁士邦的经济及农业部委托给他。胡根贝格，超级部长。

帕彭老奸巨猾，他很熟悉这位前枢密顾问及其自卑心理。

胡根贝格晃着头，说"我们限制住了希特勒"，他所恨的中央党根本没有被提及。听起来不错，非常好。

但一同出席的党派同事敦促他们的主席拒绝，他们说希特勒是个狂热分子！帕彭问道："您想要什么！我有兴登堡的信任。我们在过去的两个月内将希特勒逼在角落里，把他挤得够呛。"

可是，提奥多·杜伊斯特贝格也站在希特勒的对立面，尽管他也是以反犹闻名，但他个人由于是犹太人后裔，在国家社会主义党的媒体上被强烈攻击。

所以大家再次产生分歧，一切都悬而未决。但是帕彭向国家社会主义党汇报说，通往政府的路一路坦途。

与此同时他还未再和兴登堡谈过话。

/ 1月29日，星期日 /

*

德国人民党的国会党团小组发表了一份声明：我们批判导致新危机的政治颠覆活动。德国国家党（Deutsche Staatspartei）向总统和国会要求有"民主权威"（demokratische Autorität）的政府：如果国家"有朝一日，在所有矛盾不可调和的情况下成为革命的玩物"，那么自由也就丧失了。

*

库尔特·冯·哈玛施坦因－埃克沃德将军，陆军总司令，他要立即与希特勒会谈。他是为施莱谢尔来说话的。他也会以防卫军的反抗行动来威胁吗？至少不久就会有传言，说军队计划政变，阻止政府改组。

现在到了决定性的时刻了。

这是一场权力的游戏，一场心理战。

*

谣言传遍柏林。弗朗索瓦－庞赛听线人说，帕彭已放弃了与希特勒组建政府的计划。无党派人士、财政部部长施末林·冯·科洛希克也接到了类似的消息——帕彭明明早上刚刚告诉他，希特勒内阁正要组建。

这是妄自尊大的人的时刻。施末林·冯·科洛希克也听说胡根贝格要求帕彭回来做总理；另外一个线人告诉他总统糊涂了，因此施莱谢尔会动用军队。该相信哪种说法呢？

晚上，哈玛施坦因－埃克沃德将军又拜访施莱谢尔将军。另外一个人也来了：维尔纳·冯·阿尔文斯雷本，一个可疑的保守派，他几乎与所有的右翼派别都有着很好的关系，是施莱谢尔的信使和线人。

*

希特勒和戈林去帝国总理广场戈培尔的公寓里拜访戈培尔，三个人在那里共进晚餐。门铃响了——是他们都认识的维尔纳·冯·阿尔文斯雷本，他想打探事态的走向。阿尔文斯雷本声称，防卫军已把自己武装起来，目的是防止出现让他们不满意的新政府的情况。

这是什么意思？这些国家社会主义党人心里起疑。是威胁吗？他们没有对阿尔文斯雷本透露任何消息。

*

现在，国家社会主义党领导层中也笼罩着深深的不安。阿尔文斯雷本悄悄说的这些话听起来很神秘——这么说防卫军还是要政变？

这难道只是"谣言"吗？戈培尔问自己。无论如何，希特勒很不安。戈培尔不相信施莱谢尔有勇气反对兴登堡。但为了万无一失，他还是把柏林冲锋队队长冯·海尔多夫伯爵叫来了。海尔多夫要采取"措施"——具体什么意思，戈培尔并没有在日记中透露。

最后戈林到了帕彭和梅斯纳那里。这些该死的政变传言，到底有多少是真的？

/ 1月29日，星期日 /

*

这些令人不安的消息也传到了总统那里。当然,越来越多的新闻涌向了总理府。大家现在都说施莱谢尔动员了波茨坦守备部队,要推翻兴登堡,将他放在密封车厢里,并带到纽德克庄园去。

兴登堡的指挥部并没有人去核实消息是否可靠。

相反,在威廉大街,大家都充满恐惧地竖起耳朵听是否有行进的军靴声。

*

多么好的机会。如果弗朗茨·冯·帕彭愿意,他就是个干劲十足的人。夜里,他还向兴登堡递上一份部长名单。戈林也坚持做不管部部长、普鲁士内政部部长和国家航空专员。弗瑞克为国家财政部部长。戈培尔并不在名单上。保守派都很讨厌他,这个人不能任命职位。

一些职位还空着,如司法部部长——尚未任命。例如中央党只需立即行动即可将之收入囊中。

只有这样,才能形成议会多数席位。国家社会主义党和德国国家人民党——这些还不够。但希特勒并不想进行关于联合执政的谈判,他要自己掌握权力。帕彭当然并没有对兴登堡说这些,他给人的印象是跟中央党有深入的对话。

这是一个计策。希特勒看透了,胡根贝格看透了,梅斯纳也看透了,每个有政治头脑的人都看透了。也许兴登堡也看透了。

但对他而言,这是个最终摆脱责任的机会。他可能干脆相信新政府已经有多数人的支持了。

德国国家人民党内弥漫着紧张情绪。一方面，莱恩霍尔德·库阿茨对自己很满意。正如他所写，他的党派的最后通牒给了施莱谢尔"致命一击"，尽管总理四处强调3个月后他还会回来，因为"兴登堡在'帕彭实验'中精疲力竭"。

另一方面，德国国家人民党人知道他们将要冒什么样的风险。"最后通牒在党内像得到解放一样，我们现在突然成了事件的中心。"然后："如果我们跟着希特勒，就必须要驯服他。否则，不管他是获得权力还是失败，我们都会完蛋的。"

如果希特勒政府没有组建成功，那么帕彭、梅斯纳，甚至也许兴登堡都会把罪责推到德国国家人民党身上。库阿茨写道："我们也必须防止希特勒—中央党联盟，但不可以与中央党完全闹翻。"这是"五球游戏"（ein Spiel mit fünf Kugeln）[①]。幸运的是，所有其他的人都依赖于我们。

"五球游戏"？如果权力划分，也许真的会有死亡。

             *

社民党在做什么？社会民主党在讨论建立"统一战线"——必须马上，或很快与共产主义工人将之建立起来。为有效唤起深入人心的责任意识，他们在讨论是协商更有效，还是等待更有效。

社民党在讨论，并准备就绪。

[①] 俾斯麦时代的外交政策，特指平衡。

/ 1月29日，星期日 /

取得权力

1933 年 1 月 30 日

/ 1月30日，星期一

在历史面前，总统冯·兴登堡应负主要责任，他的连任表达了人民的意志——在决定性的职位上任命一个全体人民的代言人，一个可以和解的、内心平静的、代表同等的权利与同等的义务的人。

风暴中的征兆。

《福斯日报》

面对国家政变威胁的政府，社民党和整个"铁锋"都站在宪法和法制一边。

《前进报》

*

希特勒和戈林在戈培尔那里，头碰头地一直坐到凌晨5点钟。施莱谢尔会怎样行动？"政变？"戈培尔问道。"威胁、严肃、幼稚的行为？"他们猜测着。喋喋不休、冥思苦想。希特勒大步在房间里走来走去。怎么办呢？他们什么都不能做。最后他们躺下睡了，几个小时的放松。

*

早上7点多。帕彭在公寓里会见钢盔团的提奥多·杜伊斯特贝格，气氛非常紧张。帕彭叫道："如果到11点还没有组建新政府，防卫军就上街了。这就会有施莱谢尔和哈玛施坦因军事独裁的威胁。"

"您从哪里听到这个消息的？"杜伊斯特贝格问道。

"从兴登堡的儿子那里听到的"，帕彭说。

杜伊斯特贝格前往总理府，奥斯卡·冯·兴登堡一家住在那里。门前站着一个警卫。小兴登堡被关押了吗？没有，警卫只是在放哨。然后门开了，小兴登堡迎面走来，他要去火车站。

*

中将勃洛姆堡8点半要到安哈尔特火车站。陆军元帅保罗·冯·兴登堡派儿子——上校奥斯卡·冯·兴登堡去火车站。命令是：将勃洛姆堡带到总统办公室。

哈玛施坦因将军派他的副官，一位少校去火车站。命令是：将勃洛姆堡带到国防部施莱谢尔处。

清晨的火车站熙熙攘攘。机车的蒸汽声、哨声及沉重的隆隆声，人们在冷空气中呼出的热气。勃洛姆堡从驶来的夜车中下了车。

少校接到了他。请您快走，有车在等您，非常紧急！

奥斯卡·冯·兴登堡也来了。

勃洛姆堡决定去见级别更高的人，同时也代表最高命令权的人——兴登堡那里。

*

到了总理府，奥斯卡·冯·兴登堡汇报了国防部接到的命令。

政变一定迫在眉睫！

总统没有片刻犹豫。9点刚过，他让维尔纳·冯·勃洛姆堡宣誓任职，成为新的国防部部长。刚刚制止施莱谢尔违反宪法的兴登堡，此举却违反了宪法——在魏玛共和国，总统不可以使任何一个未经总理提议的部长任职。

梅斯纳拿来任职证书。

施莱谢尔因此被剥夺了权力,防卫军不再属于他管辖了。他通过梅斯纳的电话获悉了这一消息。

施莱谢尔脱口而出,这是违反宪法的!

梅斯纳回答,总统是不得已而为之。

宣誓任职后,勃洛姆堡打算前往国防部,但奥斯卡·冯·兴登堡却警告他:他在那里会被捕!

*

亚伯拉罕·普洛特金上午与工会同志在一起。他的朋友,德国总工会的富特文格勒一直强调,说任命希特勒是不可能的,兴登堡宁可辞职,也不会任命希特勒为总理。

*

"白色星期"开始了。柏林商家开始季末特价甩卖:床单、枕套、毛巾、毛毯等。商场屋顶挂着白色的长长的标语,橱窗里满是打折的商品。

*

到处都处于混乱之中。施莱谢尔的国务秘书爱尔文·普朗克与财政部部长施未林·冯·科洛希克通电话并汇报,希特勒结束谈判,并离开了柏林;帕彭被兴登堡召见,马上就要宣誓任职总理。

/ 1月30日,星期一 /

*

不久,施未林·冯·科洛希克接到总统办公室的电话,要他11点钟到,他将被重新任命为财政部部长。谁是总理?对此没有说法。

施未林·冯·科洛希克打电话给外长牛赖特——二人达成一致,不参与帕彭内阁。牛赖特也被简短的通知召过去。

终于,施未林·冯·科洛希克到了弗朗茨·冯·帕彭那里。帕彭故作平静状,说不要在意那些传言,希特勒内阁差不多就要宣誓就职了。

*

早上,英国大使荷瑞斯·胡姆博德——他也住在威廉大街——向伦敦汇报,所有迹象表明,弗朗茨·冯·帕彭会被任命为新总理。他听说了政变的传言。他的政治直觉告诉他:这是不可能的。

*

9点到10点之间,钢盔团的塞尔特和杜伊斯特贝格,以及德国国家人民党领导胡根贝格和奥托·史密特-汉诺威齐聚内政部帕彭的公寓。主人再也不冷静了。他又重新要求:一定要立即宣誓任命内阁,防止军事政变。

问题只是:阻力总是不可克服的。

史密特-汉诺威和杜伊斯特贝格绝不接受希特勒的条件。至少希特勒要放弃普鲁士内政部。

两个人赶快到了总统处,但兴登堡的门却关着。他们只是碰到了生气的奥斯卡·冯·兴登堡,他一直在疯狂斥骂施莱谢尔的背信弃义。

回到帕彭公寓,希特勒和戈林也到了那里。

局势非常复杂。钢盔团联盟的领导塞尔特想进内阁,但必须要他的同僚同意才行。但是这个被纳粹媒体如此猛烈地攻击的杜伊斯特贝格,甚至拒绝与国家社会主义党人握手。

希特勒与戈林谈了一小会儿,然后希特勒向杜伊斯特贝格走近。"元首"拿起了庄重的腔调。他个人也表现得很震惊。"我很遗憾我的媒体让您受到了侮辱,我向您发誓,这一切不是我引起的。"

这次出场并不是没有作用。

*

他们必须经历严寒。通过内政部后门,走过外交部的花园,就到了总理府的后门。那时,即使在没有月亮、没有雪的漆黑的夜里,帕彭也觉得这条路很安全。鞋底走过踩得实实的雪。

快11点时,一行人进入梅斯纳一楼的办公室。那些重新宣誓就职的前任部长也来了。

*

施未林·冯·科洛希克伯爵刚刚到总理府时,总理府的老随从开玩笑说:"没位子坐了。"一个主席团成员最后从他的办公室给财政部部长,还有外交部部长牛赖特拿来一把椅子。意思是:等着。

施未林·冯·科洛希克是第一次见到希特勒。简言之,他努力为新总理确定责任重大的财政改策基本特征:不会引发通货膨胀的措施,以及平衡的预算。希特勒给施未林·冯·科洛希克留下了很尴尬的印象。"请您和戈林讲一下细节,"希特勒说,"他比我更关

/ 1月30日,星期一 /

心这一点。"

果真：施末林·冯·科洛希克知道，戈林在这件事上做了不错的功课。

*

在梅斯纳的办公室里，一场讨论正在进行。

希特勒坚持他的诉求：必须马上重新选举！

什么，再说一遍？胡根贝格第一次听到这个，并断然拒绝。

现在讨论进入白热化。帕彭通过合纵连横、半真半假、秘而不宣以及魅力与谎言巧妙编织起来的艺术品会不会在最后一刻坍塌？

希特勒又拿出他最后一张大王牌——他自己的名誉！他保证无论选举结果如何，他都绝不会改变内阁。这张王牌总是会被拿出来：一个光明磊落的人的名誉！我们毕竟是在普鲁士。

不行！胡根贝格很强硬。

奥托·梅斯纳在混乱中溜走了。

这时帕彭出面。他抨击胡根贝格：您破坏民族团结！您怎能质疑这种名誉！

胡根贝格一直坚持说不行。

门开了，是梅斯纳。心跳加速。老家伙给他施加了压力。国务秘书梅斯纳手中拿着一块表。"先生们，总统先生本来要在11点宣布部长名单的。现在已经11点15了。你们不能让总统先生等太久。"现在。

房间里的人感受到什么了吗？这一刻所有的一切都凝结了，都已成定局了吗？

这时，胡根贝格的反抗瓦解了。他再也无法抗拒触手可及的权力。他说，总统可以决定是否解散。

戈林第一个明白过来。"现在所有一切就绪！"他喊道，"我们现在上楼吧。"

大家就都跌跌撞撞、匆匆忙忙地跑上了楼。

*

兴登堡让选定的内阁又等了自己一小会儿，然后穿着礼服出现了。他的动作和话语里没有任何一点儿庄严。

帕彭宣读了部长名单，但没有司法部部长的名字。大家说好要立即与中央党和巴伐利亚人民党进行谈判。结果并不确定，这点大家都很清楚。

将近11点半，43岁的阿道夫·希特勒按魏玛宪法宣誓就职："我宣誓：捍卫德国人民的法律，我将为德国人民的利益付出毕生精力，履行人民赋予我的义务，公平公正地对待每一个人。"

新内阁得到560票中的248票支持，未到半数。尽管如此，兴登堡还在幻想：这不是内阁。一定还会出现一个多数派。

坦能堡包围战的英雄掉到了帕彭的圈套里，自投罗网。

保罗·冯·兴登堡只说了一句话，也就是从前在战场上，要送部队打仗时，他可能会对军官们说的一句话：现在，我的先生们，和上帝前进吧！

*

威廉大街上从早上开始就满是人。大家都伸长着脖子。是时候了吗？

冲锋队头目恩斯特·罗姆用望远镜从窗口望向恺撒霍夫酒店。他观察着总理府的出口，希特勒肯定会在这儿出现的，从他脸上一

/ 1月30日，星期一 /

定能读出发生了什么。

先是戈林出来了,喊了些什么。最后是希特勒。"元首"上了敞开的轿车,让司机开到恺撒霍夫。他直直地站在车里,眼泪流了下来。"我们成功了",他喊道,喊了又喊,他的声音刺耳尖锐。

他们在恺撒霍夫的大厅。鼓掌,欢呼万岁!希特勒走入电梯。"现在我们准备好了",在电梯门关上前,他说了这句话。

然后他站在戈培尔对面,什么都没有说。戈培尔和其他人也什么都没有说。戈培尔看得很清楚:他的"元首"眼含热泪。

酒店餐厅里临时有个小型的庆祝,几乎所有的国家社会主义党高层人物都一同庆祝。他们奋斗了多长时间啊!他们受了多久的苦啊!这种拥有权力的感觉涌上心头,那样陌生。

*

在国会大厦会议室,社民党的领袖与工会领袖正在开会,他们在讨论政治局势。议会党团主席鲁道夫·布莱特沙伊德说,如果希特勒被任命为总理,国会可能就会休会或解散:"由此我们将进入国家社会主义的新阶段,首先就是要把法西斯主义从权力中清除。"在这件事上,社民党不能与共产党合作。社民党现在所能做的就是"将坚定果断记录下来"。一名社民党人在布莱特沙伊德演讲之后离开了,将主席的声明传达给党媒《前进报》。但他没有再回来。他要去拿电话听筒时,突然听到走廊里一阵狂野的呼喊:希特勒被任命了!

*

共产党赶快印传单。

总罢工，现在！

中央委员会决议指出："这个新的公开的法西斯独裁内阁是对劳动人民最残忍的、最赤裸裸的战争宣言。"

社民党和工会也会跟着一起干吗？

*

官方消息如下：

"总统任命希特勒为国家总理，根据他的建议，国家政府重组如下：

已离职的前总理冯·帕彭为副总理，兼任普鲁士邦的国家专员；

康斯坦丁·冯·牛赖特为外交部部长；

前部长及国会成员威廉·弗瑞克博士为内政部部长；

中将冯·勃洛姆堡为国防部部长；

施未林·冯·科洛希克伯爵为财政部部长；

秘密财政顾问及国会成员胡根贝格为经济部部长、食品部部长及农业部部长；

冯·埃尔茨-吕本纳赫为邮政部部长和交通部部长；

国会议长戈林为不管部部长，同时为航空专员。

国家部长戈林也被委托管理普鲁士内政部。

国家就业专员格瑞克依旧保留原职。

国家司法部职位尚未确定人选。国家总理今天还要与中央党、巴伐利亚人民党谈判。今天下午17点将召开第一次内阁会议。"

*

戈培尔马上到办公室，告知大家。所有人都非常庄严。"就像

/ 1月30日，星期一 /

在教堂里一样",戈培尔在日记中记录道。第一步!帕彭做副总理,塞尔特为劳动部部长?这可是美中不足,他对同事和区领袖们说,"这些美中不足要彻底清除"。

然后他与恩斯特·汉夫斯坦格,还有威廉王储去他太太玛格达那里,玛格达还一直在医院里养病。

*

1点半,库尔特·冯·施莱谢尔最后一次召集他的内阁。他对所有政府成员"深信不疑的合作"表达了"真诚的谢意"。然后就结束了。

财政部部长施未林·冯·科洛希克后来写道:"大家看不出他内心的波澜,但这种经历对他来说是致命的。"

*

2点钟,哈利·凯斯勒伯爵通过一个朋友获悉了希特勒被任命一事。他呆了:这么快,他一点都没想到。他听到楼下喜悦的声音——"纳粹守门人"——凯斯勒这样称呼他——在欢呼。

*

历史就发生在他眼前。亚伯拉罕·普洛特金喜忧参半。但是他这样安慰自己:军队会由胡根贝格和他的人来控制。他希望,独裁者们不会把军队交给别人掌管。

＊

　　凯旋的国家社会主义党在恺撒霍夫酒店里拍了集体照。一张"足球队"照片——正好 11 个人。希特勒将手交叉放在身前。戈林身穿宽大的军用防水雨衣站在那里，右手放在口袋里，左手拿着帽子。戈培尔当然也在，还有罗姆、希姆莱、赫斯、弗瑞克。

　　希特勒稍后穿过夹道里兴奋的人群离开酒店，后面跟着鲁道夫·赫斯。四处都是熠熠生辉的眼睛，高举的手臂，"希特勒万岁"的呼喊声。希特勒举起手，他微笑着。总理系着深色领带，领带打的结很窄，穿着一件浅色军用雨衣。他的头发缝像用刀子划的一样整齐。

　　　　　　　　＊

　　社民党党魁兼国会党团主席发言。上百万德国人也同样在等待。他们中的许多人都决心战斗，他们已经准备好了。

　　社民党要求追随者"从容，坚定，守纪团结，再团结"——还要大家保持冷静。"个别组织或团体擅自采取无纪律行动，将给整个工人阶级带来最严重的伤害"，大家要遵守"民主的游戏规则"。

　　工会领导再度恳请成员要"冷静谨慎"。这是恳求还是命令？"不要被误导，采取草率而有害的个人行动。"德国总工会正直的领导提奥多·莱帕特强调："这一时刻的口号是组织，而不是游行。工会几十年来一直都贯穿着这种精神。"

　　共和国的捍卫者仍在他们的岗位上坚守。他们等待着。他们的领袖在等待什么？

　　还要发生什么？如果真要发生，能晚一些吗？

/ 1月30日，星期一 /

*

恺撒霍夫酒店里忙成一团，旋转门飞转。恩斯特·汉夫斯坦格有太多事要做。一群外国记者涌向他，所有人都想采访新总理。

*

社民党主席，斯图加特国旗团主席库尔特·舒马赫与家乡的一个心腹通电话，传达明确的指示：由国旗团及工会成员组成的"铁锋"只能听命于"铁锋"。所有来自其他方面的，比如来自共产党的指示，都不符合工人阶级利益。还有，"在柏林，在风暴中心，我们的队伍中完全没有沮丧，因为没有半点机会让我们沮丧"。

*

库尔特·冯·施莱谢尔，没有任何证据证明他是叛徒、间谍，他并没有按惯例将工作交代给他的继任者，而是缩回到他的公寓。据说，他要写一本书。

*

受恩斯特·台尔曼和共产党中央委员会委托，柏林共产党领袖瓦尔特·乌布利希建议社民党主席结盟："与共产主义同志一起，在工厂、工人居住区进行大规模游行、大规模罢工以及总罢工。"

不行，社民党并没有接受这一建议。

*

下午早些时候，希特勒第一次坐在总理府的办公桌前，并拍了一张照片。他将手放在外套口袋里，向远处望着。他后面是鲜花，前面是削尖的铅笔。

*

根据1925年德国最后一次人口普查，德国有6250万人口。其中有563733人称他们属于犹太教团体。但是这一部分人口的比例10年来一直在下降。1933年初有约500000信犹太教的人在德国生活。

*

5点钟，第一次内阁会议召开。胡根贝格和希特勒马上就是否进行新选举开始争吵起来。大多数部长附和希特勒的看法。内阁只成立了几分钟，德国国家人民党主席就已经处于失势状态。

*

克里斯朵夫·伊舍伍德想到新政府就抑制不住微笑。他德语极好，能够很好地评估参与者。他给朋友斯蒂芬·斯彭德写信："你会看到的，我们有了一个新政府，内阁中有查理·卓别林和圣诞老人。这真是不能再用文字描述了。"但希特勒将会被证实是个不可靠的人，因为经济不景气的问题也许更大。

/ 1月30日，星期一 /

*

戈培尔的宣传机器毫不迟疑地开动了。新政府的第一次采访开始了，部长们看起来非常努力。

*

今天发生的一切，聪明的、中立的观察家怎样评价呢？

卡米尔·霍夫曼，捷克使馆的工作人员，在他的日记中写道："新内阁匆忙组阁，希特勒与弗瑞克博士和戈林都在其中，可是胡根贝格、帕彭和国防部部长勃洛姆堡就像是配送给他的宪兵，其中有多个老部长，如牛赖特。尽管挂着希特勒的名字，却并不是民族主义和革命的政府。不是第三帝国，连两个半都不是。"《星期日泰晤士报》(*Sunday Times*)的一位记者提出这样的问题："是总统兴登堡和他的'同志'冯·帕彭先生把希特勒关在笼子里，然后把他的脖子扭断，还是他们自己坐在笼子里？"《巴塞尔日报》(*Baseler Nachrichten*)记者判断："即使在熊的鼻子上拴个环，用绳子牵着它，它总归都是熊。"

贝拉·弗洛姆写道："希特勒内阁在没有司法部部长的情况下开始工作，似乎极具讽刺性。"

*

《人民观察家报》的编辑部中，大家很忙碌。第二天的报纸肯定满版面都是权力交接。为这一历史性的一天寻找合适的表达方式，满是骄傲、激动和压力。一位编辑写了一篇社论：

"第三帝国的基石

1933年1月30日，作为代表德国历史转折点的一天，必将载入史册。经过14年史无前例的牺牲和努力，阿道夫·希特勒今天站在了这个位置上，这个从很久以前就应该属于他的位置上。这些年来，上百万人的渴望、斗争、献身都是为了要洗刷1918年11月9日的耻辱，这时，一种不可遏制的骄傲涌上这些人的心头。"

某部作品早就完成了。出版商们在右边的角落上发表了一则迎合当时情况的广告：

"当日之书：阿道夫·希特勒的《我的奋斗》。

阿道夫·希特勒会做什么呢？——今天，上百万充满希望的德国人都在问！——每一个知道希特勒作品，并因此知道他的意愿与目标的人，都能回答这一问题。现在，无论是朋友还是敌人，都不能忽视希特勒的作品了。

两种版本：两册，纸板装订，每册2.85马克；两册全亚麻面精装共7.2马克。

每家德国书店都有这本书的存货！弗朗茨－伊尔继承人出版社，慕尼黑2号。"

*

晚上，亚伯拉罕·普洛特金想要弄到国家剧院《浮士德Ⅱ》的票，但是却没有得到，格伦德根斯应该非常了不起。他在马克伯爵大街的莱比锡大街方向走下去时，看到第一个拿着火炬的国家社会主义党人。他走得越远，就看到更多的国家社会主义党人。肯定有上千人，他们都向威廉大街方向涌去。到处都能看到列队的钢盔团成员。

/ 1月30日，星期一 /

*

　　黑暗中，希特勒的追随者在蒂尔加滕大角星广场列队。深夜里，一片火炬的海洋。据估计，仅在柏林就有 25000 名冲锋队和党卫军成员在路上，还有上千名钢盔团成员。7 点多，游行队伍走了起来，穿过勃兰登堡门，绕过阿德隆酒店，向威廉大街走下去。

　　整个德国都在发生类似的情景，许多城市自发组织游行。卐字旗飘扬。冲锋队行进着走过马路，闯入市政厅，闯入社民党和共产党的办公室，还有报社编辑部。一种不能预先调动的、突然出现的情绪的爆发。

　　在班贝格，一个身穿制服的人走在游行队伍最前面，是少尉克劳斯·冯·施陶芬贝格。

*

　　共产党领袖恩斯特·台尔曼获悉冲锋队的游行路过勃兰登堡门时，就派所有干部到他们各自的区域。所有同志都要动员起来。同时，党必须切换到非法模式——为此他们早就做好了准备。作为告别，台尔曼对他手下人说："如果中央委员会开会，过几天我们还会再见。你们会得到更多详细信息的。"

　　许多共产党员已收拾好东西。他们找到的一切武器已准备就绪。现在万事俱备，只等战斗的信号了。

　　只等一个信号。

　　只等星星之火。

　　　　　　　　　　　＊

　　是戈培尔想出了火炬游行的主意。除了他还能有谁呢？他稍后在广播里声称有 50 万人在路上。英国使馆估计有 50000 人。贝拉·弗洛姆认为有 20000 人参加。

　　当游行队伍的前列 8 点半到达总理府时，普鲁士军乐《腓特烈大帝颂》之《掷弹兵进行曲》(Fridericus-Rex-Marsch) 响起来了。

　　埃米·索涅曼，戈林的新太太从恺撒霍夫酒店的一个窗口观看游行。她的先生赫尔曼·戈林站在离她几百米的总理府二层的窗户旁。国家的新统治者们——希特勒、戈培尔、戈林、帕彭——也观看着火炬手，聆听着军乐、歌曲、"希特勒万岁"的呼喊。另外一个窗口，是保罗·冯·兴登堡的身影。

　　恺撒霍夫酒店的阳台上，挤满了著名的国家社会主义党人。约阿希姆·冯·里宾特洛甫也跟着欢庆。楼下的冲锋队和党卫军扛着旗子走过时，他摘帽示意。他把 11 岁的儿子也带到这个有历史意义的事件中来。

　　希特勒万岁，一直在呼喊，希特勒万岁！
　　有些事情结束了，有些事情就开始了。
　　希特勒对帕彭说：
　　"我们面前的任务多么艰巨，冯·帕彭先生。在我们的杰作完成前，我们永远都不能分开。"
　　有些事情从开始就让人不寒而栗。

　　　　　　　　　　　＊

　　在哈雷门（das Hallesche Tor）的会议厅，德国作家保护协会

／ 1 月 30 日，星期一 ／

在开会。无政府主义者埃里希·米萨姆出席。他要求全体与会者,这个时刻要保持坚定。多数作家都说,什么都不做,只是等待。喧嚣很快就会过去。然后卡尔·冯·奥西茨基站了起来。房间里静了下来。《世界舞台》杂志的负责人轻声说:"这一切都比您想象的要长久。也许几年。我们对此毫无力量。但我们中的每个人都能行动起来,让那些掌权的人,永远都不会得到哪怕一个小手指。"

*

海因里希·乔治,德国电影明星,在万湖邀请来自匈牙利的导演保罗·费犹斯做客。费犹斯 5 年前开始在好莱坞工作;在他看来,乔治就是"演员之王"。冲锋队向东又游行了几公里时,二人讨论乔治是否应该在美国继续他的职业生涯。在美国会更安全,工作收入也高,不只是导演恩斯特·刘别谦在国家社会主义党入侵前已经逃到加利福尼亚。一些艺术家已经离开柏林——绝不仅仅是犹太人。海因里希·乔治呢?他最近于 1930 年与"米高梅"公司签了合同,他的薪酬为 20000 美元。一笔可观的收入。

*

晚上,哈利·凯斯勒伯爵像往常的星期一一样去恺撒霍夫酒店,那里,欢庆的国家社会主义党人正在举行晚宴,理查德-尼克拉斯·康登霍维-凯勒奇在晚宴中演讲,主题是:"德国的欧洲使命"(Deutschlands europäische Sendung)。凯斯勒糊涂了,理查德-尼克拉斯·康登霍维-凯勒奇,这个知识分子,一半日本血统,一半奥地利血统,将他的"国际泛欧联盟"(Pan-Europa)的理念理解为反对布尔什维克主义的壁垒。伊米尔·乔治·冯·史道斯,是

/ 掘墓人:魏玛共和国的最后一个冬天 /

德国银行监事会成员，并在国家社会主义党经济政治部门任职，席间，他吹嘘与希特勒有极好的关系，说希特勒会满足他一切愿望。有人说，第一次内阁会议上，胡根贝格和希特勒就已经起了冲突。

凯斯勒稍后回到家中，在他的日记中写道："在恺撒霍夫酒店及其周遭，一场真正的狂欢正在肆虐；身着制服的党卫军在入口和礼堂里形成夹道欢迎的人群，走廊里是巡逻的冲锋队员和党卫军；我们从演讲会场中出来时，没有尽头的冲锋队队伍正步从某个名人（第二把手，希特勒本人在总理府）旁边列队走过，他们在正门列队，并向他行法西斯礼；一场真正的游行。整个广场满是看热闹的人。"

*

一位久已不联系的访客来到库尔特·冯·施莱谢尔处。是威廉·格勒纳，施莱谢尔从前的忘年交。他一度觉得施莱谢尔背叛了自己，但他在这个屈辱的日子来到这里，帮助他从前的知己。这一姿态，让施莱谢尔深受感动。他失去了权力，却重新赢得了一个朋友。

*

火炬游行后，人群散开，回到他们自己的住处。冲锋队第 33 分队在临近午夜时也要回去了，冲锋队员穿过克莱恩威丁，再穿过瓦尔大街。他们的领队叫汉斯·埃伯哈德·麦考斯基。1931 年 12 月，他射杀了一名共产党员，逃往意大利，后来又回到德国，10 月份被捕。由于施莱谢尔的大赦，圣诞节前，他被释放。

瓦尔大街上共产党说了算。"马克斯·霍尔兹"（Max Hölz）保卫队正在此处等待着。线人告知集合的冲锋队来了，按上司的命令

/ 1月30日，星期一 /

一个名叫约瑟夫·曹利茨的警长陪同他们到来。冲锋队要进攻吗？

共产党走向他们。双方开始互相咒骂，拳头乱挥。几十名共产党从一家名为"鹿"的酒馆冲出来。他们试图缓和局面，但紧接着枪声就响起了。

曹利茨被射中，致命一击，倒在地上，麦考斯基也一样。

只有共产党员被监禁。

谁开的枪，永远是个谜。

*

戈培尔夜里获悉了死讯。一旦权力在握，戈林也该收拾共产党了。

*

已经很晚了，希特勒与党内同志穿过积雪的部长花园，漫步在威廉大街。马上他们就要走进恺撒霍夫酒店好好睡一觉。

德国新总理也该好好休息一下了。

尾声

安德烈·弗朗索瓦-庞赛在柏林一直待到1938年，然后在意大利担任法国大使。之后他成为维希政权的顾问，于1949~1953年任法国驻德国高级专员，后来任驻波恩大使。他于1978年在巴黎去世，终年90岁。

贝拉·弗洛姆1934年被禁止工作，四年后她移民美国，于1972年在纽约去世，终年81岁。

君特·格瑞克在纳粹取得权力几天后由于被控贪污被捕，到1945年为止，他三度被拘留。战后，他在西部继续其政治生涯，1952年决定去东德，在那里，他任职于东部基督教民主联盟（Ost-CDU）。于1970年去世，终年76岁。

约瑟夫·戈培尔于1933年3月13日成为国民教育与宣传部部长，后来成为文化协会会长。他的法令使无数知识分子被禁止工作，被迫流亡。他的演讲挑起了德国人民的战斗狂热和对国家社会主义党的支持。他死于1945年5月1日，自杀，可能是使用了氰化钾。

玛格达·戈培尔也于1945年5月1日自杀。自杀前，夫妇二人把他们的6个孩子杀死。

赫尔曼·戈林1933年已是国家航空专员，普鲁士总理，另外还担任步兵将军。纳粹政权结束前，他一直都是领导人之一。在纽伦堡审判中，他被判为主要战犯之一，于1946年自杀，终年53岁。

威廉·格勒纳一直都是富裕的有闲阶级的人，1939年5月死于肝部感染，终年71岁。参加他葬礼的军官不允许穿制服。

/ 尾 声 /

库尔特·冯·哈玛施坦因－埃克沃德于 1933 年 10 月提出离职申请，但于 1939 年被重新启用，但不久，希特勒又让他最终退休。他成为抵抗政权的一分子，于 1943 年死于癌症。

恩斯特·汉夫斯坦格从希特勒的追随者变为批评者，于 1937 年逃离德国。二战爆发时，他在英国被捕。盖世太保将他列为要被肃清的对象。他于 1975 年死于故乡慕尼黑，终年 88 岁，50 年前，他在慕尼黑结识了希特勒。

1934 年，**奥斯卡·冯·兴登堡**在父亲死后，公开宣称，希特勒也将成为国家总统。二战期间，他任职国防将军。死于 1960 年，终年 77 岁。

保罗·冯·兴登堡，总统，于 1934 年 8 月 2 日去世，终年 86 岁。他至死都没有明白，自己将德国权力交到了错误的人手中。

阿道夫·希特勒于 1934 年 8 月，即兴登堡死后，成为德国总统。这个"元首和总理"迫害犹太信仰、艺术家和反对派，禁止党派活动，并强制对媒体进行"一体化"（gleichschalten）。1945 年 4 月 30 日，史无前例的战争结束，也结束了对欧洲犹太人的有组织的谋杀，希特勒开枪自杀。

阿尔弗雷德·胡根贝格于 1933 年 6 月 29 日辞去部长职位，但直到 1945 年他都是一体化国会（der gleichgeschaltete Reichstag）成员，于 1941 年任名誉议长。他死于 1951 年，终年 85 岁。

克里斯朵夫·伊舍伍德于 1933 年 5 月离开德国，自 1939 年开始在美国生活。死于 1986 年，终年 81 岁。

玛莎·卡乐可 1936 年生下一个儿子。她的书被当权者禁止。她和儿子及第二任丈夫于 1938 年移民美国。她于 1975 年在苏黎世去世，终年 67 岁。

阿尔弗雷德·克尔于 1933 年 2 月 15 日逃往布拉格，不久，他的家人也前往布拉格。他是第一位被国家社会主义党取消公民权利的人。他住在伦敦，被视为德国公敌。于 1948 年去世，终年 80 岁。

哈利·凯斯勒伯爵 1933 年离开德国。从此以后生活在马略卡岛和法国。后来破产，死于 1937 年，终年 67 岁。

提奥多·莱帕特先是尝试使德国总工会与国家社会主义党达成一致，但是 1933 年 5 月被捕，不过不久后被释放。工会瓦解。1946 年，他加入苏联占领区的德国统一社会党（SED），于 1947 年去世，终年 79 岁。

奥斯卡·罗伊克继续任职出版社编辑，过着深居简出的生活，于 1941 年去世，终年 56 岁。

奥托·梅斯纳为阿道夫·希特勒工作到 1945 年，担任元首和总理的办公室主任。战后审判被判为无罪。于 1953 年去世，终年 73 岁。

埃德加·莫维尔在权力移交后受到死亡威胁，他于 1933 年离开

/ 尾声 /

德国。在东京和巴黎停留了一段时间，后回到自己的祖国美国。于1977年去世，终年87岁。

卡尔·冯·奥西茨基于1933年2月28日再次被捕，被带到一个集中营。他病得很重，于1936年11月被释放。不久后，他被授予诺贝尔和平奖。1938年，死于肺结核，年仅48岁。

奥尔根·奥特于1933年6月1日作为观察员被派驻日本军队，从1938年，也就是他入党的这一年，直到1942年，担任德国驻日本大使。他整个一生都为施莱谢尔的政治辩护。于1977年去世，终年87岁。

弗朗茨·冯·帕彭于1934年被解任副总理一职，作为希特勒的使者被派往奥地利，后来又担任驻土耳其大使。1947年，他被战胜国归为"罪魁祸首"，监禁两年。于1969年去世，终年79岁。

亚伯拉罕·普洛特金于1933年5月8日离开柏林，7月1日回到纽约。他为在德国的左翼政治家、工会会员及犹太人代言，创立了一个组织，使上百人可以逃到美国，其中有许多普洛特金在柏林结识的人。他于1988年在洛杉矶去世，享年95岁，他的日记在他死后出版。

莱恩霍尔德·库阿茨被国家社会主义党归为半个犹太人，本人却是反犹主义者，在国会任职，直到1933年11月。战后，他参与到柏林的基督教民主联盟（CDU）中。于1953年去世，终年77岁。

国家社会主义党取得权力后，将**约阿希姆·里宾特洛甫**安排在外交使团中，1936~1938年，他担任德国驻伦敦大使，1945年，担任德国外长。纽伦堡审判中，他被判为战犯，于1946年被处决，终年53岁。他的太太安娜莉泽于1973年去世，终年77岁。

弗里德里克·M.萨克特于1933年离开柏林回到家乡，不再从事外交工作。他于1941年死于心肌梗死，终年71岁。

库尔特·冯·施莱谢尔和他的太太伊丽莎白于1934年6月30日在家中被党卫军杀害，他们的许多私人资料被作案者带走。

库尔特·冯·施罗德于1933年2月1日加入国家社会主义党，1936年加入党卫军。他在第三帝国属于极富影响力的高级领导。战后他被判一年监禁和处罚金。他于1966年去世，终年76岁。

库尔特·舒马赫于1933年被捕，1945年之前，他几乎都是在集中营度过的，健康受到严重摧残。战后他成为德国社民党重建的决定性人物，1949年在第一届联邦议会担任党团主席。他于1952年去世，年仅56岁。

在国家社会主义党取得权力后，**格里高·斯特拉瑟**一开始在政治上并不活跃，但希特勒于1934年6月13日请他担任经济部部长。斯特拉瑟决定接任，但要求内阁中不可以有戈林和戈培尔。不久后，6月30日，斯特拉瑟被党卫军枪杀。

在希特勒政府成立最初的几个星期，**恩斯特·台尔曼**试图组织左翼抵抗运动。1933年3月3日被捕。11年后，1944年，这个58岁的共产党主席在布痕瓦尔德集中营（Buchenwald）被杀害。

/ 尾 声 /

1934 年 8 月，**多萝西·汤普森**必须在 24 小时之内离开德国，回到美国，后与辛克莱·刘易斯于 1942 年离婚。她于 1961 年去世，终年 67 岁。

汉斯·采尔的《每日评论》于 1933 年 7 月停刊。战后，采尔担任《世界》(*Die Welt*)的总编和《图片报》(*Bild-Zeitung*)的专栏作家，并担任阿克塞尔·施普林格出版社（Axel Springer）最重要的顾问。他于 1966 年去世，终年 67 岁。

参考文献

在研究期间，我们在图书馆和档案室度过了漫长的时光。我们使用数据库，搜索了数百本书籍及论文，以寻找当时的生动描述。我们想尽可能精准地重构当时的情况。因此我们重点搜索日志、日记、信件、报刊文章及官方文件。魏玛共和国官方记录作为一个来源是不可或缺的，还有当时每日出版两次，消息非常灵通的《福斯日报》。

研究中最大的空白当然是库尔特·冯·施莱谢尔的遗物，他和他的太太于1934年6月一起被害——国家派出的凶手还带走了许多文件。除此之外，信息来源相对来说比较丰富，我们当然也非常感谢历史研究的权威著作。同时，我们也进行了深入的个案研究，如当时共产党的地下活动，1932年柏林交通运输公司的罢工或街头暴力。

我们将所有我们认为重要的文献整理到档案系统中，然后对其进行评估。我们总是用另一个资料来源来检验所有事实的真实性，如果我们认为不可信，就放弃对其进行描述。

Baedekers Berlin und Umgebung, Leipzig 1927.

Bahne, Siegfried: Die KPD und das Ende von Weimar. Das Scheitern einer Politik 1932–1935, Frankfurt am Main 1976.

Benz, Wolfgang: Geschichte des Dritten Reiches, München 2000.

Beuys, Barbara: Verteidigung der Republik: der sozialdemokratische Reformer Theodor Haubach (1896–1945), Hamburg 2000.

Blasius, Dirk: Weimars Ende. Bürgerkrieg und Politik 1930–1933, Göttingen 2005.

Bracher, Karl Dietrich: Die Auflösung der Weimarer Republik. Eine Studie zum Problem des Machtverfalls in der Demokratie, Stuttgart/Düsseldorf 1955.

Bracher, Karl Dietrich/Funke, Manfred/Jacobsen, Hans-Adolf (Hrsg.): Die Weimarer Republik 1918–1933, Bonn 1987.

Burke, Bernard V.: Ambassador Frederic Sackett and the Collapse of the Weimar Republic, 1930–33. The United States and Hitler's Rise of Power, Cambridge 1994.

Büttner, Ursula: Weimer – die überforderte Republik. 1918–1922 (Gebhardt Handbuch der Geschichte, Bd. 18, 10. Aufl.), Stuttgart 2010.

Collomp, Catherine/Groppo, Bruno (Hrsg.): An American in Hitler's Berlin: Abraham Plotkin's Diary, 1932–33, Champaign 2008.

Conradi, Peter: Hitlers Klavierspieler. Ernst Hanfstaengl: Vertrauter Hitlers, Verbündeter Roosevelts, Frankfurt am Main 2004.

Demant, Ebbo: Von Schleicher zu Springer. Hans Zehrer als politischer Publizist, Mainz 1971.

Easton, Laird M.: Der rote Graf: Harry Graf Kessler und seine Zeit, Stuttgart 2007.

Engel, Hartmut/Ribbe, Wolfgang (Hrsg.): Geschichtsmeile Wilhelmstraße, Berlin 1997.

Fest, Joachim: Hitler: Eine Biographie, Berlin 2002.

Fischer, Conan: Stormtroppers. A social, economic and ideological analysis, 1929–1935, London 1983.

François-Poncet, André: Als Botschafter im Dritten Reich. Die Erinnerungen des französischen Botschafters in Berlin, September 1931 bis Oktober 1938, Mainz 1983.

Frank, Hans: Im Angesicht des Galgens. Deutung Hitlers und seiner Zeit auf Grund eigener Erlebnisse und Erkenntnisse, München 1953.

Friedrich, Thomas: Die missbrauchte Hauptstadt. Hitler und Berlin, Berlin 2007.

Fromm, Bella: Als Hitler mir die Hand küsste, Berlin 1993.

Glatzer, Ruth: Berlin zur Weimarer Zeit. Panorama einer Metropole, Berlin 2000.

Goebbels, Joseph: Die Tagebücher. Band 2/III: Oktober 1932 – März 1934. Bearbeitet von Angela Hermann, München 2006.

Golecki, Anton (Hrsg.): Das Kabinett von Schleicher. 3. Dezember 1932 bis 30. Januar 1933 (Akten der Reichskanzlei. Weimarer Republik), Boppard am Rhein.

Groener-Geyer, Dorothea: General Groener. Soldat und Staatsmann, Frankfurt am Main 1955.

Hanfstaengl, Ernst: Zwischen Weißem und Braunem Haus, München 1970.

Harter, Johannes: Wilhelm Groener. Reichswehrminister am Ende der Weimarer Republik (1928 – 1932) (Schriftenreihe des Militärgeschichtlichen Forschungsamtes; 39), München 1993.

Heuss, Theodor: Hitlers Weg. Eine historisch-politische Studie über den Nationalsozialismus, 7. Aufl., Stuttgart, Berlin, Leipzig 1932.

Hömig, Herbert: Brüning. Kanzler in der Krise der Republik, Paderborn et. al. 2000.

Kaléko, Mascha: Großstadtliebe. Lyrische Stenogramme, Reinbek 1996.

Kaufmann, Bernd u. a.: Der Nachrichtendienst der KPD 1919 – 1937, Berlin 1993.

Kellerhoff, Sven Felix: Die NSDAP. Eine Partei und ihre Mitglieder, Stuttgart 2017.

Kellerhoff, Sven Felix: Hitlers Berlin. Geschichte einer Hassliebe, Berlin 2005.

Kempner, Robert M. W.: Das Dritte Reich im Kreuzverhör. Aus den unveröffentlichten Vernehmungsprotokollen des Anklägers in den Nürnberger Prozessen, München 2005.

Kershaw, Ian: Hitler (1889–1945), München 2009.

Kerbs, Diethart/Stahr, Henrick (Hg.): Berlin 1932. Das letzte Jahr der Weimarer Republik, Berlin 1992.

Kessler, Harry Graf: Das Tagebuch 1880–1937. Band 9: 1926–1937, hg. von: Gruber, Sabine/Kamzelak, Roland S./Ott, Ulrich, Stuttgart 2010.

Kissenkoetter, Udo: Gregor Strasser und die NSDAP, Stuttgart 1978.

Lange, Annemarie: Berlin in der Weimarer Republik, Berlin 1987.

Longerich, Peter: Deutschland 1918–1933. Die Weimarer Republik, Hannover 1995.

Longerich, Peter: Goebbels. Biographie, München 2010.

Longerich, Peter: Hitler. Biographie, München 2015.

Meissner, Hans-Otto: Junge Jahre im Reichspräsidentenpalais. Erinnerungen an Ebert und Hindenburg 1919–1934, München 1988.

Möckelmann, Reiner: Franz von Papen. Hitlers ewiger Vasall, Darmstadt 2016.

Nagel, Anne C.: Johannes Popitz. (1884–1945). Görings Finanzminister und Verschwörer gegen Hitler, Köln/Weimar/Wien 2015.

Nagorski, Andrew: Hitlerland. American Eyewitness to the Nazi Rise to Power, New York 2012.

Papen, Franz von: Der Wahrheit eine Gasse, München 1952.

Paschen, Joachim: Hamburg zwischen Hindenburg und Hitler. Die nationalsozialistische Machteroberung in einer roten Festung, Bremen 2013.

Plehwe, Friedrich-Karl von: Reichskanzler Kurt von Schleicher. Weimars letzte Chance gegen Hitler, Frankfurt am Main/Berlin 1990.

Plieber, Ulla: Theodor Leipart (1867–1947). Persönlichkeit, Handlungsmotive, Wirken, Bilanz – ein Lebensbild mit Dokumenten. 2. Halbband: Dokumente. Berlin 2001.

Pünder, Hermann: Von Preussen nach Europa, Stuttgart 1968.

Pufendorf, Astrid von: Die Plancks. Eine Familie zwischen Patriotismus und Widerstand, Berlin 2006.

Pyta, Wolfram: Hindenburg. Herrschaft zwischen Hohenzollern und Hitler, München 2007.
Pyta, Wolfram: Hitler. Der Künstler als Politiker und Feldherr. Eine Herrschaftsanalyse, München 2015.
Reuth, Ralf Georg: Goebbels. Eine Biografie, München / Zürich 2012.
Ribbentrop, Rudolf von: Mein Vater Joachim von Ribbentrop. Erlebnisse und Erinnerungen, Graz 2008.
Röhl, Klaus Rainer: Die letzten Tage der Republik von Weimar: Kommunisten und Nationalsozialisten im Berliner BVG-Streik von 1932, Wien 2008.
Rosenkranz, Jutta: Mascha Kaléko: Biografie, München 2012.
Rott, Joachim: »Ich gehe meinen Weg ungehindert geradeaus«. Dr. Bernhard Weiß (1880–1951). Polizeipräsident in Berlin. Leben und Wirken, (Aus Religion und Recht), Berlin 2010.
Salewski, Michael: Preußischer Militarismus – Realität oder Mythos? Gedanken zu einem Phantom, in: Zeitschrift für Religions- und Geistesgeschichte 2001, Jg. 53, S. 19–34
Schäfer, Claus W.: André François-Poncet als Botschafter in Berlin (1931–1938) (Pariser Historische Studien; 64), München 2004.
Schober, Volker: Der junge Kurt Schuhmacher, Bonn 2000.
Schulze, Hagen: Weimar. Deutschland 1917–1933, München 1998.
Schwerin von Krosigk, Lutz Graf: Es geschah in Deutschland, Tübingen / Stuttgart 1952.
Schwerin von Krosigk, Lutz Graf: Memoiren, Stuttgart 1977.
Strenge, Irene: Ferdinand von Bredow. Notizen vom 20.2.1933 bis 31.12.1933. Tägliche Aufzeichnungen vom 1.1.1934 bis 28.6.1934 (Zeitgeschichtliche Forschungen; 39), Berlin 2009.
Strenge, Irene: Machtübernahme 1933 – Alles auf legalem Weg? (Zeitgeschichtliche Forschungen; 15), Berlin 2002.
Thompson, Dorothy: Kassandra spricht. Antifaschistische Publizistik 1932–1942, Wiesbaden 1988.
Turner, Henry Ashby, Jr.: Hitlers Weg zur Macht. Der Januar 1933, München 1996.

Turner, Henry Ashby: German Big Business and the Rise of Hitler. Oxford, 1985.
Ullrich, Volker: Adolf Hitler. Biographie, Bd. 1: Die Jahre des Aufstiegs 1889–1939, 2. Aufl., Frankfurt am Main 2013.
Vogelsang, Thilo: Kurt von Schleicher. Ein General und Politiker, Göttingen / Frankfurt / Zürich 1965.
Vogelsang, Thilo: Die Reichswehr und die Politik 1918–1934, Niedersächsische Landeszentrale für Heimatdienst, Heft 1, 1959.
Wandel, Eckhard: Hans Schäffer. Steuermann in wirtschaftlichen und politischen Krisen, Stuttgart 1974.
Weiß, Hermann / Hoser, Paul (Hrsg.): Die Deutschnationalen und die Zerstörung der Weimarer Republik. Aus dem Tagebuch von Reinhold Quaatz 1928–1933, München 1989.
Winkler, Heinrich August: Weimar 1918–1933. Die Geschichte der ersten deutschen Demokratie, 4. Aufl., München 2005.
Winkler, Heinrich August: Der lange Weg nach Westen, (Bd. 1: Deutsche Geschichte vom Ende des Alten Reiches bis zum Untergang der Weimarer Republik), München 2012.
Wirsching, Andreas: Die Weimarer Republik. Politik und Gesellschaft. München 2000.

报　纸

《抨击报》(*Der Angriff*)：国家社会主义德国工人党在柏林的日报
《柏林日报》(*Berliner Tageblatt*)：跨区域发行的日报
《B.Z.》：即《柏林报》(*Berliner Zeitung*)，街头小报
《红旗报》(*Die Rote Fahne*)：共产党中央刊物
《每日评论》(*Tägliche Rundschau*)：保守派报纸，亲防卫军
《人民观察家报》(*Völkischer Beobachter*)：国家社会主义德国工人党日报
《福斯日报》(*Vossische Zeitung*)：独立的倡导自由主义的报纸
《世界舞台》(*Die Weltbühne*)：左翼知识分子周刊
《前进报》(*Vorwärts*)：社民党党报
《周日报》(*Sonntags-Zeitung*)：斯图加特的独立杂志

写作花絮

魏玛共和国的最后10个星期是全社会陷入疯狂的时期，是充满能量与恐惧的时期，是政治上危机四伏的时期，是自认为无所不知的人的时期，也是幕后操纵的人的时期。这段短短的时间决定了一些人的职业生涯和命运，以不同寻常的方式加速了所谓的历史进程。

有两个动机使我们构思这本书并着手进行资料搜集。作为喜欢与历史叙事材料打交道的记者，两年前，我们致力于研究一个深深吸引我们的主题：弗朗茨·冯·帕彭和库尔特·冯·施莱谢尔在魏玛共和国末期的总理职位之争。帕彭被学校教科书称为魏玛的"掘墓人"，但我们很快意识到这场博弈是多么复杂。1932年末到1933年初，许多力量在发挥作用，德国第一个民主时期的结束，所有这些力量都负有责任。而且我们也看到，这一切多么可能有另外的走向。那时，国家社会主义德国工人党其实已面临分崩离析：国会选举票数减少，财政状况不堪一击。德国经济也开始慢慢复苏。

那些日子，晚上，我们俩偶然看到美国权谋系列剧《纸牌屋》，凯文·史派西（Kevin Spacey）扮演的恶魔般拥有权力的人想成为总统——而最终也真的成了总统。有一回喝咖啡的时候，我们谈起来：魏玛的结局，也就是帕彭、施莱谢尔、希特勒和其他一些人所推动的结局，其实比《纸牌屋》更扣人心弦。这一过程，同样充满诡计，不同的是它真的发生了，而且对百万人造成了可怕的后果。这是怎样的素材啊。

我们互相看了看，立即开始着手。有许多书讲述魏玛共和国，其中不乏卓越者，但描述这几个星期戏剧性变化的细节的，可作剧本蓝本的书，我们一本都没找到。我们的目标是，在书中以纪录片的蒙太奇手法进行记录，也就是尽可能让人物自己说话，在摆脱后人评论的情况下，尽可能地进入人物的思想。一部自己讲述的当时的故事。对我们来说，最重要的认识是什么？说希特勒取得政权绝不是必然的，也许太荒谬了。可是直到写这本书，我们才认识到，过去的那个时代的重要的政治家们，是多么难以捉摸，多么自私自利，同时又是多么毫无顾忌。国家社会主义德国工人党当时有多少种可以失败的可能性啊！

这些掘墓人不是必胜无疑的。

感　谢

当然，如果没有善意的人们的支持，我们不可能写成这本书。我们从内心深处深深地感谢这些人。首先是我们的代理人 Thomas Hölzl，他以顽强、耐心和追求精准的态度帮我们找到这本书合适的基调和写法。S. Fischer 出版社的编辑 Tanja Hommen 和 Nina Sillern 的热情及敏锐令人深受鼓舞，还有在法兰克福的整个出版社团队。

我们感谢卓越的《P.M History》杂志社——在为这本杂志工作时，我们有了写《掘墓人》这本书的想法。感谢 Bettina Daniel, Julia Franz, Florian Gless, Ruth Hoffmann, Katharina Jakob, Imke Keyssler, Jan Krummrey, Gunhild Lübeck, Andreas Pufal, Thomas Röbke 和 Martin Scheufens。

汉堡、石勒苏益格和柏林市（州）立及大学图书馆还有研究机构耐心接受了我们的叨扰和询问，我们对他们的帮助表示感谢。我们要感谢 Irene Strenge，她让我们深入了解了库尔特·冯·施莱谢尔所处的环境，还有 Wolfgang Kopitzsch，他为我们了解"阿尔托纳流血星期日"（Altonaer Blutsonntag）提供了支持。

吕迪格·巴特

这本书献给我的家人，我的妻子 Petra，还有儿子 Tom 和 Kim——

与你们仨在一起，生活总是那么喜悦。献给我的父亲 Günter，在读完第一章后，他收起了他的疑虑（"你们拿这些老掉牙的事情做什么？"）。感谢我的母亲 Silke，感谢她的信心、力量和爱。

感谢我在汉堡、慕尼黑和柏林 Looping Studios 的同事和朋友们，感谢他们的团队精神和他们探险的兴趣，特别是 Robin Houcken 和 Dominik Wichmann。还感谢 Johannes Erler 富有经验的建议。

豪克·弗里德里希

在写这本书时，我的儿子 Jonathan 来到了这个世界。我将《掘墓人》献给他和他的母亲 Martina。我万分希望我的儿子永远不要经历 1932/1933 年这么黑暗的岁月。我妻子在汉堡市议会为富有生机活力的民主而斗争，令我感到分外自豪。

感谢我的博士生导师 Franklin Kopitzsch，他总是在新闻工作方面给我很好的建议，还有 Monika 和 Wolfgang，他们带着浓厚的兴趣和巨大的支持陪伴我完成所有的项目。还要感谢我的父亲：在我还是小学生时，他就带着我去国家及大学图书馆，唤起我对历史的热情。

年　表

大厦将倾

1932年11月17日　11月6日国会选举对忠于共和国的党派来说是一场灾难。总理冯·帕彭宣布解散内阁。

1932年11月18日　总统兴登堡开始寻找新总理人选。

1932年11月19日　兴登堡接到一封信：经济界的领军人物要求阿道夫·希特勒——国会中最强党派的领导人——做总理。

1932年11月21日　兴登堡要求希特勒寻求国会多数席位，以选举希特勒成为总理。

1932年11月23日　国防部部长冯·施莱谢尔问希特勒是否愿意进入施莱谢尔内阁。希特勒拒绝了。——希特勒建议兴登堡，不通过国会多数成为总理。

1932年11月24日　希特勒在一封信中向兴登堡宣称，他不会尝试去寻求国会多数席位的。

1932年11月25日　《人民观察家报》刊登了国家社会主义党人弗瑞克、戈培尔、戈林、罗姆和斯特拉瑟对他们的"元首"阿道夫·希特勒的忠诚表白。——国防部开始"模拟游戏"，检验部队在内部动乱的情况下的防御能力。

1932年11月30日　希特勒与党内反对派格里高·斯特拉瑟

发生争执，斯特拉瑟要求国家社会主义党参与联合执政。

1932年12月1日　兴登堡重新委任帕彭组建政府。

计划

1932年12月2日　"模拟游戏"的结果出来了。多个内阁成员拒绝成为帕彭的追随者。施莱谢尔将军被任命为魏玛共和国第12任政府首脑。

1932年12月4日　施莱谢尔会见斯特拉瑟，想争取他进入政府。

1932年12月5日　国家社会主义党"首脑会议"在柏林恺撒霍夫酒店召开。

1932年12月6日　新国会开幕。

1932年12月7日　国家社会主义党内部争执升级。

1932年12月8日　斯特拉瑟宣布辞职，并离开柏林。

1932年12月15日　冯·施莱谢尔发表广播讲话。他介绍了政府工作计划："创造就业"。

寂静的夜

1932年12月16日　"绅士俱乐部"的年度晚宴。前任总理帕彭做报告，批判了他的继任者的经济政策。

1932年12月21日　"大赦法"生效，数百名囚犯圣诞节前可以离开监狱。记者卡尔·冯·奥西茨基被释放。

1932年12月28日　科隆银行家施罗德与帕彭电话约定，1月4日与希特勒会谈。

风口浪尖上

1933年1月4日　希特勒与帕彭在科隆秘密会谈。会面被曝光。——总统兴登堡在柏林接见前国家社会主义党干部格里高·斯特拉瑟。

/ 年表 /

1933年1月9日　帕彭与施莱谢尔会谈。

1933年1月11日　在总统处会谈：农业协会向兴登堡和施莱谢尔抱怨农业不断恶化的状况。

1933年1月12日　帕彭与希特勒在工业家里宾特洛甫家中秘密会谈。

1933年1月13日　胡根贝格推荐他所在的德国国家人民党给施莱谢尔作结盟伙伴，他要求自己领导经济部和食品部。施莱谢尔犹豫不决。

1933年1月15日　在利珀进行选举。国家社会主义党得到近40%的选票，成为国会中的最大派别。

1933年1月16日　施莱谢尔在内阁继续推行他拉拢斯特拉瑟共同组建的"交叉阵线"的想法。

1933年1月18日　国会预算委员会中，东普鲁士大地主侵吞"东部援助"资金被揭露。报纸纷纷报道这一"丑闻"。——帕彭与希特勒又一次在里宾特洛甫的别墅会面。

1933年1月21日　阿尔弗雷德·胡根贝格的德国国家人民党公开与施莱谢尔总理保持距离。

1933年1月22日　冲锋队在布洛广场共产党总部前游行，由普鲁士警察保护。——晚上，帕彭与希特勒又一次在里宾特洛甫家中会面，这次，国务秘书梅斯纳和兴登堡的儿子奥斯卡也在场。

1933年1月26日　施莱谢尔向总统兴登堡要求准独裁性质的紧急全权。

1933年1月28日　施莱谢尔辞去总理职务，因为兴登堡没有给他国会解散指令。

取得权力

1933年1月30日　阿道夫·希特勒被总统兴登堡任命为总

理，弗朗茨·冯·帕彭为副总理和普鲁士专员，胡根贝格为经济和农业部部长。赫尔曼·戈林和威廉·弗瑞克也从国家社会主义党得到内阁职务。——共产党呼吁总罢工。——晚上，冲锋队和党卫军及钢盔团举行火炬游行，并穿过勃兰登堡门。

人物译名表

Abramowitsch, Rafael	拉法埃·阿布拉姆维奇
Albers, Hans	汉斯·阿尔伯斯
Alpar, Gitta	吉塔·阿尔帕
Alvensleben, Werner von	维尔纳·冯·阿尔文斯雷本
August Wilhelm von Preußen, „Auwi"	奥古斯特·威廉·冯·普鲁士("奥维")
Bading, Harri	哈利·巴丁
Baldenstein, Rinck von	林格·冯·巴登斯坦
Barnum, P. T. (Phineas Taylor)	泰勒·巴纳姆
Bergner, Elisabeth	伊丽莎白·伯格纳
Bernhard, Georg	乔治·本哈德
Bismarck, Otto von	奥托·冯·俾斯麦
Blomberg, Werner von	威尔纳·冯·勃洛姆堡
Boch-Galhau, Martha von(Frau von Papen)	玛莎·冯·波赫-加尔豪(帕彭夫人)
Böning, Franz	弗朗茨·波宁
Bracht, Franz	弗朗茨·布拉赫特
Brandt, Rolf	罗尔夫·勃兰特
Braun, Eva	伊娃·布朗
Braun, Otto	奥托·布朗
Brecht, Bertolt	贝托尔特·布莱希特

Bredow, Ferdinand von	费尔迪南德·冯·布雷多
Breitscheid, Rudolf	鲁道夫·布莱特沙伊德
Brien, Max	马克斯·布里恩
Brückner, Wilhelm	威廉·布鲁克纳
Brüning, Heinrich	海因里希·布吕宁
Bülow, Bernhard Wilhelm von	伯恩哈德·威廉·冯·比洛
Bussche-Ippenburg, Erich von dem	埃里希·冯·戴姆布舍－伊彭堡
Caden, Gert, „Cello"	格特·卡登（化名"大提琴"）
Caprivi, Leo von	列奥·冯·卡普里维
Carlebach, Ezriel	伊茨里尔·卡乐巴赫
Cecilie, Kronprinzessin von Preußen	塞西莉娅，普鲁士威廉王储夫人
Cerruti, Vittorio	维多利欧·翟禄第
Cochenhause, Friedrich von	弗里德里希·冯·科赫恩豪斯
Coudenhove-Kalergi, Richard-Nikolaus	理查德－尼克拉斯·康登霍维－凯勒奇
Czinner, Paul	保罗·锡纳
Dämichen, Heini	海尼·戴米沁
Dämichen, Wilhelm	威廉·戴米沁
Demuth, Fritz	弗里茨·德穆特
Dickens, Charles	查尔斯·狄更斯
Dietrich, Otto	奥托·迪特里希
Dingeldey, Eduard	爱德华·丁格蒂
Dirksen, Viktoria von	维克多利亚·冯·迪克森
Döblin, Alfred	阿尔弗雷德·德布林
Dostojewski, Fjodor	费奥多尔·陀思妥耶夫斯基
Drews, Berta (Frau Heinrich Georges)	贝尔塔·德鲁兹（海因里希·乔治的妻子）
Duesterberg, Theodor	提奥多·杜伊斯特贝格
Ebert, Friedrich	弗里德里希·艾伯特
Eggert, Wilhelm	威廉·埃格特
Eisgruber, Toni	托尼·埃斯格鲁勃

/ 人物译名表 /

Elbrechter, Hellmuth	海尔穆特·埃尔布莱希特
Eltz-Rübenach, Peter Paul Freiherr von	彼得·保罗·冯·埃尔茨－吕本纳赫男爵
Engels, Friedrich	弗里德里希·恩格斯
Enger, Rolf (Freund von B. Fromm)	罗尔夫·恩格（贝拉·弗洛姆的朋友）
Fallada, Hans	汉斯·法拉达
Fauchois, René	勒内·福舒瓦
Feder, Gottfried	戈特弗里德·费德尔
Fejos, Paul	保罗·费犹斯
Feuchtwanger, Lion	利翁·福伊希特万格
Finck, Werner	维尔纳·芬克
Florin, Wilhelm	威廉·弗洛林
Foertsch, Hermann	赫尔曼·福尔迟
Ford, Henry	亨利·福特
François-Poncet, André	安德烈·弗朗索瓦－庞赛
François-Poncet, Jacqueline	杰奎琳·弗朗索瓦－庞赛
Frank, Hans	汉斯·弗朗克
Frick, Wilhelm	威廉·弗瑞克
Friedrich der Große	腓特烈大帝
Fröhlich, Gustav	古斯塔夫·弗洛里希
Fromm, Bella	贝拉·弗洛姆
Fromm, Gonny (Grete-Ellen)	高妮·弗洛姆
Fuchalt	富哈特夫人（柏林阔斯里纳大街的女人）
Furtwängler, Franz Josepf	弗朗茨·约瑟夫·富特文格勒
Furtwängler, Wilhelm	威廉·富特文格勒
Gayl, Wilhelm von	威廉·冯·盖尔
George, Heinrich	海因里希·乔治
George, Jan	彦·乔治
Gereke, Günther	君特·格瑞克
Giehse, Therese	特蕾泽·吉泽

Goebbels, Harald	哈拉尔德·戈培尔
Goebbels, Helga	海尔加·戈培尔
Goebbels, Magda	玛格达·戈培尔
Goethe, Johann Wolfgang	约翰·沃夫冈·歌德
Gordon, George	乔治·乔丹
Göring, Carin	（卡琳·戈林原姓福克）
Göring, Emmy (geb.Sonnemann)	埃米·戈林（原姓索涅曼）
Göring, Herrmann	赫尔曼·戈林
Graßmann, Peter	彼得·格拉斯曼
Groener, Wilhelm	威廉·格勒纳
Gründgens, Gustaf	古斯塔夫·格伦德根斯
Güntel, Marie	玛丽·君特尔
Haertel, Dr.	（柏林劳务局）哈尔特博士
Hammerstein-Equord, Helga von, „Grete"	海尔加·冯·哈玛施坦因－埃克沃德（"格莱特"）
Hammerstein-Equord, Kurt von	库尔特·冯·哈玛施坦因－埃克沃德
Hanfstaengl, Ernst „Putzi"	恩斯特·汉夫斯坦格（"普茨"）
Hanfstaengl, Helene	海伦·汉夫斯坦格
Hans	汉斯（住在柏林阔斯里纳大街的人）
Hašek, Jaroslav	雅洛斯拉夫·哈谢克
Haubach, Theodor	提奥多·豪巴赫
Hearst, William Randolph	威廉·蓝道夫·赫斯特
Heine, Heinrich	海因里希·海涅
Heinrich	海因里希（普雷托的秘书）
Helldorf, Wolf-Heinrich von, Graf	沃尔夫－海因里希·冯·海尔多夫伯爵
Hennigs, Elisabeth von → Schleicher, Elisabeth von	伊丽莎白·冯·海宁→伊丽莎白·冯·施莱谢尔
Hentsch, Herbert	海尔伯特·汉驰
Heß, Ilse(geb.Pröhl)	伊尔赛·赫斯（原姓普略尔）
Heß, Rudolf	鲁道夫·赫斯
Heydrich, Lina	莉娜·海德里希

Heydrich, Reinhard	莱因哈德·海德里希
Hilferding, Rudolf	鲁道夫·希法亭
Himmler, Heinrich	海因里希·希姆莱
Hindenburg, Gertrud von	格特鲁特·冯·兴登堡
Hindenburg, Oskar von	奥斯卡·冯·兴登堡
Hoffmann von Fallersleben, August Heinrich	奥古斯特·海因里希·霍夫曼·冯·法勒斯莱本
Hoffmann, Camill	卡米尔·霍夫曼
Hoffmann, Heinrich	海因里希·霍夫曼
Hofmann, Richard	理查德·霍夫曼
Hoover, Herbert C.	赫伯特·C.胡佛
Hörauf, Franz von	弗朗茨·冯·霍尔奥夫
Huck, Wolfgang	沃夫冈·胡克
Hugenberg, Alfred	阿尔弗雷德·胡根贝格
Isherwood, Christopher	克里斯朵夫·伊舍伍德
Jänisch, Erwin	爱尔文·耶内氏
Johannesson, Hans	汉斯·约翰内森
Kaas, Ludwig	路德维希·卡斯
Kalckreuth, Eberhard, Graf von	爱伯哈特·冯·卡克奥特伯爵
Kaléko, Mascha	玛莎·卡乐可
Kaléko, Saul Aaron	索尔·阿隆·卡乐可
Kammler, Fritz	弗里茨·卡姆勒
Kasack, Hermann	赫尔曼·卡萨克
Kasper, Wilhelm	威廉·卡斯帕
Kästner, Erich	埃利希·克斯特纳
Keppler, Wilhelm	威廉·凯普勒
Kerr, Alfred	阿尔弗雷德·克尔
Kerr, Julia (geb.Weißmann)	尤莉娅·克尔(原姓威斯曼)
Kerrl, Hanns	汉斯·凯尔
Kessler, Harry, Graf	哈利·凯斯勒伯爵

Kippenberger, Hans	汉斯·基彭贝格
Kliefoth, Alfred	阿尔弗雷德·科利福特
Kline, Herbert	赫伯特·克莱恩
Kluczynski (Familie)	克鲁君斯基（家庭）
Knappertsbusch, Hans	汉斯·克纳佩茨布什
Knickerbocker, Hubert Renfro	胡伯特·伦弗洛·克尼克博克
Kohlert, Erwin	爱尔文·科勒特
Kowalski (Familie)	科瓦尔斯基（家庭）
Krupp von Bohlen und Halbach, Alfried	阿尔弗雷德·克虏伯·冯·勃伦和哈巴赫
Künneke, Eduard	爱德华·昆内克
Künstler, Franz	弗朗茨·昆斯特勒
Lammers, Hans Heinrich	汉斯·海因里希·兰马斯
Langsdorff, Hans	汉斯·朗斯多夫
Leipart, Theodor	提奥多·莱帕特
Lenin, Wladimir Iljitsch	弗拉基米尔·伊里奇·列宁
Lenz, Karl	卡尔·林茨
Lewis, Sinclair	辛克莱·刘易斯
Litwinow, Maxim Maximowitsch	马克西姆·马克西莫维奇·李维诺夫
Litzmann, Karl	卡尔·李兹曼
Lochner, Louis Paul	路易斯·保罗·洛赫纳
Loerke, Oskar	奥斯卡·罗伊克
Löwenstein, Georg	乔治·勒文斯泰因
Löwenstein, Johanna (geb.Sabat)	约翰娜·勒文斯泰因（原姓萨巴特）
Lubitsch, Ernst	恩斯特·刘别谦
Ludendorff, Erich	埃里希·鲁登道夫
MacDonald, Sir Ramsay	拉姆齐·麦克唐纳爵士
Maikowski, Hans Eberhard	汉斯·埃伯哈德·麦考斯基
Mann, Erika	爱瑞卡·曼
Mann, Heinrich	海因里希·曼

Mann, Klaus	克劳斯·曼
Marcks, Erich	埃里希·马克斯
Martha	玛塔（失业者）
Martin, Dr.	马丁博士
Marx, Karl	卡尔·马克思
Meazza, Giuseppe	朱塞佩·梅阿查
Meissner, Hildegard	希尔德加德·梅斯纳
Meissner, Otto	奥托·梅斯纳
Merck, Erwin	爱尔文·默克
Messersmith, George S.	乔治·S.梅瑟史密斯
Möhle, Otto	奥托·缪勒
Molnár, Ferenc	菲伦克·莫尔纳
Moltke, Gertrud von	格特鲁德·冯·毛奇
Moltke, Helmuth (Karl Bernhard) von	赫尔穆特·冯·毛奇（卡尔·本哈德）
Mörschel, Willy	威利·莫舍尔
Mosich, Ernst	恩斯特·莫西奇
Mowrer, Diana	戴安娜·莫维尔
Mowrer, Edgar Ansel	埃德加·安塞尔·莫维尔
Mowrer, Linian (geb. Thomson)	莉莉安·莫维尔（原姓汤姆森）
Mozart, Wolfgang Amadeus	沃夫冈·阿马德乌斯·莫扎特
Mühsam, Erich	埃里希·米萨姆
Mussolini, Benito	本尼托·墨索里尼
Mutschmann, Martin	马丁·穆切曼
Nachat, Hassan, Pascha	哈森·纳哈特·帕莎
Napoleon Bonaparte	拿破仑·波拿巴
Nero	尼禄（罗马皇帝）
Nerz, Otto	奥托·内尔茨
Neurath, Emilie Adelheid, Freifrau von	男爵夫人冯·埃米·阿德黑尔德·牛赖特
Neurath, Konstantin von	康斯坦丁·冯·牛赖特

Nietzsche, Friedrich	弗里德里希·尼采
Noske, Gustav	古斯塔夫·诺斯克
Offenbach, Jacques	雅克·奥芬巴赫
Oskar Prinz von Preußen	普鲁士奥斯卡王子
Ossietzky, Carl von	卡尔·冯·奥西茨基
Ossietzky, Maud (geb.Lichfield-Woods)	莫德·奥西茨基（原姓利希菲尔德-伍兹）
Ott, Eugen	奥尔根·奥特
Otte, Bernhard	本哈德·奥特
Planck, Erwin	爱尔文·普朗克
Planck, Max	马克斯·普朗克
Plettl, Martin	马丁·普雷托
Plotkin, Abraham	亚伯拉罕·普洛特金
Polgar, Alfred	阿尔弗雷德·普尔加
Pozzo, Vittorio	维多利奥·波佐
Preger, Konrad von	康拉德·冯·普雷格
Quaatz, Reinhold	莱恩霍尔德·库阿茨
Quandt, Günther	君特·宽特
Rachmaninow, Sergei Wassiljewitsch	谢尔盖·瓦西里耶维奇·拉赫马尼诺夫
Ranke, Hans Hubert von, „Moritz"	汉斯·胡伯特·冯·兰克（"莫里茨"）
Reiner, Josef	约瑟夫·莱纳
Remarque, Erich Maria	埃里希·玛利亚·雷马克
Ribbentrop, Anneliese von (geb.Henkell)	安娜莉泽·冯·里宾特洛甫（原姓汉凯）
Ribbentrop, Joachim von	约阿希姆·冯·里宾特洛甫
Riefenstahl, Leni	莱尼·里芬斯塔尔
Ringelnatz, Joachim	约阿希姆·林格纳茨
Roda Roda, Alexander	亚历山大·罗达·罗达
Röhm, Ernst	恩斯特·罗姆
Rohr, Otto	奥托·罗尔
Roosevelt, Franklin D.	富兰克林·D.罗斯福

/ 人物译名表 /

Rotter, Alfred, und Fritz	阿尔弗里德·罗特和弗里茨·罗特
Rumbold, Sir Horace	荷瑞斯·胡姆博德爵士
Sackett, Frederic M.	弗里德里克·M.萨克特
Sagasser, Erich	埃里希·萨迦瑟
Sarow	萨罗夫（可能的杀人凶手）
Schacht, Hjalmar	亚尔马·沙赫特
Schäffer, Fritz	弗里茨·舍费尔
Schäffer, Hans	汉斯·舍费尔
Scheer, Gerhard	格哈德·舍尔
Schiller, Friedrich	弗里德里希·席勒
Schirach, Baldur von	巴尔杜尔·冯·席拉赫
Schleicher, Elisabeth von	伊丽莎白·冯·施莱谢尔
Schleicher, Lonny von	露尼·冯·施莱谢尔
Schmeling, Max	马克斯·施梅林
Schmidt-Hannover, Otto	奥托·史密特－汉诺威
Schmitt, Carl	卡尔·史密特
Schoner (Frau aus der Köslinerstraße, Berlin)	舒纳（住在柏林阔斯里纳大街的一位女士）
Schröder, Kurt, Freiherr von	库尔特·冯·施罗德男爵
Schumacher, Kurt	库尔特·舒马赫
Schuschnigg, Kurt	库尔特·冯·许士尼格
Schwerin von Krosigk, Dedo Paul	戴多·保罗·施未林·冯·科洛希克
Schwerin von Krosigk, Johann Ludwig, „Lutz", Graf	约翰·路德维希·施未林·冯·科洛希克伯爵（"鲁茨"）
Schwerin, Curt Christoph von, Graf	库尔特·克里斯朵夫·冯·施未林伯爵
Scopelli, Alejandro	亚历杭德罗·斯科佩里
Sedgwick, John	约翰·斯德卫克
Segestes (Germanenfürst)	西格斯特斯（日耳曼部落首领）
Seibold, Maria, Miga	玛丽娅·米加·塞博特
Seldte, Franz	弗朗茨·塞尔特
Severing, Carl	卡尔·泽韦林

Shakespeare, William	威廉·莎士比亚
Sinclair, Upton	厄普顿·辛克莱
Sindelar, Matthias	马蒂亚斯·辛德拉
Sonnemann, Emmy → Göring, Emmy	埃米·索涅曼→爱米·戈林
Spender, Stephen	斯蒂芬·斯彭德
Stalin, Josef	约瑟夫·斯大林
Stauffenberg, Claus Schenk Graf von	克劳斯·冯·施陶芬贝格
Stauß, Emil Georg von	伊米尔·乔治·冯·史道斯
Stegerwald, Adam	亚当·施特格瓦尔德
Stegmann, Wilhelm	威廉·施戴格曼
Stoeckel, Walter	瓦尔特·斯托克尔
Strasser, Gregor	格里高·斯特拉瑟
Strasser, Otto	奥托·斯特拉瑟
Strauss, Johann	约翰·施特劳斯
Streicher, Julius	尤利乌斯·施特莱谢尔
Stresemann, Gustav	古斯塔夫·施特雷泽曼
Stülpnagel, Joachim von	约阿希姆·冯·史图尔普纳格
Thälmann, Ernst	恩斯特·台尔曼
Thälmann, Rosa (geb.Koch)	罗莎·台尔曼（原姓考赫）
Thielemann, Oskar	奥斯卡·蒂勒曼
Thompson, Dorothy	多萝西·汤普森
Thyssen, Fritz	弗里茨·蒂森
Toller, Ernst	恩斯特·托勒尔
Torgler, Ernst	恩斯特·托格勒
Trenker, Luis	路易斯·特伦克
Tucholsky, Kurt	库尔特·图霍夫斯基
Turmarkin, Alexander	亚历山大·吐马金
Ulbricht, Walter	瓦尔特·乌布利希
Wagner, Richard	理查德·瓦格纳

/ 人物译名表 /

Wagner, Robert	罗伯特·瓦格纳
Wagnitz, Walter	瓦尔特·瓦格尼茨
Waldeck, Max	马克斯·瓦尔德克
Weiß, Bernhard	本哈德·卫斯
Wels, Otto	奥托·威尔斯
Werfel, Franz	弗朗茨·韦弗尔
Wessel, Horst	霍斯特·威塞尔
Westarp, Ada von, Gräfin	阿达·韦斯达普伯爵夫人
Westarp, Getraude von	格特奥德·韦斯达普
Westarp, Kuno von	库诺·韦斯达普
Wiegand, Karl von	卡尔·冯·威甘德
Wiehn, Karl	卡尔·威恩
Wilhelm II.	威廉二世
Wilhelm Prinz von Preußen	普鲁士威廉王子
Wolff, Theodor	提奥多·沃尔夫
Zauritz, Josef	约瑟夫·曹利茨
Zehrer, Hans	汉斯·采尔
Zielenziger, Kurt	库尔特·茨伦茨格
Zuckmayer, Carl	卡尔·楚克玛雅
Zweig, Arnold	阿诺·茨威格
Zweig, Stefan	斯蒂芬·茨威格

图书在版编目(CIP)数据

掘墓人:魏玛共和国的最后一个冬天 / (德) 吕迪格·巴特 (Rüdiger Barth), (德) 豪克·弗里德里希 (Hauke Friederichs) 著;靳慧明译. -- 北京:社会科学文献出版社, 2020.1
ISBN 978-7-5201-4763-7

Ⅰ.①掘… Ⅱ.①吕… ②豪… ③靳… Ⅲ.①魏玛共和国-历史-研究 Ⅳ.①K516.430.7

中国版本图书馆CIP数据核字(2019)第075583号

掘墓人:魏玛共和国的最后一个冬天

著　　者 / [德]吕迪格·巴特(Rüdiger Barth)　豪克·弗里德里希(Hauke Friederichs)
译　　者 / 靳慧明

出 版 人 / 谢寿光
责任编辑 / 周方茹
文稿编辑 / 陈嘉瑜　黄　丹

出　　版 / 社会科学文献出版社·联合出版中心(010)59367151
　　　　　 地址:北京市北三环中路甲29号院华龙大厦　邮编:100029
　　　　　 网址:www.ssap.com.cn
发　　行 / 市场营销中心(010)59367081　59367083
印　　装 / 北京盛通印刷股份有限公司
规　　格 / 开　本:787mm×1092mm 1/16
　　　　　 印　张:27.25　字　数:359千字
版　　次 / 2020年1月第1版　2020年1月第1次印刷
书　　号 / ISBN 978-7-5201-4763-7
著作权合同
登 记 号 / 图字01-2019-0245号
定　　价 / 78.00元

本书如有印装质量问题,请与读者服务中心(010-59367028)联系
版权所有 翻印必究